埋没した世界

トランスジェンダーふたりの往復書簡

五月あかり・周司あきら―著
Akari Satsuki / Akira Shuji

明石書店

これは、五月あかりと周司あきらが２０２２年の春から夏にかけて
インターネット上のブログで交わした往復書簡である。

目次

第9章　愛してる？

第10章　関係は変わる

第11章　場を分散させる

第1章　身体がはじまる

あかりより（1）——小さくなった身体

あきらさん、こんばんは。あかりです。

聞いてください。わたしの身体は小さくなりました。男性から女性に性別を移行して、わたしの身体は小さくなったのです。本当は、わたしの身体は、大きくなったはずでした。かつて「男性」を生きていたとき、いつも肩をすぼめて、猫背で歩いていました。それが、女性として生きるようになって、生まれてはじめて胸を張って歩くようになりました。

比喩的な意味ではありません。両肩を水平に開いて、スッと腰を前に出して、真っ直ぐ歩けるようになりました。やっと一人の人間として、真っ直ぐ立てるようになりました。わたしは、小さく縮こまった塊から、ふわりと広がったのです。

わたしは大きくなりました。そのはずでした。

姿勢だけではありません。わたしの胸には、二つの乳房が生えてきました。胸は膨らむのでしょうか？　わたしの身体について言えば、胸は生えてきました。この話は今度ゆっくりしましょう。お互いの胸のこと、あるいは忌まわしい肉の塊（？）のこと。えぐれていたお尻の肉も、内側から「ぺこん」と押したように、丸くなりました。わたしの身体は大きくなりました。上半身と下半身と、胸部と臀《でん》部と、それぞれに膨らみを得て、わたしの身体は大きくなりました。そのはずでした。

でも、わたしの身体は小さくなりました。性別を移行して、身体が小さくなりました。わたしの身長は、男性の平均とだいたい同じです。体重は平均よりもずっと軽いですが、それでも、かつて男性をやらされていたときと比べて、ずいぶん小さくなりました。職場のセキュリティ・ネットワーク関係の部署は男性ばかりです。そこに行くと、自分が文字通り見下ろされているような感覚があります。比喩的な意味ではありません。本当に背が低くなって、周りの男性が自分よりも大きくなったのです。体格も小さくなりました。狭いスペースのはしっこに、ちょこんと間借りさせてもらって、話を聞いています。

今のオフィスでは、わたしがトランスであることを知っている人はほとんどいません。でも、かつて男性だった時と比べて、男性たちと同じ空間にいるときのわたしの身体は、明らかに小さくなりました。女性たちに交じってよくランチに行きます。以前からそういう機会はときどきありましたが、そうして女性に囲まれると、自分の身体だけが異様に大きくて、すごく嫌でした。大きく「感じられていた」のではありません。本当に大きかったのです。性別を移行して、わたしの身体は自然な大きさになりました。周りと比べて大きい身体ではなくなりました。大きな身体は、小さくなりました。小さく「感じられる」のではありません。本当に小さくなったのです。体重が減ったり、身長が縮んだりしたのではありません。そうではなくて、身体が「小さく」なったのです。

「身体の性」ってなんだろう、と思うようになりました。

わたしのことを指して、「生物学的には男性」と言ってきた上司がかつていました。「身体は男性なんですよね」と、駆け込んだ先の病院でしつこく聞かれたこともあります。わたしの身体は「男性身体」なのでしょうか。わたしには、その意味が分からなくなりました。

以前に男性をやらされていたとき、わたしは平均よりも少し小さいけれど、とはいえ「普通の体格の男性」でした。わたしの身体は、「平均的な男性の身体」でした。女性になってからは、「少し背の高い女性」になりました。（アパレルショップでは、ときどき「モデルさんみたい」と言われます。ビジネストークだと分かっていても、少し照れます。）わたしの身体は、「少し背の高い女性の身体」になりました。周りからの扱われ方が変わっただけで、身体そのものは変わっていない。そう考えられるかもしれません。でも、それはわたしの現実とは違います。

わたしの身体は、小さくなったのです。他者からの認識にももちろん変化がありました。しかしそれだけではありません。性別を移行して、女性として生きるようになって、身体そのものが小さくなったのです。わたしの身体は、物体です。体積があり、体重があります。性別は移行しましたが、体積も体重もほとんど変わっていません。わたしの身体は、他者から認識されるものでもあります。性別を移行したので、男性として見なされる状態から、女性として見なされる状態に変化しました。でも、そういうことでは絶対に説明のできない変化が、わたしの身体には起きました。わたしの身体は「小さく」

なったのです。ああ、うまく言えない。でも、そうなのです。これまであれほど憧れていたシス女性たちの身体と、同じタイプの身体になりました。気持ちの問題ではなく、本当にそうなのです。

わたしはスポーツジムに通っています。ジムの女性用更衣室で、わたしの身体が目立つことはありません。背は平均よりもすこし高いです。肩幅もちょっと広いでしょう。でも、わたしがそこで肌着1枚（あるいはそれよりも裸に近い状態）になっても、誰も見向きもしません。他の女性たちと同じタイプの身体が、そこにあるだけなのですから。更衣室の姿見を見ても、たしかに女性の身体が映っているなと思います。そうとしか言えない現実があります。スポーツジムでは、男性もトレーニングをしています。みんな、大きな身体をしています。わたしよりも背の低い男性もいます。でも、そこにはわたしとは別のタイプの身体が、わたしよりも「大きな身体」が、そこにあります。

わたしの身体には、いったい何が起きたのでしょうか。体積も身長も変化していないのに、わたしの身体は「小さく」なりました。胸を張って歩けるようになり、身体には膨らみも生まれたのに、わたしの身体は「小さく」なりました。骨格は変わっていないのに、わたしの身体は「平均的な男性の身体」から「少し背の高い女性の身体」になりました。いったい何が起きたのでしょうか。

身体は変えられない。ずっとそう信じてきました。それでも私たちトランスジェンダーは、オペをしたりホルモンをしたりして、ちょっとずつ、ある意味「無理やり」身体を変えていくのだ。わずかな変化を無理やりこじあけて、しっくりくる身体をなんとか手に入れるのだ。そう信じて、わたしも性器の手術をしたりホルモンをしたりしてきました。しかし、それは嘘でした。「身体は変わらない」というのは嘘でした。わたしの身体は変わりました。「男性の身体」から「女性の身体」に変わりました。わたしの身体は「小さく」なりました。これが現実です。

あきらさんの身体は、大きくなったり小さくなったりしましたか？

「男性の身体」から「女性の身体」へ、あるいは「女性の身体」から「男性の身体」へという、わたしが経験した変化の意味が、伝わりますか？　はじめての手紙なのに、少し書きすぎてしまいました。

でも、あなたになら分かってもらえると思います。

小さくなった、わたしの身体のこと。

あかり

あきらから（1）――もし大きくなれたら

あかりさん、こんばんは。あきらです。1通目ありがとう。

あなたからの手紙――ブログのタイトルをクリックして全体を見るのは、封に閉じられた便箋を一手間かけて開けるようで悪くないなと思いました――を見てから、私はなんだか悪いことをしているような気分になりました。まるで見知らぬ幼い女の子と、文通を始めるような浮遊感があったからです。いや、一瞬ですよ、でも確実に。あなたは女の子でもないのにね。それから可笑しくなって、今はちゃんと冷静なので安心してください。

乳房が生えてくるなんて、私が編集者だったら誤植だと判断したことでしょう。膨らむか、張ることはあり得ても、ニョキニョキ生えてくるなんて。この擬容語のイメージがズレているのかしら。ムーミンにニョロニョロというキャラが登場するのですけど、私のイメージはそれです。

私は自身がなりゆく身体として、より「男性的」な身体を日頃観察しているのだと思います。自分自身に対してもです。今日は電車の帰り道、腑抜けた頭で、じっと手の血管を見つめていました、そしてじっとり幸せが込み上げてくるようでした。もはや女性的な身体は、文字通り他人事に感じられます。電車で隣席になると、身を縮めてなるべく避けるように座ります。世間的には「男性は女性の肉体に欲情するだろう」という一方的なメッセージが蔓延っていますが、私にはノイズの一つです。欲情する対象ではなく、素通りする対象です。

そして、あなたの身体がどんなふうであるのか文字の上で読み取ることはできても、実際にスポーツジムにおいてあなたの身体が存在し、ときに男性陣にシグナルを送られ得る状況があるかもしれないなんて、女性の集団の中でのらりくらりと生活できてしまうなんて、想像が追いつかないのです。どうなのでしょう、私はあなたの身体を、「女性的な身体」とみなすことによって、文字通り他人事にしているのでしょうか。「男性身体」と似つかないのはダイヤモンドよりも真実ですが。いやそんなこと――そんなこと――よりも、私はあなたとこれほど身体の話をしていながら、性別というものが、こんにゃくみたいに切れない壁として立ちはだかっているようには、別段、感じずにいます。例えがイマイチですけど、痛みが過ぎると痛くなくなる、みたいなものなんでしょうか。

さて、質問をたどってみます。身体は「大きく」なった、けれど「小さく」なったというお話は、とても「わかる」ものでした。いうなれば私は逆だからです。脂肪は落ちて、血管が浮き出てきて、心なしかお尻が縮んで、胸を削ぎ落として。髪型によっては「女の子かと思った」という反応をされることもあった私ですが、そうした他者の身体予想によって脅かされる機会は減りました。私は「小さい男性」の一員であるようなのです。それ以上でもそれ以下でもありません。昨今の若い男性の平均身長が170cmに満たないんじゃないかというニュースは、私含めてトランス男性たちの希望でしょうね。そんな私のような人物も、もしかしたらあなたのそばでスポーツジムに通っているかもしれないのですから、なんだかくすぐったい話です。私たちは、身体は変わるのだと、実証してしまっています。論より証拠。

かつて私は、どう頑張っても身体は変えられないのだとありとあらゆる場面で突きつけられて、しかし一思いに命を突いてくれることはなく生きながらえてしまって、燃えるほどのルサンチマンを抱えていました。男性に対して、です。私を「男じゃないから」という理由で隣に据え置いてしまう、かつて想いを寄せていた女性たちに対しても、です。

だから私にとって……

やめておきます、ここに書くには余白が短すぎます。鏡の向こう側で苦心してきたような、私と逆の過程を歩むトランスの人々は、すごく拙い言葉でいうしかないのですが、尊いのです。傷ついてほしくないのです。ただそれだけで、私の身体は大きくならなきゃならないような気がしたし、事実、そんなことしなくても、相手を抱きしめてもお互いが自己憐憫に駆られずに済むくらいには、充分、身体は変わったのでしょう。これでよかったのです。

本当はブログのタイトルについて何か話そうと構えていたのですけれど、しゅっと大人しく萎んできました。何か閃いたらいいと思い、あなたと行った珈琲店の別の店舗で考えていましたが、あまりピンとくる言葉が浮かばなかったのです。『北緯36度東経１４０度』といったタイトルでいいんじゃないの、くらいが今日の私の精一杯でした。つっこんでくれていいからね。

あきら

あかりより(2)――なりゆく身体、なりゆきの身体

あきらさん、早速のお返事ありがとうございます。相変わらずあなたは筆が早いですね。あなたの返信を開いて、読み終わって、語りたいことが山のようにあります。わたしの上半身に「生えてきた」胸のこと、スポーツジムでわたしの身体に送られるシグナルのこと、あなたとわたしが鏡の向こうからやってきたこと……。ただ、全部書いてしまうとまた長くなるので、やっぱり身体のことに今回は話を絞ろうと思います。それ以外のことは、また今度お話ししましょう。

あきらさんの困惑する様子、伝わってきました。あなたはとても優しいのですね。わたしに女性としての性同一性(性自認)がないこと、あなたはよく知っていますものね。あなたにはだから、わたしの身体はきっと、「女性の身体」には見えていないのでしょう。たしかに、あきらさんと一緒にいるときのわたしは、いつものようには女性的な雰囲気を出してはいませんし、比較的ジェンダーの縛りを緩めて動いたり話したりしています。ただ、女性のように埋没しているわたしの日常に現れたとしても、きっとあなたは、わたしの身体を「女性の身体」とは理解しないことでしょう。わたしという人間が、心の奥底では(バイナリーな)性別なるものをおよそ自分のアイデンティティに統合できていないことを、あなたはよく知っていますからね。

あきらさんが「大きくならなきゃいけない」と感じた大切な人を、「小さな男性」であるあなたが、

その大きな身体で抱きしめているとき、あなたはきっと、女性の身体を抱いているのでしょう。あなたとは反対側からやってきた、逆の過程を歩んできたトランスを、あなたは一人の女性の身体として、迷いなく包んでいるのでしょう。わたしとあきらさんが抱き合うことはないでしょうが（わたしにはセクシュアリティがありませんから）、きっとあなたは、わたしの身体を同じような優しさで見ているのでしょう。「男性の身体」でも「女性の身体」でもない、わたしの身体を見ているのでしょう。

ただ、ひとつ付け加えさせてください。わたしも、あきらさんとのあいだに性別の壁を感じていないこと。わたしには性別のアイデンティティがありませんから、世の中の人が全員「異性」に見えます（ノンバイナリーの人たちがよく使う表現ですね）。どれだけ女性に埋もれていても、そこでわたしは、「みんな同じ女性だよね」という無言のプレッシャーが嫌で嫌で仕方がありません。せっかく性別移行をしたのに、なんということでしょう。もちろん、男性も「異性」です。それも、女性以上に激烈に、異性です。

にもかかわらず、男性として生きているあきらさんが、わたしには「異性」に感じられません。不思議なことです。あなたは男性なのに。しかし、逆接を重ねるようで申し訳ないですが、「同性」とも、違います。あなたもそうでしょう？

わたしたちのあいだにあるのは、「異性か同性か」という、そうした性別の異同とは別軸の共通性ではないでしょうか。あなたが「痛みが過ぎると痛くなくなる」と書いていることの意味も、なんとなく理解できます。押し込められた性別の箱の中で、存在の根元まで潰されて粉々になってしまったわたしたちは、箱の内側に敷き詰められた鏡を突き破って、その破片が身体中に刺さって血だらけになりながらも性別を移行した仲間である。そのように言ってもよいでしょうか。

生まれ持った身体のかたちも、性分化の方向性も、その後の身体の改変のプロセスも、なにもかも違う私たちのあいだには、でも何かの共通点があります。単に「異性」や「同性」とはカテゴライズできない、何かがありますね。まだうまく言語化できないのですが、そのあたりは焦らずゆっくり考えていきましょう。

……このように書いておきながら、しかしわたしは、あきらさんとは違った身体の性別についての感覚を持っています。そのことをお手紙から強く感じました。あきらさんは、「私は自身がなりゆく身体として、より『男性的』な身体を日頃観察している」と書いていましたね。なるほど、それはわたしにはない感覚です。女性のような存在に性別移行をして、現実におおむね女性に埋もれて生きているわたしですが、しかしわたしにとってのトランジションは、目的地のない旅でした。

自分が「なりゆく身体」は、わたしにはありませんでした。今もありません。わたしにあったのは、「このままの身体で生きていくことはできない／このままの性別で生きていくなら死んだ方がまし」という、強烈な感情でした。だから、わたしは女性になるために性別を移行したのではないのです。わたしは生殖器の手術をしました。わたしの身体は、もうテストステロンを作りません。そのままでは大きく健康を損なうので、女性ホルモンを人工的に投与するよう、医師にすすめられました。わたしは悩みました。

多くのトランスジェンダーは、そんなことで悩んだりしません。男性から女性へと性別を移行するトランスジェンダーは、そのほとんどがオペ以前にホルモンを始めていますし、万が一わたしのようにオペ後に始める場合でも、エストロゲン（女性ホルモン）を投与する以外、選択肢なんてあるはずがないのですから。しかし、わたしは女性になりたいわけではありませんでした。女性になることで、今の自分がそうであるように「女性の身体」を手に入れたいとは、当時は思っていませんでした。

当時もうすでに生活の多くの場面では「パス」し始めていましたが、そうして「パス」することが自分にとって嬉しいことでは、必ずしもなかったのです。せっかく男性をやめたのに、女性なんかになってしまったら、元の木阿弥だと思っていました。結局、死ぬしかないだろうと、ずっと思っていました。だからわたしは、当初はエストロゲンとテストステロンを半量ずつミックスして自分の身体に入れようとしました。

ただ、いろいろな理由が重なって、ミックス案は実現しませんでした。わたしにも医師にも、とても管理しきれなかったからです。結果として、ホルモンを始めて以来、わたしは一貫してエストロゲンだけを摂取しています。これが、わたしの身体の変化の始まりでした。わたしには、「なりゆく身体」のイメージがなかったのです。

しかし、結果としてなにが起きたでしょうか。お尻がぽこんと膨らんで、乳房が胸として生えてきて、目じりが柔らかくなったわたしは、自分の身体に想像もしていなかったような快楽を感じました。多くのトランスジェンダーたちが語っていますよね。ホルモンで変わっていく身体について。これこそが完全にわたしである、これこそが正しい姿だったんだ、と。そういった感動について、語っていますよね。自分でも戸惑いました。わたしは、まさにその感動の意味を身をもって知ったのですから。

わたしのこの身体は、なりゆきで手に入ったものです。さっきまで、エストロゲン（女性ホルモン）

とテストステロン（男性ホルモン）を半量ずつミックスしよう、などと言っていたくらいですから、別にわたしには「なりゆく身体」のイメージなどありませんでした。だから今の身体は、いろいろな事情が重なって、仕方なくエストロゲンだけを摂取した結果として現れることになった、「なりゆきの身体」です。

しかしわたしは、その「なりゆきの身体」にこれ以上ないほど満足しています。性別のアイデンティティがない。女性になってしまったら元の木阿弥だと、あれほど嫌がっていたのに、わたしはなりゆきで手に入ったこの「女性のような身体」に、とても満足しています。

周囲よりもずいぶん遅く第二次性徴を迎えたときも、同じでした。わたしには、「なりゆく身体」はありませんでした。周囲の「男の子」たちが、どんどん毛むくじゃらになっていって、野太い声になっていくなかで、とても自分がそうした身体になることなどイメージできませんでした。むしろ、そんな身体になりたくないと思っていました。もちろん、自分の身体に乳房が発達するなどという、そうした思いもあるはずがありませんでした。生理が自分には来ないことも、幼い頃からとうに理解していました。

ただ、その後いろいろあって、遅ればせながら第二次性徴とされる変化が自分のもとに訪れたとき、わたしは密かに安堵していたのでした。なりゆきで手に入ったその身体のおかげで、合唱のときに男子グループで自然に歌えるようになったからです。トイレで下着を下ろされて馬鹿にされることがなくなったからです。なりゆきのその身体に、わたしは満足しました。

あきらさんは、これからもどんどん男性になっていくのでしょう。若くて小さな男性から、年齢を重ねたしぶい男性に、あなたはなっていくのでしょう。それがあなたの「なりゆく身体」なのでしょう？

わたしは、今の「なりゆきの身体」に満足しています。しかし、依然としてわたしには「なりゆく身体」のイメージがありません。年老いたらどうなるのか、実感をもって想像できません。ふんわり生えてきた胸だって、いつか切除（胸オペ）したくなる日が来るかもしれないと、いつも思っています。そして、たぶんわたしは死ぬまでに胸を取る気がします。まるで意味が分からないですね。でも、わたしにとってわたしの身体はそういうものなのです。

またずいぶんと長く書いてしまいました。きっと、あきらさんの経験を誤解していることもたくさんあるでしょう。ごめんなさい。そういえばタイトルのこと、すっかり忘れていました。

何がいいでしょうか？　経度と緯度の話で言えば、わたしたちは日付変更線で交信しているようだとは思いました。昨日と今日の、それぞれ反対側からやってきて、ちょうど日付変更線のところで、こうして手紙をやり取りしている気がします。でも、ブログのタイトルにするには少し収まりが悪いですね。またコーヒーでも飲みながら考えておきます。

あかり

あきらから（2）――なぜ現在地があるのか

あかりさん、今日もおつかれさま。冷静になってみると、私はあなたの話をうまくはぐらかしているのかもしれないと気づきました。それは些細なことかもしれないし、本当に些細なことであったらいいのですが。

あかりさんの身体と対峙するとき（実のところそんな差し迫った感覚になったことは一度もないわけですが）、私はあなたの身体を、素通りする対象である「女性の身体」とみなすことによってよくよく知らないでいるのか。それとも、あなたのアイデンティティを先立って知っているからこそ無意識的に身体性を考慮したことがなかったのか。それとも、あなたと私の出会い方によるものでしょうか。きっとどれも外れてはいないのでしょう。3番目の背景、今この瞬間のようにオンラインで言葉を交わすことが始まりだったから、「性別をもたされる身体」というものを具体的に、ふたりの存在に介在させたことがなかった、というのが強い気がします。

やっぱり私はジェンダーアイデンティティと呼ぶところの要素が、あまりよくわかっていないのでしょうね。これは多くの人にとって（バイナリートランスだけではなく、バイナリーなシスにとっても、あるいはそれ以外の人々にとっても）期待はずれでしょう。ジェンダーアイデンティティ、ないし類似するものがあると仮定した方が、物事はうまく説明できたはずだからです。虚数みたいに。

それなのに、みんなが信じているものを私は採用せず（できず）、その一方で「みんな」に紛れ込んでいます。そうして呑気に幸せでいます。これで私が「男性」ということになったら、私以外の「男性」はいったい何によって「男性」なのか。

あなたの述べるように「世の中の人が全員『異性』に見え」る感覚を、私も強く持っていました。持っていましたが、今や過去形として、ぼんやり回想しているような感覚です。こうして異性あるいは同性に同化してしまったという現状が、私には淋しく映ります。

なぜ「世の中の人が全員『異性』に見え」なくなってしまったかというと、私自身の心情の変化などではなくて、結局は世間に飼い殺されてしまったからではないでしょうか。それが一つ目の理由です。女性ジェンダーを取り巻く環境は、私には到底それ以上生きていられないほどの圧迫感をもたらしましたし、だからこそ必然的に性別移行に踏み出たわけですが、その先にあった男性ジェンダーを取り巻く環境はまだずっと許容範囲だった、ということでしょう。別にそれを求めていたわけではありません。「なりたい性別」であったわけでもなければ、「元からその性別だった」という唯一解だとも思えません。つれない言い回しをすると、便宜上の記号として、「男性でいいよ」という切り返しをしているだけなのかもしれません。むしろ、移行後に与えられた性別に満足できた方が性別と無縁でいられるから、私は性別と手を切るために、「男性でいいよ」というオーラを纏うよう、自身に強いたのかもしれません。ひょっとしたら、「ずるい」だけです。（性ホルモンをミックスして自分の在り方を調整しようとするほどには向き合ってこなかった、という面もたしかにあるでしょうし。）

そして、世の中の人間に同性か異性かという眼差しを採用することとなった二つ目の理由は、悲しいかな、私が「男性」だからです。マジョリティ側という自覚を持たざるを得なかったからです。だからわきまえるのです。シス男性のなかに共感できる人がいることを期待はしませんが、とはいえ私は私なりの解釈で、「男は孤独だな」と感じとったに違いありません。だからわきまえて、同性か異性かという境界線を感じとって、把握するようになったのでしょう。距離感を間違えることは、意図せず相手を傷つけることなのだと、私以外が織りなす世間の様相から学習させられました。私は自分が傷つくことよりも、傷つけてしまうことの方に敏感になっているらしいのです。

これまで「トランスジェンダー」として、「(仲間とはいえないくせに) 女性」として、歩んできた中での孤独は色濃く実在しました。しかし、それらとはまた別の空白が、私を内包していきました。このことはうまく伝わる気がしません。ごく一部のトランス男性の中には、生涯孤独である (かもしれない) 自分と真摯に向き合っている文章も見受けられます。そうした文章と出会えたとき、本当に私は感動してしまったものです。性別移行の医療について初めて知った時よりもずっと、精神の救いがありました。

あかりさん、「なりゆきの身体」とは、言い得て妙です。私は身体については「なりたい身体」として男性的なものを想定していた気がしますが、境遇についてはそうではありませんでした。私がどうやら今後も男性として生きていけるらしいことは、ただ博打に勝ったようなものです、結果論にすぎません。しかし結果は偶然とはいえ、私はそうした逆境に強いようです。そう信じています。後悔するかしないかは一切わかりませんが、後悔しない生き延び方をしよう、という気概で物事を済ませています。

だから性別移行を後悔することはないのでしょう。

かつて、「なりたい身体」など微塵も描けませんでしたし、それゆえ将来の話なんぞも苦々しく排除していましたが、もし選べるならばこんな未来だったら私は私が生きることを許しただろうという、幼い頃に夢に見た薄暗がりの風景を、少しだけ正夢に近づけようと試みています。それが性別移行の試みというものです。私の自己認識、とりわけ性別に対する自己認識がどうであるのか表明するのは非常に難しいことです。おそらくそんなものは「無い」から、無いものを掘り起こそうと探しているから難しいのではないか、というのが今のところ浮かんだ答えです。

長くなってしまいましたがもう一つ、あなたの態度に対して、はぐらかしをしている自覚があります。実のところ私は、先の見えない未来への覚悟はうつらうつら語りますが、切り捨てた過去を分析しようとする意欲が薄いらしいのです。あなたならお気づきでしょう？　そして少し、落胆させるかもしれない。過去を語ったとしても、つまらない他人の話の又聞きみたいな距離感でしか話していないような気がしてきました。自分のことだという責任感がないのです（ああここは同じだろうか）。「他人事として自分を捉える」ことが「過去の性別」を受け止める際の自衛になっていました、などともったいぶって理由づけなくとも、本当に私は変わってしまって、どうにか未来を描こうとしている最中なのかもしれません。かつてこのような状態になったことがないので、今後のことはわかりません。ひとまず今は、あなたのお手紙を心待ちにしています。

あきら

第2章　身体は通過《パス》する

あかりより(3)――どこから来て、どこへ行くのか

お返事ありがとう。わたしも週末に仕事がある生活なので、バタバタしながら月曜日を迎えました。今も大量の仕事に追われながらお返事を書いています。またもや、あなたからの返信を読んで書きたいことが、あるいは書かなければならないことが大量に積みあがっています。でも、あまり焦るのはよくないですね。この往復書簡はきっとまだまだ続くでしょうし、一度にたくさんのことを書かなくても、きっといつか書く機会はあるでしょう。

そういうわけで、今回は話を「現在地」に絞ります。あきらさんのお返事のタイトル、「なぜ現在地があるのか」でした。わたしもその問いに答えてみます。その前にひとつ、やっぱり触れておきたいのは、ジェンダーのことです。あなたが、わたしの身体に対して「性別の壁」を感じていないのはなぜな

のか、ということです。性別移行をして臆病になった。あきらさんは本でもそう書いていましたね。女性を生きている人に対して、なるべく威圧感や恐怖を与えないように、まわりの悪しき男性性をトレースしないように、いつも自分で気にしている、ということでしょうか。そうして否応なく「異性としての女性」を意識させられる生活になったのに対して、わたしに対してはそうしたことをあまり意識しないで接している、だから「異性」ではない気がする、壁がない気がする、おおむねそのようなことでしょうか。

もっとわたしをレディとして扱ってくれてもいいのですよ？　というのは冗談です。とても悪い冗談ですね。今後もこうして文字の上での交流の方が多いでしょうから、これからもあまり性別の壁を作らずにやっていきましょう。

「性別の壁」。まさに、わたしがこの往復書簡を始めた最初の手紙で書きたかったのも、そのことについてでした。まるでトランス女性であるかのように書き始めた、わたしの「小さくなった身体」で書きたかったのは、そのことです。この手紙の本題ではないので、比喩を投げるだけで許してください。詳しくはまたいつか書きます。わたしにとって「性別」というのは、壁に空いたいびつな形の穴を通り抜けるためのかたちのことです。

想像してください。私たちは、背丈をはるかに超える高さの土壁でできた巨大な迷路に、迷い込んでいます。壁にはところどころ穴が空いていて、その穴を通って、迷路を進むことができます。ただし、その穴はいびつな形状をしていて、特定の身体のかたちをした人しか、穴を通って向こうに行くことはできません。その「穴のかたち」こそが、「性別」です。つまり「男性の身体」しか通過できない穴と、

「女性の身体」でしか通過できない穴があります。

現実世界に当てはめてみましょう。分かりやすい例でいえば、男性トイレに行くための「穴」を通過できるのは「男性の身体」の持ち主だけです。女性トイレなら、当然「女性の身体」の持ち主だけです。それだけでなく、会議室や電車など、様々な性別の人が集まる空間を考えてください。ここには、目に見えない「壁」や「穴」がたくさんあります。駅の雑踏を歩いているときも、「女性の身体」には許されていない交通路があるのがわたしには見えます。「男性の身体」には許されている距離感があります。男性と女性で、通過できる／通過してよい「穴」の形状が大きく違うのです。

わたしにとって、「自分の身体はどの性別の身体か」という問いは、「この社会でどの『穴』を通過して生きているか」という問いと同義です。だから、わたしは「男性の身体」から「女性の身体」に変化してしまったのです。わたし自身の身体の構造は、性別移行の前後であまり変わっていません（たしかにホルモンで変わったことはありますが）。でも、通過してもよい「穴」がスイッチしてしまったのです。「女性の身体」にしか通過できない「穴」を通過できるようになり、逆に「男性の身体」にしか通過できない「穴」には通れなくなりました。これが、身体に性別があるということです。結局、長々書いてしまいました。ごめんなさい。詳しくはまたいつか書きますね。あきらさんにはもしかしたらしっくりこないかもしれませんが、「セックスはジェンダーである」というのは、わたしにとっては右に書いたような話として実感をもって理解できます。

この手紙の本題である「なぜ現在地があるのか」という問いに戻ります。はじめに、どうか謝らないでほしいと思います。あきらさんが、過去を分析することに興味を持っていないこと。それは、まったくあなたの正しい感覚だから。

そしてまたもや、わたしはあなたとのあいだにある違いに気づくのです。わたしには未来がありません。知っているでしょう？　わたしには過去しかないのです。あきらさんの手紙を読んで、思いました。あきらさんにとっての「現在地」は、未来へと引っ張られることで成り立っているのかな、と。裸電球が天井からぶら下がっているように、「これでもいいかな」という男性ジェンダーをともなった「なりゆく身体」としての男性に引っ張られるように、現在のあなたは生きているのではないでしょうか。

わたしはそれとはまったく逆です。わたしは自分の過去についての、今にも崩れそうな物語の蓄積の上になんとか立っているのです。わたしを引っ張る未来はありませんから、わたしは一生懸命足元を整えることで、なんとか現在を生きているのです。そうですね、たとえて言うなら、たくさんの古本を地面から積み上げて、その古本の山の上になんとか立っている感じでしょうか。今にもふらふら崩れそうですが、そうして過去を頼ることでしか、わたしは現在を生きられないのです。ジェンダー・クリニックで「自分史」って書きませんでした？　書きましたよね。わたしも書きました。あれを書きながら、わたしは一生懸命そうやって古本を積み重ねていたのです。

また別の比喩を使わせてください。当時「自分史」を書きながら思ったのは、それがまるであみだくじを引くような感覚だったということです。わたしの過去は、ぐちゃぐちゃです。別に、みんなそうだと思いますが、過去はぐちゃぐちゃなのです。その、ぐちゃぐちゃになった過去に、現在にまでつながる1本の「あみだくじ」の線を引くのです。あっちに曲がって、こっちに曲がって、くるくる、するする、と、線を引いていって、生まれてから現在に至るまでの、ひよわで曲がりくねった1本の線を引くのです。当然ですが、あみだくじですから、別の線を引くことだってできたはずです。別の場所を通って同じ現在に着いていた可能性もあるし、別の場所を経由して、まったく別の現在にたどり着いていた可能性もある。

でもわたしは、ジェンダー・クリニックに通いながら、男性として生きられなくなって破滅した現在を救うための賭けに出たのです。自分の、その現在地点につながる「あみだくじ」を、ぐちゃぐちゃの過去のなかに、なんとか1本引いてみる賭けに出たのです。そして、まさにあなたがそうだったように、わたしはその賭けになかば勝利したのです。わたしは怖いのです。自分が死ぬことが。すでに2通目の手紙で書いたように、別にわたしは女性になるために性別を移行したのではありません。男性としては生きられないから、性別を移行したのです。

だから、いまのように「女性の身体」になって、女性のように生きていくことは、別に嬉しくも楽しくもありません。自分が2年後、3年後にどのような性別で生きているのか、どのような名前で生きているのか、そんなことすらわたしには分かりませんし、自分の未来を描くことなど、わたしにはできません。でも、わたしには過去があるから、なんとか現在を納得させることができているのです。

「ずっと性別を演じさせられるのが嫌だった」、「男性を『やる』ことはもうできなくて、死ぬ寸前だった」、「男性に『なる』ことを決めたとき、死ぬほど辛かった」、そうしたネガティブな記憶と、人生の物語の断片を線でつないで、あみだくじを引いた最先端だから、なんとか現在を生きることに納得できているのです。こうした辛い記憶や苦闘のナラティブをわたしから抜き去ってしまったら、わたしには現在を納得させられる材料が存在しないのです。「この状態なら生きていてもいいかな」という、妥協の現在を維持できないのです。

　なぜ現在地があるのか。わたしの答えはこうです。積みあがった過去のナラティブの上に立っているから、過去から現在までのぐちゃぐちゃのあみだくじを何とか1本引くことができているから、わたしはこの現在を生きています。ただし、わたしにも「他人ごと」のような過去はあります。ただしそれは、また話がややこしくなるので別の機会にします。

　今日もきっとあなたは仕事でしょう。お疲れさま。わたしも仕事に戻ります。

あかり

あきらから（3）――翼はどこに

あかりさんは、頑張りすぎるよね。同じような衝動を抱えて、返信を読んでいます。こうして叶ううちに、伝えておきたいことが流れ星のように降ってきます。もし私の打ち返しが早かったとしても、あなたが急ぐ必要はありません。ここでまで性別疲れを起こしてほしくはないからです。

私も、何も考えたくなくなったらしばらく心身を旅に出させるかもしれませんが、性別移行後はもう肉体を投げ打ってやりたいという諦念を抱えておりませんので、その点はどうか安心してください。どこかでしぶとく体力を温存していることでしょう。いつかここではないどこか――もっとマシな場所――で呼吸するんだ、と常々念じてきたものです。その念はまだ私の内側から発せられ続けているようです。私はまだ「完成」していないから。

さて、あかりさんの読みはだいたいにおいて的を射ています。男性化してから私はそれまでとは異なった感覚で、孤独になりました。女性（的な人）との距離感はもちろんですが、自身の境遇をどう扱うかということに怯えただけではありません。身体がムダに「大きく」なってしまったような、中身が置いてきぼりのままの孤独があります。力は漲ってきたように錯覚しますが、この持て余している力をどうしていいのかわからないのです（返事が早すぎたとしたら、それは私が力を持て余しているんだなと思って見守っていてください）。もはやどこにも甘えられないまま、足を止めることが許されないまま、それなのに一人で立ち尽くしていなければならないような圧力が、皮膚の1ミリ上あたりを這っていきました。あなたが前に教えてくれましたよね。思春期の男子が声変わりして低音ボイスになると、それにふさわしいかのような落ち着きを、なかば強制的に習得させられるのと似ているのかもしれない。

私の場合は状況が混在していました。単に性別の問題だけではないでしょう。女性ではなく「男性」であること、子どもではなく「おとな」であること、シスではなく「トランス」であること、どの側面を選び取っても、孤独はまとわりつきました。自分を保つことに疲れ果てて自滅するのではないか。といっても過去に戻りたいとは微塵も思わないのだから進み続けるしかなく、伴走者はいない状況で。涙が出なくなったことも驚きでした。

ええ、失礼な冗談をいいますと、あなたをレディだと捉えたことがありませんね。綺麗な人なのは知っています。でも「異性としての女性」ではありません。とはいえ、ただ少し、たしかに「異性」と呼んだとしても間違っていないようにも感じます。違いはたくさんありますし。けれどもだからといって、よそよそしく感じることはありません。どこかしら調和しているのでしょうか。自分を投影しているというわけでもなさそうです。「同性」でもありはしないのでしょう。

それにしても、あなたの例えはいつでも膨らみがあってわかりやすいですね。

「『性別』というのは、壁に空いたいびつな形の穴を通り抜けるためのかたち……」

こんなにわかりやすい描写を聞いても、しっくりきたのかどうかわからない、ということは、私はもしかしたらしっくりきていないのかもしれません。でもあかりさんの語る、息の詰まるような「通り抜け」について想像することはできます。それがどれほど痛みを伴うかも。つねに困惑しうることも。

私は「女性の身体」の「穴」を通り抜けるとき、たしかに痛みを伴ってきた立場だと思います。ただし、途中で痛みを飛ばすように、自ら気絶でもしたのでしょうね。感情のない「人形」になってしまえば、どちらの「穴」をくぐり抜けようとも何も感情は動かなくなりますから。喜怒哀楽のない、つまらない行進でした。

ひとつ私の感覚からいえることは、どうやら「男性の身体」として通る「穴」の方は、周囲の警備が薄かったようです。シュッとした男性型フォルムでなくとも、ほとんど誰も文句を言いませんでした。私はうまく存在を消すことに成功しました。目立った気配を立てないように、周囲の密度にこちらの呼吸を合わせていきました。それはあくまでも無理のない範囲で可能でした。迷路を楽しんでいるような感覚さえ帯びてきました。そして、通り抜けた先の世界が警戒していたよりは悪くない、という素朴な感想を抱きました。感動こそしませんが、これには驚きました。ただしこの幸運は、その先の世界が現によかったからというよりは、「穴」を通り抜けていく過程、そして通過にひと段落した頃に見えるであろう景色が今以上の地獄だったらどうしようか、という行き場のないプレッシャーを抱えすぎていたからであって、相対的な効果にすぎないのでは、と指摘できます。あんまり救いがないのは、少しだけ似ていますよね。簡単に同調できるほどに同一性を適用することはできないというのは、お互いがもうよく知っていることではありますが。

「自分史」の話もまた、随分と違う経験なのです。あかりさんがぐちゃぐちゃになった過去と向き合って、蓄積した過去たちの上に立つとき。そのとき、私はいったいどうしていたでしょう？　私は未来に引っ張られるようにそこに立っていて、否、立っているというよりは次に飛んでいく準備として、ほんの一瞬、間借りしているだけのように足を浮かせていたことでしょう。いつでも土台を蹴とばし、蓄積した過去を捨ててやろうと、凄んでいたのかもしれない。もちろん、あなたのスタンスを尊重しないわけではありません。ただ違っていた、というだけです。

ひとつ、最近の報告をしましょう。自宅のポストに子宮頸がん検診の手紙が届きました。予約し、当日は早起きして、時間通りに行きました。待合室の半分は妊婦でした（皆がシス女性とは限りません）。子宮頸がん検診のやり方はとても原始的です。下半身の衣服を脱ぎ、股を開いて、棒か何かを突っ込まれます。私にとってはおそらく、人生で3回か4回目の現場でした。

1回目は、初潮があまりにも遅いのでこの子はどこか異常があるのではなかろうかと母が心配して連れて行きました。2回目は、性同一性障害（当時）の診断書を得るために、「現状ではきちんと女性の身体をしています」と証明されるために行きました。これは子宮頸がん検診ではなかったのかもしれませんがよく覚えていません、行われている動作は同じでした。あともう一度、人生のどこかで受けたタイミングがあったかもしれませんが、記憶に残っていません。だから今回は3回目か4回目でした。

トランス男性のなかには、検診がとても嫌だったと語る人もいます。精神的苦痛だったと。私は「嫌」とは思いませんでした。前回はジムにある開脚器具と似ているな、とやたら傍観していました。内腿と外腿を鍛えるやつです。今回検診を体験したら、別にジムの器具と似ているとは思いませんでした。「トランス男性ということは、心は男なのだから、子宮の検診だなんて耐えがたいだろう」などとよくわからない〝配慮〟を医療者にされたら検診の権利が無効化されてしまうので、何ごともなく済んでよかったくらいです。

いつからか私はあらゆるものを「好き」か「無関心」に二分して、好きではないことを無関心領域へ追いやることによって、自分を守るようになったのでしょう。脳のメモリを割くことも、感情を割り当てることも、言葉を丁寧に扱うことも、私はサボっているのでしょうね。無関心領域に対しては、かなり冷たいのだと思います。

いわば「自分史」も、無関心領域の出来事でした。淡々と作業を済ませるだけでした。早く診断書を出してもらって、治療へのアクセス権を得たかったからです。私は身体的な治療を開始したかったのであって、昔話を反芻することにはもはや興味がもてませんでした。私の過去は誰からも尊重されなかったわけですが、何より私自身もそんな状況を自明のこととして、尊重することなく見過ごしてきたのでしょうか。

だから、「自分史」に関して思うことは次の通りです。これから変わっていく身体とそれに伴う境遇は私自身が引き受けるほかないというのに、それは未来の私だというのに、なぜ過去の私に了承を得るような儀式が求められるのか。なぜただ一言、「あなたは治療後に後悔しないか？」という覚悟を問うてくれないのか。それだったらいつだって私は断崖絶壁から飛び降りたことでしょう。これ以上の痛みがあったところで、私にはもうまともな痛覚などありませんから。構わないのです。もし身体が砕け散るのではなく、損傷が少ないままに空を飛べたなら。おそらく最高でしょう。それでいいではありませんか。どんな景色かはわからないけれど、今とは違った場所に行けるとしたら。

と、ここまでいうと、だいぶ厳しい言い方をしているようで申し訳ないです。あなたが必死に積み上げてきたもの。私はあなたのそうした「古本」をなにより大切にしたいと思います。あなたが2年後、3年後、違った名前で、違ったかたちで生きていようが、それまで積み上げてきたものはより高く積み上がって残ることでしょう。それらの山を、見過ごしたくはありません。

私自身の古本はもう燃やしてしまったのかもしれないけれども、それを探し出して供養しようとは。もはや、できないでしょう。

あきら

あかりより（4）──その壁の向こうに

あきらさん、こんばんは。今日は仕事帰りにジムで運動してきました。平日とはいえ、夜の時間帯は駐車場もいっぱい、中はとても混んでいました。さて、お返事を返す速度については、お互い気にしないようにしましょう。疲れてしまうのも、プレッシャーに感じてしまうのも、よくないですものね。

そして、あなたからの返事をもらって、書き留められた孤独のはげしさに胸が痛くなりました。これは、本当に。以前に口頭でお話ししたことですが、そうです、声変わりのとき。声が低くなって、落ち着いた声色になっていった少年たちは、その声のトーンに合わせて、自分を表に出さなくなる、あるいは出せなくなるのです。子どものように交流することから身を退き、孤独な存在になっていくのです。わたしには、それが不思議で不思議で仕方がなかった！

周囲の男の子たち誰もが声変わりを経ている頃、わたしはいまだにおおむね「女の子グループ」的な場所をふらふらしていました。クラスメイトの男子たちを見ながら、男子たちがどんどん女子の前では活気がなくなっていくのを見ていました。きっと、彼らは彼らなりに孤独だったのだと思います。しかし、あきらさんが迎えた「思春期」は、まさに書いてくださっている通り、そうした孤独よりもいっそうの孤独を伴っていたのですね。思春期の子どもには、もしかしたら家庭があるかもしれない、級友がいるかもしれない。まだ「子ども」だから。

でも、あなたが「男」になったとき、あなたは「大人」だった。それも、「かつて（かっこつき）女子だった」という、極めて例外的なヒストリーを持っている。その孤独は、わたしには想像することもできない。きっと、わたしがこれまで経験してきたことのあるいろいろな孤独のどれにも似ていないのでしょう。そして、あなたが「大きくなった」身体を持て余している感じ、ご著書でも読んでいましたが、より理解が進んだ気がします。それはもしかしたらテストステロンの影響かもしれない、いずれにせよ、漲るエネルギーの行き場を失って、皮膚の表面が分からなくなったと。

誤解のある言い方をするかもしれません。とても興味深いです。おもしろい。わたしは、まったく逆のプロセスを経ていましたから。当たり前ですが、わたしにとっての性別移行はそれとは逆の道でした。かつて、「男の子になる以外に生きる方法が無い」という事実に絶望し、だから自我を一度完全に殺してその事実を受け入れたとき、わたしが周りの「男子」たちから学習して、一生懸命身に着けたのは、身体を大きく見せる方法でした。

ひざとひざの距離を広げて、少し曲げながら歩く（がに股ですね）。腰をツイストするのではなく、肩をスイングさせて歩く。肘を腰から離して、縦のラグビーボールのようなシルエットで歩く。わたしは学習しました。教室で男子と会話するときは、本当に会話に必要な声量よりも、大きな声で話す。手に持っているものは、置くのではなく、少し遠くから投げる。そうして、まさに自分の身体の「テリトリー」のようなもの、わたしの当時の感覚で言えば「身体の輪郭」を大きく大きく足し算していくことで、わたしは「男子の身体」しか通過できない性別の壁の穴を通過できるようになりました。意外と、簡単でした。わたしにとって、それは全てが意図された「足し算」でした。

だからこそ、男性から女性へと性別を移行するのはある意味で簡単なことでした。足していたものを引けばいいだけなのですから。そうしてわたしは、「男性の身体」になるためにかつて自分で足していったものを引き算して、さらに「女性の身体」になるために必要なわずかなものを足して、いまに至ります。（男性の身体になるには、女性の身体になるよりも多くの「足し算」が必要です。）

ちなみに、これはまた今度ゆっくり話したいことですが、「男性の身体」が通過できる「穴」は、女性だけでなく、「フェミニンな男性」もスムーズに通過させてくれません。穴の断面が引っかかって、身体から血が出ます。それとは逆に、「ボーイッシュな女性」は、「女性の身体」のための「穴」を比較的簡単に通過できるのではないでしょうか。だからこそというか、「ボーイッシュな女性」と見なされる身体の範囲はとても広く、そう見なされてしまう限り、いつまでも「女性の身体」のための「穴」を通るよう、少なくないトランス男性（的な人々）は期待され続けてしまうのではないでしょうか。そうだとすると、あきらさんが思いのほか「男性の身体」の「穴」を警戒されずに通過できてしまっていることは興味深いですね。

さて、孤独に話を戻しましょう。そうして「女性の身体」になることで、わたしを待ち構えていたのは、孤独とは正反対の、ひとの輪でした。わたしは「女子グループ」の輪に入ることができ、ほんとうに久しぶりに「友だち」と呼べる人と何人も出会いました。「性別の穴」をいちいち通過させられること、そのたびに「あなたの性別は？」と問われ続けること、それはわたしにとっては本当に気持ちの悪いもので、希望もなにもないものです。世界全体に息が詰まりそうです。

しかし、「女性の身体」だけが通れる「穴」を通って見えてきた壁の向こうの世界は、ある意味では、わたしを永年の孤独から救い出してくれました。わたしがある程度のパス度を得た頃、少し離れた場所にある、とはいえ関連する企業のとある部署に異動しました。そこは、例外的に女性ばかりの部署で、一部の上司を除いて、わたしがトランスであることを知らない人に囲まれることになりました。もちろん、わたしにとっては全ての人が「異性」に見えますが、でもそれでも、そこにはなにか経験したことのない人との繋がり、連帯の感覚がありました。その正体をうまくいうことはできません。

女性ばかりが20人ほど集まって、そのなかにわたしが交じっていて、誰もわたしを「異性」として扱うことなく、仕事が進んでいく。男性の課長や部長を団結して打ち負かして、みんなで盛り上がったこともあります。そのなかの何人かとは、旅行に行ったり、自宅に遊びに行ったりしました。そこまで親しくなった人にはカムアウトすることが多かったですが、でも、誰もそれで縁を切ったりはしてきませんでした。これ自体はあまり褒められた応答ではないこともありますが、「あかりさんは女性なのだから、これからも変わらずによろしく」という友人たちの反応は、わたしの性同一性は「女性」でないにもかかわらず、安堵させられるものでした。

18歳で地元を離れてから、あるいはそれ以前から、ずっと友だちなんて一人もいませんでした。心許せる存在は、小学校のときに幼馴染が何人か同じ学校にいたことくらいでした。そんなわたしは、性別を移行したことで孤独とは正反対の状況を手に入れました。事情があって今はその部署から離れてしまいましたが、そこでの女性仲間たちから、頻繁にＬＩＮＥが来ます。街やカフェでナンパしてきた男性にしぶしぶ教えてすぐブロックする以外にほとんど使っていなかったＬＩＮＥに、通知がいっぱい来るようになりました。洋服を買いに行っても、市役所に行っても、病院に行っても、あるいは会社でも、

「女性の身体」になったことでみんなが前よりも近い距離で接してくれます。困っているときに「困ってます」とすぐに言えるようになりました。困った表情をして、首元からクエスチョンマークを醸し出していると、「どうしたの?」と周りが聞いてくれるようになりました。スポーツジムでトレッドミル(ランニングマシン)の画面によく分からない表示が出てしまい、立ち尽くしていたら、気づいたら何人もの男性が後ろに集まってわたしに助けの手を差し伸べようとしていました。

すでに書いたように、わたしの身体は「小さく」なりました。「女性」に期待されているのは、身体を小さくすることですから、わたしも必然的に小さくなりました。それは、男性の「大きさ」と表裏一体ですから、言うまでもなく性差別的な社会によって女性たちの身体が「小さく」させられているというのは否定できません。しかし、そうして「小さな」身体を得て、「男性の身体」が様々な場面で一種の警戒対象になるのと同時に、女性たちの輪に入ることができるようになりました。

もちろん、周囲の人間関係に恵まれただけかもしれません。しかし、わたしが「男性」ならば絶対にありえなかったような、心のハードルの低さを感じます。痛切に感じるのです。「男性」をやらされていたときには、いつも心のハードルを高く持たなければなりませんでした。そのハードルをぐっと下げて、ある意味で自然にひとと接することができるようになりました。

また随分と長く書いてしまいました。ごめんなさい。自分史のことも、また今度ゆっくり話しましょう。過去と未来については、まだまだ語ることが多くあります。

ただ、わたしについて一言付け加えておくと、わたしが性別を移行したのは、なんとか積み上げていたそれまでの古本の山が完全に崩壊してしまったからです。だから、わたしの過去は必ずしも蓄積はしていません。いつも、都合よくいくつかの記憶を取り出しては、積み上げて、あたかも生まれたときから「あかり」だったかのように過去を偽装して生きています。

でも、あきらさんとの関係は、これからも続くといいな。あなたの孤独をわたしは完全には理解できないし、あなたは「同性」でもたぶんない。でも、なにかの波長があっているのは間違いない。そう、わたしはこの手紙を書く時間がたのしくて仕方ないのです。

あかり

あきらから（4）——鎧は知れず

あかりさん、こんばんは。仕事がひと段落つきました。解放感で、跳ねるように帰路につきました。少しばかり仕事の話をしますね。

この数日は、いつもと違う、女性が多い現場にいました。そうすると、私は萎縮してしまうようです。女性客は女性社員の対応する方を好んで選択しますから、私はひとり手持ち無沙汰でした。今ここにいる必要がないな、という感覚に何度かなりました。そこの上司も女性です。仕事の進め方が厳しいと聞き及んでいたので、私は緊張していました。けれどもほかの女性社員がいうには、「若い男の子には優しいんじゃないの？（その女上司はわたしには厳しいけれど）」とのことでした。たしかに思い当たる節はありました。年配の女性からすると、私は「反抗期のない息子」さながらですから、ことさらに叱責する対象にはならないのでしょう。

以前はその逆、私は若い女性として、年配の男性社員に可愛がられていたこともあります。その人は若い男性陣にはもっと厳しかったのです。性別が逆になっても同じ構造が起きていることは、奇妙なものです。私は私なのに、皆が道化を踊っているようです。私にはそのテンポはよくわからないものです。

今では、男性が多い現場の方が気楽に感じます。なんだか笑いのツボが浅く、淡々と業務連絡を受ければいいし、更衣室に男性がいてもお互い気にせずに着替えてしまいます。私が少年・青年時代を男子とともに形成されていたらまったく別だったかもしれませんが、みんな「大人」ですから、そこまで他者を詮索しません。もし大企業だったらまだ男社会のノリを引きずっていたかもしれません（名の知れた企業のそういう噂は聞きます）が、私が普段かかわっている範囲は男同士で「群れ」るほどの体制をとってはいません。個々人でかかわる分には、そんなに男性は「悪くない」ように感じられるのです。嫌味なホモソーシャルも、個人のあいだでは消えています。ここでいう男性・女性というのは、あくまでその人が放っているジェンダーが男女いずれかの要素を強く含むか、という判断にすぎませんがね。

あかりさんの話は、非常に面白いです。そして強烈に、つっこみたくなるのです。

あなたが「男らしく見せよう」としていたけれどもかなりの困難を伴うものだったとしたら、そもそも試みがズレたことだったからではないか、というのが私に湧いてきた疑問です。なぜなら、少なくとも私にとって、「男として在ること」は決して何かを強調したり、あえて頑張って身体を大きく見せたり、そうした苦労をしなくとも十分達成できるものに見えていたからです。この意味がわかりますか。それとも、こんな戯言は、あまりにも楽観的でしょうか。「男性」として歩まねばならない者たちの気苦労を、透明にしすぎているかもしれません。私には見えない男の世界を、あなたが経験させられてきたのは確かなのでしょう。

私の目にはただ、「自然に振る舞っていれば男になれる」ように映っていたのです。女性から男性への性別移行に際して、私は多くを変えてはいません。そういっても間違いではないと思います。声の出し方、話しぶりも大きくは変わっていません。歩き方も変えていません。着ている服も、甚だしく変わってはいません。変えたことはただ、「女性」であったときに全身を縛って縮めていた、窮屈なコルセットを外せばよかっただけなのです。むりやり「小さく」押し込めていた制限を解除してやればよかったのです。そうして、「自然に」振る舞っていれば、男性の仲間入りができるようでした。肩の筋トレを怠らないことや、男性のファッションを研究することなどは、ほんのオマケです。

どうぞ、驚いてください。私もあなたの経験を聞いて、あまりに異なるレンズを通して世界を描写していたので驚きました。「男である」状態が、そんなにも厳しいものなのでしょうか。私は「男らしさ」を習得する儀式を経ていないにもかかわらず、するりと男性化が叶ったようなのです。私は新たに、男であるための「鎧」を身に纏おうと意気込んではいませんでした。力強さや、リーダーシップや、大きな挙動や、下品さを召喚せずとも、ただ自然に振る舞っていれば、それで男性とみなされるようでした。私がやったことは、邪魔なコルセットを脱ぎ捨てて、押し込めていた体を悠々と伸ばし、元の自分がどんなだったか思い出していくことでした。そのままなんとなく男性としてパスしてしまいました。長年「小さく」矯正していたせいで、私の心身を男性として見せるには、少々縮んだままではありますが。

一方で女性らしく見せることは、とても窮屈なことでした。トランス男性だけでなく、シス女性だってある程度同じ鬱憤をもっていることでしょう。フェミニズムをかたる一派が、一見同じ悩みを抱えているようなトランス男性をまるで「同じ女性として」内包してしまう理屈も、私にはよくわかってしまいます。女性側の壁を通るための「穴」が、「ボーイッシュな女性」をどこまでも含んでいるように見えるのも、「共通の」窮屈さを味わった同志としての眼差しがそこに残っているからでしょう。男性化していく私にとっては、早く断ち切らねばならない「共通の」窮屈さでしたが。

さて私は、かつてコルセットでぎゅうぎゅうに心身を押し込めて、おかしな凸凹を負ってしまい、心身が文字通り「小さく」なりました。とくに象徴的なきっかけは、ずばり、中学校の制服でした。スカートは、身を縮ませるには十分すぎる、窮屈極まりないコルセットでした。それまでのように男友達と走り回って遊ぶことは許されなくなり、私には何の楽しみも見出せませんでした。同じ制服を着た者同士で集まり、女性の場合は女子同士で小さな声で囁《ささや》き合っていて、それのいったいどこが楽しいのでしょうか、私はその「輪」になじめませんでした。あまりにもつまらなくて、これがあと何十年も続くことなど想像できませんでした。

制服のスカートだけでなく、胸が膨らむことも、行動を制限する枷でした。股から出血することも、できなくなることが増える非情さを引き連れてきました。いったい何が楽しいのでしょう。どこに自由があったのでしょう。私は「小さく」萎縮させられていたことでしょう。

だからその「小さな」心身から、自然な自分がどうであったか模索するのは時間がかかりました。とはいえ、叶わないほど難しいわけでもありませんでした。ゆっくり、男性を観察していきます。私の目には「男らしさ」の習得というよりも、「自然に振る舞うこと」が肝心だとわかりました。それがすなわち、「男らしさ」にも通じてくるものだったからです。あるいは、もしかしたらシスジェンダーらしく見えることも含み得るのでしょうね。

男らしく見せようとするのではなく、自然で在ること。それが何より大事でした。自然で在ることは、演技をしないことや、装わないこととも繋がっています。あかりさんの試みたように、「男を／演じる」というのはそもそも矛盾しているように私には映ったのです。自然で在ることとは、「女性」ではなく

「男性」に見えること、「トランス」ではなく「シス」に見えることと、親和性が高いのではないか。障害物など素知らぬ顔をして街を歩いていれば、それが「男性」であり「シス」であるように見え、周囲に溶け込むには十分だったのです。何ごとも恐れず、自分のペースで歩いているように見えるものです。もちろん、例外はあります。もしも「男らしい男性」として、全身をがっちりと鎧で覆い、大きく見せなければならなかったら、その限りではないでしょう。男らしさ、強さ、巨大さで心身をコーティングしなければならなかったでしょうから。しかもそれは、苛烈な男性間競争をくぐり抜けなければ達せられないものだったのかもしれませんから。

しかし、「男らしい男性」を目指すわけではなく「ただの男性」として存在することは、そんなにも難しいことでしょうか？ 過剰にする必要はないのです。強制的に、矯正して身を縮めていたあの（女性時代の）息苦しさを解放すれば、私はしだいに男性として、過不足なく「パス」し始めました。そう記憶しています。むしろ、とても肯定的にみるとしたら、演じるように「男らしさ」の習得を経ずに「男性」になっていったことは、私にとって何よりも性別を無効化する手段だったのではないでしょうか。これを新しい男性性、トランス男性特有の男らしさの提唱と呼んでもいいですし、ノンバイナリーのある意味で理想的な落ちつき方、とみてもいいように思います。私が自然で在ろうとすることは変わらないでしょうから。

「自分史」における蓄積は、そうですね、失礼しました。私の方も書いていていて不思議に思ったところがありました。違うのだけど、違ってもいないようだという感覚が芽生えました。

突然の連想ですが、数学の「谷山＝志村予想」を知っていますか。数学が苦手な私には、詳細はちっともわかりません。要するに「楕円方程式と、モジュラー形式は、ゼータ関数を通して対応づけられるのではないか」という予想だそうです。違ったものと、違ったものが、どこかで通じていて、実は同じことである、といった話です。これは３００年以上未解決だったフェルマーの最終定理を解くカギにもなったそうです。ふと、私たちの境遇もそのようなものだな、と思ったのでした。妙に大きく出るところは「男」くさいですかね、笑ってください。

あきら

第3章　思春期はまだない

あかりより（5）――わたしの身体を取り戻す

あきらさん、おはよう。連休前に片づけようと思っていた仕事もやっと片が付き、今日は少し遠出する予定です。

さて、あなたからの返信を読んで、笑いが止まりませんでした。もう、何年も、こんなに笑ったことはないかもしれない、というくらい笑って、笑顔になりました。あなたがこんなにも違った世界を見ていたなんて！　頭では分かるのです。あなたの書いていることが。分かります。でも、それはわたしが生きていた性別移行の道のりの記憶とはあまりにもかけ離れている。だから、頭がちぐはぐになるのです。そして、それがとてつもなく面白いのです。

そういうわけで、わたしも最近のエピソードを話すことから始めたいと思います。一昨日の夜、会社の人たちと飲み会（的なこと）がありました。こんなご時世ですから、会社の人たちも2年以上ぶりの飲み会だと言っていました。わたしも会社の人と飲むのは2年半ぶりです。

飲み会自体は楽しくありませんでした。男性6人と女性1人、そこにわたしが交じっていて、どうしても参加しなければならない雰囲気になったので参加したものの、わたし以外はみんな50歳を超えていました。みんな配偶者や子どもの話をしていましたが、わたしにはそういうものは無縁ですし、話を振られても困るので、なるべく自分に火の粉がかからないように会話をコントロールするのにエネルギーを使いました。

飲み会が終わって外に出ると、ブラウスを着た女性が歩道にしゃがみこんでいました。時間はもう22時を回っています。わたしは心配になりました。会社の人たちが店の前でわいわい話を続け、男性陣が二次会に行く相談をしているなか、わたしはちらちらとその女性を観察していました。

結局、わたしはその女性に話しかけました。「大丈夫ですか、何か困っていることはありますか」。女性の返答は、「ありがとうございます。代行タクシーを待っているのですが少し遅れているみたいです。ありがとうございます、大丈夫です」というものでした。わたしは安心して、「よかったです」と言って立ち去りました。

わたしがその女性に視線を留め、話しかけたのは、女性（として誰もが認識する人）が、夜中に、屋外で、一人で、困っているように見えたからです。そこにいるのが男性だったら、わたしは話しかけていなかったでしょう。そして、これも付け加えておく必要があります。わたしが男性として生きていたとしたら、やはりわたしは話しかけなかったでしょう。わたしは「女性として」、その女性に話しかけました。このことの意味はとても複雑です。

まず、わたしにはその状況で話しかけても女性から不安に思われない自信がありました。わたしは女性のような見た目をしているからです。

次に、わたしは同じように女性として生きている身として、男性を生きている人よりも周囲の女性の安全に気をかけています。たとえ頭では理解していても、実際に夜道を歩けない、外でランニングができない、エレベーターに二人で乗っても大丈夫な男性かどうかつねに見極めることを強いられる、というリスク管理を身をもって経験しているかどうかは、そうした周囲の女性たちの安全への配慮に影響するでしょう。

最後に、わたしは女性の側で生きるようになって、誰かを助けることができるようになりました。男性だったときにはできなかったことです。誰かを助けられるようになりました。

ここでようやく、あきらさんのお話につながります。あなたの書いていることはとてもよく分かります。とても、とてもよく分かります。あなたが男性であることについて書いていること、よく分かります。かつてのわたしが試みたように、わざわざ「男らしく」する必要なんてないじゃないか、もっと自然にしていればいいのではないか。そして、いまの社会で「自然に」生きていくことは、むしろ男性的であることと相性がよいのではないか。なるほどそうだと思います。

あなたが女性であることについて書いていることも、よく分かります。身体を小さく小さく締め上げる、象徴的な意味でも物理的な意味でも、あなたは様々なコルセットを外して、「自然な」身体のかたちを回復していったのですね。でも、それでも、わたしには無理だったのです。わたしには「自然に」

男性であることなどできなかったのです。もちろん、あなたもそんなことは百も承知でしょうけれど。

いまの社会で男性を生きている人は、その99・9％が「男の子（boys）」を経由して「男性（men）」になります。そして、たしかに「男性らしさ」の規範が「男の子らしさ」に影響しているというのは事実ですが、わたしがずっと気になっているのは、「男の子にならなければならなかった」という過去が、その後の「男性」たちのありようを縛っているのではないかということです。

わたしが「男の子にならなければならないんだ」と絶望し、涙を流しながら「男子」であるための新しい人格を心の中に用意したとき、わたしの周りではみるみる男の子たちが大きくなっていました。身長が伸びたとか、筋肉がついたとか、それだけではありません。みんなが「大きく」なったのです。あるとき、誰かの身体が、始めたのです。大きくなることを。だいたいは、ちょっとやんちゃな男の子です。声が大きくなり、ものを投げるようになり、通路のど真ん中を歩いて、周りに誰かを近寄らせない雰囲気を出していきます。そうして誰かの身体が大きくなると、自分の身を守るために、他の男の子たちも身体を大きくせざるを得なくなります。さもないと、教室の中で身体を押しつぶされてしまうからです。居場所がなくなってしまうからです。

わたしも、最終的にはやむを得ず自分の身体を「大きく」することを選びましたが、もしかするとその時点では、わたしのその「やむを得ない」経験は、他のシス的な男子と共通のものだったかもしれません。自分の身体を大きくしないと、押しつぶされてしまうのです。

よく言われます。男性たちは「男らしさの鎧を着ている」と。しかし、かつて男の子になることを

「選び」、その後男性としては生きられなくなったわたしには、少し違った光景が見えています。男の子たちは、鎧を身にまとうのではありません。身体のなかに精一杯空気を入れて、風船のように身体を膨らませるのです。男の子の身体は「大きく」なります。しかし、そこに詰まっているのはほとんど空気です。中身は以前のままなのに、外側だけ大きく膨らませなければならないのですから、一生懸命空気を送り込み、気圧を高くして、骨格も内側から支え続けなければなりません。それは非常にいびつな状態です。鋭いもので突かれると、空気が漏れて本当の身体の大きさがばれてしまいますから、男の子たちは身体の風船がなるべく誰かと接触しないよう、周りから距離をとるようになります。

男子たちは、よくお互いを叩いたりしがちですが、あれは身体と身体の距離感を確かめているのです。大きく膨らませた身体のなかには、本当は大した中身が詰まっていないのです。一人の人間としての心の成熟よりも先に、男の子たちは身体ばかり大きく膨らませるよう強いられるので、中身はほとんど空気です。その膨れ上がった身体を充実させるためには、長い長い時間をかけて自分の精神を育てていく必要があるでしょうが、膨らみすぎた身体は、もしかすると一生空虚なままかもしれません。たとえば、還暦を迎えたわたしの父の身体がそうであるように。あきらさんは、そんなふうに身体をむりやり膨らませたことがないのでしょう。だから、「自然に」「男性である」ことができるのでしょう。

うらやましい。かつてのわたしにはそれはできなかった。わたしは「男性である」よりも前に「男の子」でなければならなかった。中身のない空虚な身体に、口からホースを突っ込んで無理やりポンプで身体に空気を送り込んで、ポンプを押して押して、吐きそうな口を必死に手で押さえて、破れそうな身体を守るので必死だった。だから、あきらさんが書いていることは正しい。トランス男性であるあなたは、間違いなく「新しい男性性」をこの世に生み出し、そしてそれを言語化することに成功しようとしている。わたしにはあなたが希望に見える。

その一方で、あなたは自分で気づいてもいるはずです。いまの社会で「男性である」ことが「自然な」オプションになり得るのは、この社会が男性中心的にできているからである、ということにも。あなたはもしかすると、そのことに疚しさを覚えているかもしれませんね。でも、どうか聞いてほしいことがあります。

女性であることも、そんなに悪いことばかりではないのです。

わたしには性同一性がありませんから、たびたび書いているように、女性から「同性」として扱われるのは気持ちが悪いです。しかし、女性として生きるようになったことで、わたしは他者に自分を開くことができるようになりました。困ったときに「助けてください」と言えるようになりました。そんなこと、あきらさんにもできることかもしれません。でも、わたしが男性をやらされているときには、それはできなかった。大きく膨らんだ身体を他者に開くのは、とても怖いことだった。たしかに、男性から上から目線でいろいろ「教えられる」機会は増えました。でも、自分の弱さを他者にひらいて、助けをもらうことは、本来人間として普通のこと、こう言ってよければ「自然な」ことだと思うのです。そしてわたしは、男性として生きるのをやめて、女性のように生きるようになったことで、その「自然な」ありかたを回復したのです。

困っている人を見かけたとき、自然に声をかけられるようになりました。わたしが男性だったときには、他者へのそうした回路は開かれていませんでした。相手が女性だった場合に怖がられるかもしれないとか、そういった考慮がなかったわけではありません。でも、それとは違った次元で、ごく自然に、周囲の困りごとのニーズにアンテナを張る余裕ができました。男性だった頃は、大きく膨らませた身体を維持するので頭がいっぱいで、いつも膨らんだ風船を身体の内側から押している必要がありました。

しかし、男性をやめて、そうして内側から頑張って押す必要がなくなりました。中身のないラグビーボールのかたちを保つために、一生懸命に「内から外へ」と身体を伸ばしている必要がなくなりました。自分の身体が、周りの人の身体とつながっている感じを覚えるようになりました。バスに乗る高齢の方の身体を支えたり、ひとりで座り込む女性に声をかけたりできるようになりました。わたしには、こうした変化は人としての「自然な」姿を回復したように感じられます。空気を無理やり送り込んだり、内側から必死に身体を外に押し続けたりといった「不自然な」状態をやめて、周りの人から押されたり、引っ張られたり、手を伸ばしたり、手を伸ばされたりするようになりました。でも、それが本当は「自然な」ありようだったのだと、わたしはいま間違いなく感じています。

わたしの身体は小さくなりました。でもそれは、たんにコルセットで締め上げられているのとは違った意味も含んでいます。もちろん、とくに男性の多い環境では「小さく」させられている感覚がありますし、辞令交付や外回りでパンプスなどという意味の分からない靴を履かされるときには、奴隷のような気持ちになります。コルセットはあります。でも、それとは違った意味で、わたしはこの「小さくなった」身体を「取り戻した」という感覚があります。わたしには、この小ささが男性の身体なんかよりもずっとずっと「自然」なのです。

わたしにとっては、「女性」というのもまた「なるもの」です。「自然に」女性であるというのは、やはりわたしには理解不能です。でも、男性よりは女性である方が、わたしにははるかに自然です。わたしは、「男性の身体」を維持するための不自然な努力から解放されました。他者に開かれ、繋がった身体を取り戻しました。それはある面では暴力にさらされることでもありますが、でも、自分の身体を不自然に他者から区別し続ける必要がなくなった。自然な身体のかたちを取り戻したのです。

どうぞ驚いてください。わたしの3日前の手紙があなたを驚かせ、あなたの2日前の返信がわたしを驚愕させたように。どうぞ驚いてください。そして笑ってください。不自然な身体を保つために、自然な身体のかたちを忘れてしまったかつてのわたしと、今日も不自然な身体を一生懸命内側から押している、あわれな男性たちを。

そして、少しばかりの人為的な努力とともにこの「小さな」身体に満足している、いまのわたしを。

あかり

あきらから（5）――何がよかった

あかりさん、おつかれさま。今日こそゆっくり寝てください。

あなたと会ってからの、この数時間は、私の存在じゅうがほくほくしていて、すぐに言葉にするのがもったいないとも感じていました。言葉にするのがもったいない。それはなんとも本当に、たしかな実感でした。

あなたからの5通目を読んで、当然、驚きましたとも。大多数の男性が、「男の子（boys）」を経由して「男性（men）」になるということ。あなたのいう通り、私はそれを経験せず、見過ごしてもいたのでした。魂だけは少年のつもりであろうとも、「男の子（boys）」文化を私は引き継いできませんでした。だから脆いままの子どもの身体を、必死に内側から膨らましている様子が、比喩でしか理解できません。実感を持って知ることはきっとないのでしょう。あなたの苦しみもわからないものです。はたして良いことなのか、悪いことだったのか。私は「男の子（boys）」らしくあろうとすることでその弊害を受けたくはありません。ホモソーシャルの芽を積極的に撒き散らしたくはありません。相変わらずの平凡な身体なのに強靱なふりをして、鞭打つのも打たれるのも嫌です。助けてほしいときには、きちんと助けてといえたらいいのでしょう。

でも、ここで私はある疑問につき当たります。「トランスジェンダーゆえのコンプレックスは？」と聞かれたら、私は身体の各パーツを挙げるより先に、「思春期を過ごせなかったこと」と答えるだろうから。それ以外は今やとるに足らない問題に思えるくらいです。おおよそ納得する身体的な性別移行を経てきて、あと埋まらないのは、「思春期がないこと」なのです。私の中で長く長く尾を引く孤独。つねにたった一人で道なき道にほっぽり出されているような侘しさ。それは「本来あるはずだったのに無化されてしまった思春期」によるものではないか。であるならば、あかりさんの話を聞いた上でその「男の子（boys）」化を、私は引き受けるのが筋だったのだろう、とどうしようもない正義感が湧いてくるみたいです。しょうもないですね。もはや取り戻せるものではなく、かといって、ただ純粋に肯定して羨んでいたいわけでもないのに。

このザラザラした孤独の質感を解消する手立てが、そのもう一つの、私がもしかしたら生きていたかもしれないシス（とみなされることで培う）男性の世界にあるなら、私は「男の子（boys）」化を不名誉に感じながらも、引き受けたのではなかろうか。実際のところ渦中にいる「男の子」からしたら、俯瞰して批判する余地もなく、厳しく突きつけてくるだけの嵐だったかもしれないのに。

けれども私は今、もう一方の私が選ばなかった世界を生きています。トランス男性的な立場で世界を眼差すことによって。現実的に、シスの男性ではないことを承知し、男の子ではあれなかった過去も重々知っています。単純に並べて比較できるものではないのだから、私は今いる自分でやっていくしかないだろうと思います。この一種の覚悟は、「シスジェンダーになり損なった可哀想なトランスジェンダー像」とは異なるものです。もっとしたたかで、きっと必然的に創意工夫に富むでしょう。普段それほどトランスとして生きているつもりはないのに、あなたといるとこれくらいのことは言えてしまいます。

さて、あなたの語りでもう一つ、そんなことあるわけないだろうと顔を歪ませてしまいました。女性であることも悪くない？　女性というわけではないあなたまでそんな感覚になるのだなぁと、いや、一言でいうと「解せない」ですよ。何てこった。いったい「女性であること」の何が少しでも良かっただろう。こんなことを思うくらいですから、反フェミニズム的だと指摘されても否めません。冷静に文章を読んでいけば文脈的にわかります、もっともだという感想が出ます。しかし、感覚が伴いません。あなたが私に対して思っていることを、私もあなたに対して思います。

私はトランス男性の代表でもありやしません、けれどもこれは同じ境遇の人だけなら少しはわかってくれるのではないかと予想します。女性とみなされることによって、他者に助けられたり優しくされたりすることは、もちろんミスジェンダリングによる不名誉ですし、侮蔑されている感覚さえ味わわされることでしょう。女性とみなされることによって救われることは、真に救われることをまったくもって意味しないのではないでしょうか。だから結局「女性であること」に何のメリットも見出せなかった。そうではないのでしょうか。ここで「性別関係なく一人の人間として」助けられた、と前向きな解釈はできなかったのです。

ずっと孤独で、また男性化してからは男性として孤独で、孤独孤独と言い続けていたらまるで騒がしいままに壊れたラジオがリピートしてるみたいで馬鹿らしくなってきますが、他にいったいどう言ったらいいのでしょうね。そんなことを考えてしまって、女性であることの良さが客観的に（客観的に）見えてこなかったのです。私の知らない女性の世界があったのだな、と私はかつて擬態できていなかったことを今になってうっすら知ります。それと同時に、現在のあなたがうまく擬態できていることに少々安堵し、かつてちぐはぐな性別役割を背負わされてきたことを憂います。あなたのお話を私の感覚の方に吸収するのは、一旦お預けにしますね。

先ほどの問いとは逆に、「トランスジェンダーで良かったことは?」と問われたら私は何と答えるでしょう。これまで長らくの間、そんなことは一つもない、としけた顔で答えていたかもしれません。でも今、あなたと言葉を交わせるから、トランスの生を引き受けることを嫌だとは思いません。過去に断ち切らねばならなかった関係性を全て差し出してでも。

あきら

あかりより（6）――想像の限界

　あきらさん、こんばんは。あれからちょっと忙しくしていて、少し返事が遅れてしまいました。おっと、お互い返信の速度は気にしない約束でしたね。あなたからの返信を読んで、なにかが吹っ切れたような気持ちになりました。シスジェンダーにはあって、私たちにはないもの。それは、女性や男性に特徴的な身体のかたちであるよりもむしろ、男の子や女の子としての過去だったのですね。

　あきらさんの孤独の正体も、より一層クリアになった気がします。あなたは、かつて「女の子」として扱われていて、それは決してあなたの存在を肯定するものではなかった。結果としてあなたは、「女の子」のなかで孤独だった。その後、あなたは「男性」になった。でも、あなたは「男性」のなかでも孤独を感じている。その理由は、周りの「男性」たちには存在している「男の子（boys）」の一員だった過去が、あなたには存在していないからかもしれません。わたしは実感を持って理解しています。「男性（men）」の「男らしさ」が、実のところ「男の子（boys）」のカルチャーの延長線上であるということに。だから、あなたのようにトランスして男性になった人には、理解できないこともたくさんあるのでしょう。

　あきらさんの、あったかもしれない「男の子」時代。でも、実際にはなかった「男の子化」のプロセス。それらに対するあなたのアンビバレントな態度は、わたしにとってむずがゆいものです。ふだんはそっけなく男性として生きていて、「トランスジェンダーとして」の発言なんてあまりしないあなたが、ずいぶんとトランストランスしたことを言っているのですから。でも、繰り返しますが、そんなあなたがわたしには希望です。男の子だったことのない男性であるあなたは、間違いなく新しい男性を創っていくことができる。現実のあなたは、男の子を経由しなかった。その経験の不在を、ただ「かわいそうな過去」として嘆くことをしないのは、あなたが大きな翼で過去から飛び立ってここまで来たこととも関係しているかもしれませんね。

こと、わたしについては、また別種の孤独がありました。「男の子にならなければならない」と涙した日まで、わたしはどちらかと言えば「女の子グループ」に交じっていました。いいえ、当時のわたしは自分の立ち位置をよく理解できていませんでしたが、わたしは女の子たちに匿ってもらって、守ってもらっていたのです。小学生の頃から、年上の女の子の先輩に可愛がられていました。その先輩たちは、幼い子どもをちょっと馬鹿にした感じで、でもわたしを守ってくれて、大人たちへとわたしを繋いでくれることもありました。

中学に入っても、わたしは気づいたらいつも女子サイドの隅っこにいて、大人びていく同級生たちの後ろにくっついていました。

そんな状況が許されなくなって、急に大きな身体の「男の子（boys）」集団に放り込まれる子どもの気持ちが、あなたには分かるでしょうか。ある意味では、頑張って男の子のふりをすることは達成感のあるものでもありました。でも、心の奥底にある孤独が消え去ったことは一度もありませんでした。どれだけ男の子らしい所作を身に着けて、ときにはやんちゃな男子たちに交じって悪さをしていても、そこは永遠に仮初の場所に感じられました。孤独の二文字です。

これが、わたしの最初の性別移行でした。男の子へと性別移行したことで、わたしは孤独になりました。それからしばらくして、わたしはもう一度性別を変えました。人生で2度目の性別移行です。わたしは女性のような存在になりました。以前にも書きましたよね。わたしが女性ばかりの部署で働いていたときのこと。わたしにとってそれは、中学校のある時点で奪われてしまった過去を回復するような時間でした。はっきり感じたのです。わたしは。わたしはこっち側にいたじゃないか、と。

もちろん、わたしは同僚の彼女たちが経験したような「女の子（girls）」時代を経験していません。きっと彼女たちには、いろいろなことがあったでしょう。こんな性差別的な社会ですから、嫌なことも無数にあったでしょう。だから、わたしが奪われた輪を回復しているように感じているとしたら、それは錯覚です。でも、わたしのなかの孤独は少なくとも消え去った。わたしはある意味で、元いた場所に帰り、そしてたびたび書いているように、周りの人と身体が繋がっている感覚も手に入れました。それは、孤独とは異なる身体のありかたです。

でも、少しだけ微妙なことを言います。わたしは「女の子」としての過去が欲しかったと思ったことはありません。なんだか、都合のいいことを言っているように聞こえると思います。でも違うのです。わたしには性同一性がないのです。ノンバイナリーと言ってもいいでしょう。だから、もしわたしが「女の子」時代を生きさせられていたとしたら、きっとわたしはかなり早い時点で、男性のような存在に性別を移行していたと思います。

あきらさんは、「男の子」をやっていたかもしれない並行世界の自分のことを、自分のこととして想像して、その上で、もしそうだったら立派に「男子」だったのではないかと、そう語っていますね。すごく面白い思考実験だと思いました。わたしには、それは無理です。わたしが、「女の子」をやっていた自分をイメージして、なおかつ、その自分がその性別の世界でしっくりと埋もれて生きていくなんて、わたしには絶対に想像ができません。それは、想像の限界を超えています。もっと分かりやすく言えば、それはもはやわたしではない。

トランスジェンダーゆえのコンプレックスは？

性別というものについて、物心ついたときから、いつまでもいつまでも考え続けなければならないことでしょうか。あきらさんが、まさに男性になったことで性別について考えなくて済む日常を送っているのとは、ある意味で対照的に、わたしは性別移行をしようが何をしようが、生まれてからずっと性別について考えさせられ続けています。この思考のメモリを、もっと別のものに使うことができるのなら、シスジェンダーであることはきっととても快適なことなのでしょう。

トランスジェンダーでよかったことは？

性別というものについて、人よりもはるかに高い解像度で、考えられることでしょうか。そして、同じようなトランスの仲間と出会うことができ、世界の99％の人口を占めるシスたちには見えていない世界の姿を、語りあうことができる。

わたしが、ただのシスジェンダーだったら？

そんな世界は想像できないとさっき書きました。さらに付け加えておきましょう。そんな世界は、想像したくもありません。その世界ではきっと、わたしはあなたと言葉を交わすことができなかっただろうから。

あかり

あきらから（6）――哲学的ゾンビ

あかりさん、体調大丈夫かな。私は、あなたがここまで生きてきたことに感謝しています。本当に。

6通目を読んで、私たちが幾度となく感じてきたことでしょうが、あなたの語る体験は、ある意味で私と逆の過程なのだとハッキリわかります。あなたが言うように、私も性別移行を2回した、と述べても差し支えないと思います。ただその内実はもう少し、まどろっこしいかもしれません。「性別がない」未分化な状態から、気づけば「男の子」の方にいて。しかし「女の子」にならなければと自己コントロールして。そこからがようやく「トランスジェンダー」としてよく語られる過程ですが、私は「男性」になっていったという、そういう物語でしょうかね。

もともと性別などなく、それが何だか理解できず、気にも留めていませんでした。しかし、男女で分かれるのが当たり前になった頃には、私はごく自然に「男の子」の輪にいたはずでした。基本的に男の子の友達しかいなかったので、休み時間になぜかトイレの前で左右異なる方向に分かれなければならず、私の使用する空間はやたらピンクの装飾で、洗面台の前に群れる女子たちが「怖い」というか、とても馴染みがたい存在で、居心地の悪いヘンな気分でした。よく遊んでいた友人たちは、私を置いて、逆側へと離れていってしまうのです。

ただしその、なんとなく「男の子」側にいられた記憶は、小学4年生くらいで中断されてしまいました。その後の過程を「男の子」たちと足並み揃えていくことはできなくなっていきました。あなたの経験よりはおそらくずっと早く、私は「女の子」側にぶち込まれました。監獄の始まり。

よく覚えているきっかけの一つが、修学旅行の雑談です。「クラスメイトの中では、誰が好き？」という話を、男子のコテージで話したらしく、後日その内容が私にまで漏れ聞こえてしまいました。そして、私は2人の男子から、「気になる女子」として名前が挙げられていたとのことでした。びっくりしました。クラス中で戦いごっこをしたり、ひどいことですが女子へのスカートめくりを一緒になってしていたような同性感覚の「男の子」たちの中に、私を異性の「女の子」として候補に挙げる奴がいるのだ、ということが。

（お前、共犯者じゃなかったのか――？）

セリフにするならこんな感じでしょうか。

私は「男の子」世界でやっていけるはずだったのに、そうではないと知らしめられてしまった。

私がシスジェンダーだったら、今よりももっと酷いセクシストだったことが容易に想像つきます。私が「男性」を考えるとき、私自身も酷い性差別者だったであろう世界をどうしても捨てきれずに間近に感じてしまうのは、私も片足突っ込んでいた反省があるからです。

とはいえ、話を戻します。異性愛が主導権を握ってくると、私のいた世界と、周囲の世界の辻褄が合わないことがわかっていきます。それから次第に私は大人しくなっていきました。身体の変化もやってくるものですから、もう「男の子」たちと一緒にヤンチャな姿をさらすことができません。そして決定打が、中学校の制服でした。異なる格好である男子と親しくすれば、それはすなわち「付き合っているのか？」と噂されます。数年間仲良くしていた幼馴染みのような男子まで、私に告白してきました。「男子と友達でいることはできない」、かといって女子とは話が合わない。なんてつまらないんだろう！

さて、あなたが「男の子」にならねばならないと心を殺していたときの状況を、私は自身の経験と比較してよいのなら、よっぽど辛いものだったのではないか、と想像しています。なぜなら、これはトランスの移行でちらほら囁かれていることでしょうが、男女の非対称性があるからです。

たとえば私のように、「男の子」のような子どもが「女の子」集団で生活すると、「できる」ことを「できない」ように振る舞うわけですから、本来は「できる」のです。「女の子」集団の中では、意外とスポーツができる、意外と勉強ができる、意外と行動的である、意外と活発である、などと賞賛さえ浴びることがあります。「男の子」に物怖じせずに凄いね、といった具合です。「女の子らしさ」競争ではまともにスタートラインに立てないかもしれませんが、他の能力においては引け目に感じることが比較的少なく済むのではないでしょうか。ちなみに私は「ボーイッシュな女子」というよりは、本気で「女の子らしい女の子」にならなきゃならないのだと、強迫観念のように実行していた時期がありますが、ここでは省きますよ。

一方であなたのように、「女の子」のような子どもが「男の子」集団で生活する方が、大変なことが多そうに見えるのです。ようは小さいものを大きく、できないことをできるかのように、ないものをあるかのように振る舞う、ということでしょうから。だからいつでも、私が逆の境遇のトランジションの話を聞くと、他人事のように、踏ん張って生きてきたのだろうな、と痛みを伴いつつ感心してしまうのです。とても苦しかったと思います。そして、私の方はまだまだ大丈夫だろう、と無駄に自身を鼓舞することさえあります。

ただ、あなたと話すなかで違和感を覚える部分もあるのです。私が「男の子」としての過去を欲していたのは事実かもしれませんが、別に私自身を「男の子である」とは思っていなかったはずだからです。今もそうです。私は自分を「男性」だと認識していません。

しかしながら、こんがらがった無数の事象に立ち現れる性別Xに「男性」を代入してみると、数式全てが綺麗に収まりよくなってしまうらしいから、ただなんとなく、じゃあ私を男性ということにしておきましょうか、と言っているだけなのです。本当は私の性別なんてどうでもよかった。でも、きっと男性なのだと仮定すると、うまく物事が回るらしいから、私は空気を読んだだけ。だから私が「男性」であるとして、男性についてあれこれ考えを巡らすのは、中核の一番硬い部分がないままに空転しているような、そうした間の悪さがあります。私の性別の根拠が何であるのか、実のところちっともわかっていません。

とはいえ、こうも思うのです。でも、他の大勢の男性たち、シスジェンダー男性として生きてこられた者たちも、私と同じではなかろうか、と。ふつうに男性として接してこられてそこに違和感が生じずに、あるいは微々たる違和感で済んでいるから、与えられた男性という性でやっていけてしまう。男性にあてがわれた役割をこなし、「あなたは男性ですね」という世間の声に違和感を表出させずに、ただ素通りする。別に積極的に肯定しているわけじゃない、否定せずにぼけっと生きてきたらいつのまにか

「男性」ということにされていた、別にそれでいいか、さしたる問題でもないし。

ただそれだけで、自分の正体なんかわかっていない人が大多数ではないのでしょうか。他者だってもちろん、その人の正体を知りはしないでしょう。けれども、その不確実性のまま世界は回っているのではないでしょうか。たとえば、私が「男性」扱いされるようになって、そのままなんとなく納得してしまったのと同じように。


私は性別移行を志すとき、困りました。トランスジェンダーに向けられる説明は、私の理解の範疇では2パターンしかなかったからです。

第一に「性同一性が男性であること」。

第二に「社会的に男性として扱われたいと望んでいること」、というような。

私はそのどちらにも当てはまりません。私は自身を「男性」だと信じたことがなかったし、社会的に男性扱いされるのも糞食らえだと思っていたものです。逆に、シス男性に聞いてみたいくらいです。「あなたの性同一性は男性ですか？　終生そうですか？」、「あなたは社会的に男性として扱われたいのですよね？」などと聞いてみて、そのどちらも素直に「はい」と答えられる人がどれだけいるのでしょうか。そんなに明確な答えを持っていないのがリアルな姿なのではありませんか。私は「男性」についてよく知らないけれども、私もその辺のシス男性と一緒でけっこうだと思ってしまいます。私は私のことを知らないし、私が男性であるかも知りません、興味もありません。ただし、私を「男性」だと仮定するといろいろ収まりがよさそうなので、そのラベルを採用してもいいですよ、と。

私の中身は空っぽです。けれどもなぜだか、社会生活が滞りなく進んでいくようです。男性として通過してしまうようです。私には物語の主人公感がありません。でもあたたかい場所で、ご飯を食べて、よく眠って、あなたのように心弾む人と会話できるなら、それで幸せなのです。

あきら

第4章　性同一性を持たない

あかりより（7）——性同一性なんていらない

あきらさん、こんばんは。あなたからの6通目の返信をもらってから、ずっと考えています。ずっとずっと考えているから、10日間くらい返信を待たせているような気持ちになってきました。どうしよう。楽しくて仕方がないよ。わたし、もっと早くあきらさんと会いたかった。ずっと独りでした。誰にも、話せる相手がいませんでした。性別のこと。たった一人で虚空に向けて文章を投げていたこともありました。

さて、あなたがわたしと「逆の」体験をしてきたこと、手紙のなかで繰り返し確認してきました。ただし、きっとあなたも思っていることでしょう、わたしたちの人生は単純にクロスしてはいない。わたしたちはそれぞれ反対側の島から出発して、それぞれ反対側の島に移り住んでしまったけれど、どうやらそれぞれが到着した島は、それぞれが出発したはずの島とは完全には同一ではないようです。

わたしは、かつて「男の子」をやらされていました。泣くほど辛い思いをして、男の子になることを「選び」、それから地元を離れるまで、そして地元を離れてからもしばらく、なんとか男性として生きていけないか模索してもいました。でも、そのときわたしが滞在させられていた「男」という島は、あなたが今いる「男」の島とは、完全には同じではなさそうです。

そして、あきらさんをかつて収監していた「女」という監獄島も、わたしが今だいたい生きている「女」の島とは、どうやら同じではなさそうです。そのことも、このところ緊張感を持って互いに確認してきた通りです。そう、わたしたちは単に逆のコースをたどって性別を移行したわけではない。MtFとFtMが鏡あわせになっているようには、私たちの旅路は簡単な対照関係にはない。わたしたちの旅路は、奇妙にねじれています。だから、あきらさんから見えている風景が、わたしにはいつも新鮮です。なんてこった、という言葉が、あなたに合わせて口から出てしまいそうです。でも、それが不思議と心地よいのです。この手紙を、永遠に続けていられそうなのは、あなたがわたしの知らないことをあまりにも知っているから。

わたしは、状態としてはトランス女性に限りなく近づきましたから、トランス女性の人が書いた文章を読むと、深く共感します。トランス女性の友だちも、少ないながらいます。「話が合う」のは、たしかにトランス女性です。それとは違って、あきらさんとは「話が合わない」。でも、あなたとは何かが絶妙に調和している。あなたからはまったく違う波長がわたしには届いているのに、わたしの手許の音叉が心地よく震えるのです。そして、ときに激しく共鳴する。

どうしよう、そして7通目のこの手紙でも、書かなければならないことが山のようにあって、もう手に負えなくなっています。「仲間」だと思っていた相手から「好意」を伝えられるという経験の、そのまごつかせる感じ、話したいことがたくさんあります。女の子集団に交じっていて、なぜだか女の子から頻繁に「告白」されていたわたしは、呑気に「わたしも好き！」と返事をしていたのです。それも、同じようなことを「男子」になってからもわたしはやっていました。そのせいでどれだけ他者を傷つけたでしょう。わたしがAsexualであり、そしてトランスジェンダーであったために、そうした「好意」の交換ゲームはわたしにとってトラブルのもとでしかありませんでした。ああ、この話を詳しくしていたら本が1冊書けそうです。

あなたが友達の男子と一緒になってスカートめくりをしていた、そのセクシストだった過去を悔い、自分の中にあったかもしれない、あるいはたしかにあった「シス男子的」な要素に怯えている一方で、わたしの方はと言えば、完全に「シス男子」たちに頑張って埋もれて、見事なセクシストだった過去といまだに折り合いをつけられずにいます。

男の身体を手に入れるのは、苦しかった。自分の痛みに鈍感にならなければなりませんでした。それは、他者の痛みにも意図して鈍感な態度をとらなければならないという、そうした行動命令を受け入れることでもありました。そして、自分でももう分からないのですが、わたしはたしかにその命令にうまく従い、同級生の女性たちを身体の大きさで威圧していたこともきっとあります。少なくとも、中学のある時点から数年間、わたしは見事に「セクシストの男子」でした。

わたしが「風船のように身体を大きく膨らませる」などと、抽象的な比喩に逃げているのは、具体的に書いていけば手紙が長大になってしまうからでもあるのです。そして無責任なことに、わたしはその過去をうまく自分の過去として語れないかもしれない。今日はここまで。

あなたの疑問、とてつもなく興味を惹かれました。

シス男性に聞いてみたいくらいです。「あなたの性同一性は男性ですか？　終生そうですか？」、「あなたは社会的に男性として扱われたいのですよね？」などと聞いてみて、そのどちらも素直に「はい」と答えられる人がどれだけいるのでしょうか。そんなに明確な答えを持っていないのがリアルな姿なのではありませんか。

まさに！　わたしもずっと疑問でした。シスジェンダーって、そういう生きものなのだとわたしも思います。のんべんだらりと普通に生きていて、ことさらに自分の性別を意識することもなく、惰性で生きること、それがシスジェンダーなのだと思います。

可能性は二つあると思います。

一つは、シスジェンダーにもトランスジェンダーにも、人間にはおよそ全員に「性同一性」があるという可能性。可能性というよりは、理論的な立場と呼んだ方がいいかもしれません。この立場によれば、たとえ自分の性同一性についてまったく考えたことがなくても、そして男性や女性として生きていきたいなどという欲望をほとんど意識していなくても、シスジェンダーにはそれぞれ性同一性が「ある」ということになります。

そうですね、たとえば大きなオフィスに総務課と人事課が入っているフロアがあったとして、「人事課は第一会議室」、「総務課は第二会議室へ」というアナウンスがあったとします。そんなとき、ずっと人事課一筋でやってきた人は、なんのためらいもなく第一会議室へ行くでしょう。ずっと総務課一本で勤め上げてきた人も、「自分はどっちに呼ばれてるんだ?」などと考えることなく、すたすたと第二会議室へ行くでしょう。

ここに出てくる人たちは、もはや自分が「人事課」や「総務課」の人間であることを意識してすらいません。あまりにも当たり前だからです。同じことが、「性別の穴」にも言えそうです。「男はこっち」「女はこっち」。そんな指令が公の空間には張り巡らされていて、私たちはその「性別の穴」のどちらをくぐるのか、絶えず問われ、審査され続けています。

でも、世の中の99・9%の女性や男性は、そんな穴や壁の存在になど気づかずに、ひょいひょいと穴をくぐっています。もちろん男女に課せられたジェンダー規範には非対称性がありますから、女性の穴をくぐることには不利益も多いでしょう。

それでもなお、日常的にはほぼ女性になってしまったわたしから見て感じるのは、たとえジェンダー規範に多少の違和感を覚えているとしても、自分が「女」の穴をくぐること自体に疑問を感じている人は全然いないということでした。もしかすると、これが性同一性(ジェンダーアイデンティティ)なのかもしれないと、性別を移行してわたしは思うことがあります。違和感もなく、ほとんど自動化された仕方で会議室へ足を運ぶように、「女性はこっち」「男性はこっち」という指令に、自動人形のように問題なく従えるような人が内蔵している内部機構《メカニズム》のことを、私たちは「性同一性」と呼んでいるのかもしれません。そのメカニズムについて、別に人形自身が気づいている必要なんてないのです。でも、そこには性同一性が「ある」のです。わたしには「ない」、それが、「ある」。

もう一つの可能性に移ります。それは、シスジェンダーは性同一性なんて誰も持っていないと言うべきではないか、という可能性（立場）です。おそらくあきらさんはこっちにシンパシーを感じているのでしょう。アイデンティティというものが、その人自身の自己意識の核心にあたるもののことを指すのなら、のんべんだらりと男性や女性として生きている人たちに「女性アイデンティティ」や「男性アイデンティティ」の存在をいちいち想定するのは馬鹿みたいな話です。明らかに無駄なことをやっているように見えます。そんなものを想定しなくても、人が女性や男性を生きているという現実は説明できてしまう気がしてしまうからです。論より証拠。だって多くの人はそうでしょう？

この立場を突き詰めたら、あきらさんが言うように、世の中のほとんどの人は「哲学的ゾンビ」になります。別に、内面にジェンダーアイデンティティが存在しなくたって、その意味では「（内面のない）ゾンビ」だったとしても、男性や女性が、男性や女性としてふつうに生きている現実はなにも変わらない気がします。むしろ、何も考えずに立派に女性や男性としてのんべんだらりと生きている人たちに対して、「これじゃゾンビじゃないか！」と言って「性同一性」などというものを無理やり吹き込もうとする科学者の方が、よほど人為的な操作をしているような気がします。まるで、人間を改造人間にしてしまうような。

この二つ目の立場は、あきらさんのお話を聞いて頭のなかに膨らませてみたものですが、考えれば考えるほど楽しくなってきました。そう、こうして「性同一性」について考えていけば、トランスジェンダーとシスジェンダーの境界線だって、きっと変わっていくことになるし、きっとあなたはまさしくそういう考えを持っているに違いないと、わたしは思うからです。

「性同一性」なんていう概念は、一部のトランスジェンダーの状態を記述する以外には必要なくなるはずだ、とあなたはきっと考えているのではないでしょうか。「なぜ自分はあっちの性別ではないのだ」という、強烈な違和・不合状態を説明するためには、「性同一性」の概念はいつまでも必要になる気がします。たとえ性別移行をしていない状態だとしても、そうした顕著な違和感や不合感に苦しんでいる人がいる以上、そうしたトランスたちは「女性」や「男性」の「アイデンティティ」を持っていると言うのが最もシンプルだと思うからです。

でも、さっきから書いているように、世の大多数のシスジェンダーにまでいちいち「性同一性」の存在を仮定するのは無意味なことのように思えますし、それに加えて、性別移行をして、すっかりそちらの性別で埋もれて生きていれば、事実上はそうした人たちの心の状態は、生まれてからずっと同じ性別で生きている人となんら変わりないように見えてきます。ちょうど、あきらさんが「自分はシス男性と同じ状態なのでは？」と感じているように。あなたが、なんとなく男性として納得しているとき、あるいは「性別X」に「男性」が隠れていたとすると、いろいろ収まりがよく、別段それ以上その「X」を追求しようとは思わないとき、あなたはとってもとってもシスジェンダー的なのかもしれません。

「性同一性」という概念が、「自分はあっちなのに」という違和や不合の説明だけに必要なのだとしたら、あなたが「性同一性のない男性である」という説明は、なんの間違いも含んでいないでしょう。そして、その人がどのような性別であるかを記述するにあたって、そんな「性同一性」概念を必要としない状態にある人のことを「シスジェンダー」と定義するのであれば、あなたは完全にシスジェンダーになる。

ふう。今日はずいぶんと硬い話をしたので、疲れてきました。読みづらい文章になってしまってごめんなさい。でも、あなたから提案された可能性が、とてもわくわくさせられるものだったので、わたしなりに展開してみたくなったのです。わたしは、上で言うと一つ目の可能性の方にシンパシーを感じているのですが、二つ目の可能性の方も魅力的に見えてきました。

さて、もし二つ目の可能性に従って「シスジェンダー」と「トランスジェンダー」、あるいは「性同一性（ジェンダーアイデンティティ）」の概念が再定義されるのだとしたら、どうやらわたしは、死ぬまでトランスジェンダーということになりそうです。いえ、それが悲しいとか辛いとかではありません。こんなの言葉の定義の問題ですから。

ただ、そうなってくるとより一層、どうしてあきらさんが性別を移行したのか、ということは気になってきます。あなたには、持続的な男性としての性同一性もなければ、男性として社会から扱われることを未来にわたって希望していたわけでもない。でも、あきらさんは間違いなく、性別を移行してしまった。そして、今ではシス的に生きているとはいえ、あなたは一度は「トランス的な」状態を確実に経由して、男性の島へと引っ張られた。だからこそ、いまを生きている。

その、あなたの性別移行の原動力についても、いつかゆっくり聞かせてください。男性としてのアイデンティティがあったから、男性に性別移行したのではないのだとしたら、いったい何があなたをそこまで動かしたのでしょう。ほんとうは直接会って話したときに少し聞いたことがあるのですが、手紙に残しておくのも悪くはないでしょう。またいつか教えてください。

ああ、今回もまた、長くなってしまいました。にもかかわらず、書き足りないことが無数にあります。ただ、今日は一旦ここまでにします。おやすみなさい。あなたからの手紙、いつも楽しみにしています。

あかり

あきらから（7）――シスジェンダーの解体

あかりさん、こんにちは。まだ明るいうちにお返事が書けました。お手紙の内容はもちろん、他にも、伝えたいことや聞きたいことがいっぱいあります。人生は短いんじゃないかと初めて実感しています。あなたからの内容を咀嚼しているこの喫茶店のライトがちょうどよいこと、昨夜観た香港映画があまりに艶やかだったこと、私の生まれる以前に書かれた男性学の本を読んで放心してしまったこと、久しぶりに彼女（恋人の意）と会えること、スクワットをやって筋肉痛だったこと、それから。

私はもはや、生活のなかでトランス当事者だという意識が希薄です。非当事者のアライみたいな感覚で、物事を眺めてしまいます。考えることはやめられないけれど、姿勢としてはそうなのです。もし今後トランスたちのために必要なことが必要なタイミングで為されたら、それは私自身のためというよりも、私がこれまでとこれから愛する人たちがこれ以上傷つかなくていいから、嬉しくなるのだと思います。彼女（たち）が何ものにも侵害されずに、ただ楽しいことを楽しみ、好きなものを好きだといい、うなされずに眠れたらいい。もう絶対、幸せでいてほしい。邪魔させてたまるか、と念じているのです。話の本筋とは関係ないけれども、私の中核にまつわることなので書いておきました。ぼんやり「愛」と呼ばれる要素が、私にとってはジェンダーアイデンティティを凌駕するほど強いアイデンティティとして、機能することがあるようですから。

私は前回、書きながら不思議だったのです。「仲間」だと思っていた相手から「好意」を伝えられる経験について。私は私のことを書いているのに、ひょっとしたらこれはあなたのことを書いているんじゃないか、と途中で思いましたもの。他者がみなす性別が、私たち本体とはちぐはぐなものだったからでもありますし、それだけでもない。性的指向を鑑みれば、Asexual と Pansexual がどうして調和している気がするのだろう、と不思議でした。いずれもマジョリティの規範とは違うもの同士だから、とだけ片付けるわけにはいかないでしょう。あなたが無邪気に「好き」と返していた頃の話と、いつからそれが封じられていったのかは、また聞かせてもらいたいところです。

「女の子」集団では気軽に「好き」と言い合うことが許されている空気があるのに対し、「男の子」集団では気軽に「好き」とは言わない空気があるのも、そんなに幼い頃からどうして用いられる言葉が違ってくるのか、不思議なことですよね。男性（とみなされた人）が発する「好き」には、どうしても性的なニュアンスが付与されるようで、それはなかば義務のように相手にそう解釈されてしまうもので、男性（とみなされた人）の孤独とも紐づいているはずです。本当は「好き」の範囲は広大で、自分の発するそれと、相手の受け取るそれが、そんなにピッタリと一対一で収まる方が奇跡的でしょうに。

はて、私が「女性であること」で何か一つでも良いことがあっただろうか？とがんばって思い返していたのですけれど、強いて言うならば「女性を誘いやすい」ことでしょうか。警戒されずに相手の懐へ入っていきやすいわけです。かなり強固に信頼関係が作れるかもしれません。今ではちょっと怖くすら感じる、シスターフッドってけっこう強いじゃないですか。女性（とみなされた人）同士であれば、「好き」の応酬もしやすいかもしれません。ただしこれは、私の体験した限りでは、性的なニュアンスがきれいに取り除かれた「好き」でしかあれなかったから、私はそれがもどかしかった。男性として発する「好き」を、私は行使できていなかった。その場限りの、場作りの「好き」の応酬は、私に未来をくれなかった。むしろ、お互いの「好き」にズレが生じることが痛いほどわかっていたから、私は代わる言葉を必死に探して、やり過ごしていた。たった一言の「好き」で丸く収まる「（異性愛の）男女」の物語って、関係性って、いったい何だったのでしょう。私は言葉を憎んでいたかもしれません。あのときの私には許されていなかった言葉を、今ならもっとうまく使えるだろうか？　私も相手も、今よりもっと幸せになれるのだろうか。

あなたにとっては全然違ったふうに、女性や女性との関係性が見えていたのだと思うのですが、私がじっと過ごしてきた女性を取り巻く世界はそんなふうでした。ずっと未来などなく、過去を振り返るのもつまらない、現在進行形でもつまらない、退屈な世界でした。そのくせ社会的な要請は多くて、悪徳企業で働かせ続けられている社員みたいな状況になっていました。

もとはといえば、周囲の「女性」たちもきっと私と同じように苦しいのが当たり前だと思っていたから、私は自分の境遇が恵まれていないとは想定していなかったのです。みんな辛いのだから、私もこれくらい耐えて当たり前だろう。そうやって思考停止して、自分を守っていました。つまらない、嫌だ、やりたくない、と思っていいのだと知らなかったのです。

でも「女」の島を離れて遠くからごく稀に観察するようになってみると、そこにいる住人は案外愉快にやっていけているように見えるのです。ああ、騙されていた！　かつての私のように押し込められている人もいるだろうけれど、それでも、相対的にみればもっとずっと幸せそうな姿が、「女」の島にはあるようなのです。悔しいですよ。私がどれほど頑張っても手に入れられなかった自然な悦びが、そこにはあるみたいに映るからです。

それに今、私はびっくりしています。戸惑っています。あなたとのやり取りを開始してからより明白に、私には「女」の島が合っていなかったのだと気づかされてしまいましたから。本当はもっと、私はうまくその場所に馴染んでいるつもりだったし、こんなにだらだらと後悔を述べるつもりなどなかったのです。「女」の島で助け合ったこと、楽しかったことだって無いわけじゃなかったはずなのです。たしかに何か「あった」はずなのに。ずいぶん救われたことだってあったはずで、私は感謝していたのに。そして、「男なんて」と遠くの島を睨んでいたことさえありました。でも結局、女性を語るとき、これではFtMあるあるエピソードの一つに収まっているじゃあないか、あるいは女性を僻んでいるミソジニックなシス男性と同じではないか、と驚いているのです。まるで私が、身も心もずっと「男」だったみたいで、すっごく違和感があります。

でも「男」って何でしょうね。

性同一性の話をしましょう。あかりさんがお硬い話をしてくれたので、私は楽ができます。といいつつまたあなたを煩わせるかもしれませんが、私は現実的には第三の可能性が近いのかなと夢想しています。

一つめ、シスジェンダーもトランスジェンダーもみんな性同一性がある、という理論的立場。そうだとすると、うまく収まりそうですね。シスジェンダーの人は気づかずに過ごせる「特権」があるだけで、実際は性同一性をなによりも「持っている」から考えずに済んでいるのですよ、という説明がつきます。

二つめ、シスジェンダーは性同一性を持っていないという可能性。そして私は、トランスジェンダーの境遇だがここに共感しているわけです。いやはや、トランスジェンダーの私がここに共感してしまうって、つまりどういうことでしょうか？

ここから三つめに想定できるのは、性同一性があるシスジェンダーと性同一性があるトランスジェンダーはたしかにいて、理論的にはここだけに着目されているけれども、実のところ、性同一性がない（と言った方がいい）シスジェンダーと性同一性がない（と言った方がいい）トランスジェンダーもいるのだ、という考えです。性同一性の説明をトランスジェンダーにばかり求めてしまうから却ってわかりにくくなっていますが、シスジェンダーの人々だって多様であるはずです。それでいいではありませんか。私は物事をシンプルにしようとしています。

性別に対する自己認識を強固にもっている（し、それが生活実態と合っているからとくに考えなくて済む）シスジェンダーの人だっているでしょうし、そうではなくて、ただ呆然と抵抗なく生きているので性別がどうであるかは語れない、ゾンビのようなシスジェンダーの人だっていることでしょう。かといって「性同一性にピンとこないシスジェンダー」がすなわち「トランスジェンダー」になってしまうのかというと、それは似て非なるものかと考えます。私は「性同一性のないトランスジェンダー」の立場から、「性同一性のないシスジェンダー」の男性を呼び起こし、今後そのように生きていけるのであれば私が「男性」だとしても辻褄が合うだろうと、未来を読んでいます。

「性同一性がある」とする説明は一部のトランスジェンダーだけでなく、一部の（というには数が多すぎるかもしれない）シスジェンダーにとっても、たしかに有意義なのでしょう。現に出会ってきた人々のなかには、シス・トランス問わず、「この人は女性／男性なのだ」と感じとれるような人もいました。そういった人たちには非常に腑に落ちる概念になっていると思います。そのままそのアイデンティティを大事にしていけばよいでしょうし、そうした性同一性が確立されているトランスジェンダーの人々に対して誤ったジェンダーで接することは、許せない行為だといえます。ただし、それだけでは説明がつかず、説明する必要もない存在が、シスジェンダーにもトランスジェンダーにも紛れ込んでいるのではないか、と私は想像します。ことを荒立てないために純朴に性別に従っているだけで、その実、（性別にかかわる）中身は空っぽの人間が、シス・トランス問わず、いるのではないかと。

そうするとやはり、疑問でしょうね。私のように「性同一性のないトランスジェンダー」が、なぜ性別移行なんてするのか。「性同一性のないシスジェンダー」であれば、そのまま割り当てられた性別を疑問視せず留まっていられるので、なにも問題は生じません。性同一性が「ある」と言われようが「ない」と言われようが、生活は微塵も変わらないはずです。

しかし私のような境遇の者はトランス界隈を含めてどこにも情報がないので、一人で行く末を検討しなければなりませんでした。放っておけば、私は一生「女」の島に囚われたままだったでしょう。でも、それならば「性同一性のないシスジェンダー女性」さながらにやっていけたのではないかと思われるでしょう。しかも私の発言をさかのぼるに、別にあなたが逆の境遇で経験したように、「女の世界がどうしても無理だから道を断つしかなかった」と気づいたわけでもなさそうですし。不思議ですね、不思議ですよ。しかも私は、男性から性差別的な洗礼を受けたことも何度かありましたから、別に男性が「憧れの存在」というわけでもなかったのです。というより、嫌だ嫌だと思いながら、男性化に進んでいったのです。「男性になんかなりたくない」と「男性でありたい」のせめぎ合い。

私は既存のトランスジェンダーの説明には納得できなかったので、性別移行に際して、代わりにこうした質問を自分に突きつけました。

「もしも私が出生時から男性だったら、私は性別を変えたいと思っただろうか？」と。

答えは淀みなく、こうです。「いや、ただなんとなく男性ということでやっていけただろう」と。それが私が「男性」である根拠です。別に「男性」という名義にこだわりはありませんが、文句をいうほどの違和感はないというだけで「男性」役を引き受けていたでしょう。もっと具体的なプロセス、私があなたとは違って恋愛や性愛に惹きつけられすぎてきたことについては、またいつか。

最後にもう一つ、これも大事なことだと思うので書いておきます。私の発言はいつもギリギリの橋を渡っていて危なっかしい、と感じていることでしょう。それであなたはうまく私を促してくれますよね、差別街道へ落っこちないように。

発言だけとれば、私はＴＥＲＦ（トランス排除的ラディカルフェミニスト）に見えるでしょう。女の身体や境遇なんて一つも良いことがない、男が憎い、性同一性なんて私にはありません、等々。実に危ないですね。ちょっとテーマをずらしてみても、やっぱり私の発言は危ないところをスレスレで通っていて、見方によってはもうそのまんま差別者と相違ないかもしれません。ほかの事例を挙げると膨らみすぎるので、ここではもう述べません。私はそこをうまく切り抜ける気でいるけれども、まだ他者を傷つけない術をもてていないから、自分ごと他者も斬りつけつつ進んでいくしかないような状態です。
でも、私は、自由です。いつかもっとうまく道を切り拓いて、ボロボロになったとしても、戻るべき場所には戻ってきたい、と思っています。そしてやっぱり、大切な人たちがこれ以上傷つかなくていい未来を望んでいます。あなたも含めて。

あきら

あかりより(8)――トランスジェンダーの解体

あきらさん、こんばんは。あなたからたくさんのことを受け取りました。彼女のこと、大切にしてあげてね。わたしの方はと言えば、今日は少し辛いことがありました。

脱毛サロンに予約を入れて、初回のカウンセリングをしていたのですが、小1時間ほどカルテを作ったりシステムの話を聞いたあとに、治療歴などを詳しく確認されるタイミングがあり、ちょっと気が緩んでいたので、女性ホルモン治療をしていることと、その理由をそのスタッフさんに言ってしまいました。そうしたら、「確認してきます」とスタッフさんは裏に引っ込んでしまって、いろいろあって最終的に入会を拒否されました。

全国チェーンで、女性限定なのは知っていましたが、ついさっきまでふつうに接客されていたのに、こういうことされるんだ、と思って茫然としてしまいました。このところ、あまりエネルギーを割かなくてもまったく「パス」には支障がなくなっていましたし、職場でも「トランスとして」扱われることは基本的に存在せず、スポーツジムにも女性として入会して更衣室など利用していたものですから、不意打ちをくらったような気持ちです。今日も今日とて、午前中は新しいコミュニティに対面で参加して、完全に女性として溶け込んでいただけに、何が起きたのか分かりませんでした。

他人には一番聞かれたくない身体のことを乱暴に質問されて、「身体が男性の方は利用できないというふうに会社全体のルールがあり、ご入会いただけません。本当に申し訳ありません。申し訳ありません」と、何度も何度もスタッフさんに謝罪されました。

別に謝罪なんていらないのです。たしかに、わたしはそのカウンセリングルームでぼろぼろ涙を流していましたが、別にこの店舗のスタッフさんを恨んでいません。何なら、この会社の方針だって別にそれでいいとすら思います。所詮は民間企業ですし、脱毛のようなサービスですから、企業にだって合理的な理由があればある程度は顧客を選ぶ裁量があると思います。これが合理的な理由かどうかは、いま判断できる心の余裕がないですが、裁量がまったくないわけではないと思います。

わたしが辛かったのは、これだけ女性のように生きていて、これだけ埋没していても、なおわたしの生まれや、わたしの過去のせいで、わたしの身体が「女性の身体」ではないと指差されることがあるという現実でした。パス度至上主義みたいなことは言いたくないのですが、さっきまで何の違和感もなく接客していた相手であるわたしに対して、どうしてそんなことを言えるのか、理解ができませんでした。さっきまで、何の疑問も持たずに「女性の客」として扱っていたのに、わたしの過去を知った瞬間に、わたしの身体はモンスターのように名指されました。

下腹部まわりの脱毛は決して、まったく望んでいないこと、何回か伝えました。無駄でした。いったい、わたしが何をしたというのでしょう。いったい、わたしの身体の何が悪かったのでしょう。

はあ、ごめんなさい。せっかくあなたは素敵な時間を過ごしているだろうに、気分を害してしまったと思います。ごめんなさい。

あきらさんからの7通目の返信、相変わらず興奮しました。はじめに、あなたが最後に書いていたことを簡単に回収しておきますね。ふふ、そうです、あなたの言葉はとても「危なっかしい」です。

わたしなら怖くて進めない道を、気づいたら2歩、3歩と進んでいる。だからわたしは、そうしてあなたが跳び跳ねて残していった足跡を線で結んで、柔らかいセメントでちょっとずつ埋めて、道を作っている気持ちになることがあります。

でも、余計なお世話かもしれませんね。あなたは大丈夫です。あなたはTERFになんてならないし、セクシストとも天と地ほど違う。あなたが自由に思考を羽ばたかせるのを、わたしは応援しています。

さて、それぞれの個人的な経験を書き連ねていたこの往復書簡ですが、いよいよ7往復目にして、シスジェンダーが「解体」されてしまいました。最高のタイトルですね。

そして、今回ばかりはわたしの期待通り、あきらさんの見せてくれた3番目の可能性、わたしもこの結論は避けられないだろうと踏んでいました。シスジェンダーの全員に性同一性がある（1番目の可能性）わけでも、シスジェンダーには性同一性などおよそ不要な（2番目の可能性）わけでもなく、性同一性が「ある」としか言えないトランスとシスがおり、性同一性が「ない」としか言えないトランスとシスがいる。それが3番目の可能性です。

そして、あなたが言うように、性同一性など「ない」としか言えない、いうなればゾンビ的なシスジェンダーが、とはいえすぐさま「トランスジェンダー」になるわけではない。（どちらかと言えばこういう人はトランスフォーブになりがちです。）

割り当ての性別に対する違和や、性別移行への欲求、あるいは性別を移行したヒストリーなど、「トランスジェンダー」にはあって「シスジェンダー」にはない経験は、間違いなくあります。それでも、あなたはこうして既存の「シスジェンダー」を解体してしまった。

シスジェンダーとは何でしょう。もし、シスジェンダーという概念が、割り当てられた性別と「性同一性」が合致している人のことを指すのなら、それは私たちが今考えようとしている「シスジェンダー」像とはズレてしまっている。シスジェンダーのなかには、性同一性がそもそも「ない」と言わざるを得ない人がいるからです。ちょうど、今のあきらさんが何不自由なく生きているように、生まれたときから何も思わずに男性をやり続けられているシスジェンダーがいる。逆ももちろんそうです。

こうしてシスジェンダーが解体されてしまえば、避けられないことですね。「トランスジェンダー」もまた、解体されなければならないでしょう。

トランスジェンダーとは何でしょう。現代的なLGBTムーヴメントにおいて金科玉条のごとく信じられている定義によれば、トランスジェンダーとは「割り当てられた性別とは異なる『性同一性』を有する人」のことです。それが「トランスジェンダー」の定義です。

しかし、私たちの存在がまさに証明してしまっている通り、こんな定義には当てはまらないトランスジェンダーがいる。その代表が、性同一性をもたないトランスジェンダーです。そうした、性同一性を持たないタイプの人々が、しかしなぜ「トランス」ジェンダーであると言えるのかについては、事情が複雑で、あきらさんが言うように、ほとんどまともに語られてすらいない。

わたしは、割り当てられた性別で生きていくことができなくなった。あなたがかつて「女」という島に一切の未来を読めなかったように、わたしも「男」の島にいるくらいならば死ぬしかないと思った。身体のことだって、簡単ではありません。わたしは結果として「なりゆきの身体」に満足してしまっているけれど、性同一性をクリアに持っているタイプのトランスとは異なるトランジションが、私たち「性同一性がない系トランス」にはあります。

繰り返しましょう。私たちはもう「トランスジェンダー」を解体してしまいました。割り当ての性別と、現在の性同一性の異同などという、そんな陳腐な定義では収まりきらないトランスジェンダーがいます。この陳腐な定義に従えば、私たちが「性同一性のないシスジェンダー」と呼んできた人たちまで、まとめて「トランスジェンダー」になりかねません。でも、それはポイントを外していますね。

ところで、こうした「トランスジェンダーの解体」はすでにノンバイナリーコミュニティを発信源として起きていることでもあります。ノンバイナリーたちは、割り当ての性別と「性同一性」が合致してはいません。ですから、上の陳腐な定義に従えば、ノンバイナリーはその全員が「トランスジェンダー」になります。

でも、いまノンバイナリーを名乗っている人たちの約半数は、自分のことをトランスジェンダーだとは思ってはいない。これはアメリカでもイギリスでもそうですし、日本のノンバイナリーのなかにも、「トランスジェンダー」がしっくりこないノンバイナリーがたくさんいるのをわたしは知っています。トランスジェンダーは、いま解体されつつあります。

話を戻しましょう。わたしとあなたがこうして出会うことができたように、十人十色、まったく異なる経験を抱えた私たちが、それでも「トランスジェンダー」という同じアンブレラの下に集まるとき、そこで私たちを引き寄せているのは、とても面倒くさくて、厚みのあるものです。割り当ての性別と性同一性がずれていること、などといった簡単な定義には収まりきらないトランスの経験があります。みな、ここに集う。

こんなふうに「トランスジェンダーを解体」して、なにかよいことがあるでしょうか。

あります、明確に。私たちのような、教科書的な「トランスジェンダー」の定義に当てはまらないせいで混乱を強いられ続けてきたトランスの仲間たちと、繋がることができる。性同一性を持たないタイプのトランスたちを、「トランスジェンダー」というこの旗印の下にもっともっと歓迎できる。

あきらさんが「男性になんかなりたくない」と「男性でありたい」のあいだでせめぎあっていたように、わたしも「女性になんかなりたくない」と「女性でありたい」のあいだで葛藤していました。「女性になんかなりたくない」というのは、はっきり自分には性同一性がないという意識があったからです。それは今もあります。わたしには、あきらさんとはまったく違った意味で、「ジェンダーアイデンティティがない」。この「無さ」については、ゆくゆく書いていきたいと思います。

他方で「女性でありたい」というのは、変わっていく身体への感覚や、鏡に映る自分の姿、社会での扱われ方、生活実態がどんどん「女性」に寄っていくにつれて、生まれてから一度も経験したことがなかったような、自分が生きているという実感が増していったからです。自分でも馬鹿みたいだと思います。でも、鏡を見られるようになりました。より正確に言えば、他人事感が減りました。

男子トイレに映る自分は、他人みたいだった。でもいま、反対側のトイレを何の気なしに使っているわたしを映す鏡の向こうには、以前よりもはるかに、他人事感が少ないわたしがいる。これがこの世界でのわたしのアバターなんだ、と思って多少なりわくわくすらします。でも、自分がまさかトランスジェンダーや「性同一性障害者」だなんて、ずっと思ったことはなかった！

あなたが「みんな苦しいのを我慢してるのだろう」と踏んでいたように、わたしもまったく同じように、「みんな辛いけど我慢してる、わたしが弱いだけだ」と、男になろうと決意して、男をやっていたとき思っていました。でも、それは間違っていました。シスジェンダーは、こんなに辛い思いをしてない。その事実がはっきり確信に変わったのは、性別を移行してからでした。私たちには性同一性がない。でも、私たちはトランジションをしなければ生きていけなかった。同じような仲間が、きっといるはずです。

ああ、どうしよう。「好き」の話、したかったのですが、これ以上書くと長くなりすぎるので一旦ここまでにしますね。でもこれはとても大事なことだと思うので、絶対にいつか手紙でちゃんと書きます。あなたから聞きたいこともっとあります。男性の「好き」は、否応なく性的な意味合いをもって女性に聞かれてしまう。その怖さ。絶対にそうです、その否応のない解釈の様式は、男性の孤独と関係があります。

わたしについてはどうだったかと言えば……、ごめんなさい、結局たっぷり書きそうだから、また今度にします。あきらさんは、優しいね。おやすみ。

あかり

あきらから（8）――非正攻法

あかりさん、こんばんは。脱毛サロンの件、ショックでしたね。というより私もショックです。急に平穏な日常がひっくり返される感じ、慣れても慣れきることはなさそうです。

トランスの事情をよく知らない人からしてみれば、まるでトランス側が世の中をひっくり返そうとしているように捉えられることもあります。しかし、実際は違います。平穏な日常をそのままにしておいてくれないのは、偏った先入観でシス－テムを作ってしまった側なのですから。

すみません、あなたがそうした背景によって茫然としたわけでもないのに。ただ、話を聞いていて私はうまく言葉が出てきませんし、あなたのことを抱きしめておけたらなぁと思っただけでした。これは非常に比喩的な意味です。あなたの身体があなたから離れていかないように、留めておきたかったのです。

ある程度親しくなったトランスの男女の間には、よくある話かもしれません。

「お互いの身体を交換できたらなぁ」そう思うこと、ありませんでしたか。

私たちは明確なトランス男性とトランス女性というわけではありませんが、境遇の上ではきっとそうしたことを考える日もあったでしょう。というより以前、そんな話も出たことがありますよね。身体のパーツ、捨てないであなたにあげればよかった、って。

私はあなたと出会う前にも2、3度、会話の流れでそうした展開になったことがあります。そして相手が言うのです。「身体、交換できたらいいんですけどね」と。お互いの治療歴や手術の計画を聞いていれば、そりゃあ各パーツを長い時間かけて望むかたちに改造していくよりも、一気に取り替えられたら一件落着だろうなと思います。ふたりとも幸せになれます。ほとんど誰だってそうでしょう。だって、これまでずっと保持してきたまさにこの身体のせいで、物事がうまくいかなかったのですから。そして逆の境遇の人が目の前に現れたとき、「交換できたら」、あるいは「どのみち手術で取り除くのだから有意義に使ってくれる相手にあげられたら」お互いすぐに幸せになれそうなものじゃありませんか。そんな会話が自然とこぼれるくらい近い距離感の相手の身体の一部分であれば、もしそれをもらったら、私は大切にします。かつての持ち主のように自傷したくなることもないだろうし、喜ばしい身体の一部として愛でるだろうし、誇りに思うことでしょう。そしてむやみに誰かから傷つけられることがないよう守り抜きます。誓って、大切にします。

でも、なぜだか、私はそうした会話に素直に「そうだね、交換できたらな」と返しがたいのでした。「あなたの一部を、私の一部にしたい」とは思えませんでした。このときの私の感覚は、その状況に直面した一部の人間にしかわからないかもしれない。なぜだかわかりますか。

私は、目の前にいる人間をすでにその人として見ていたから、身体の一部が出っぱっていようがへこんでいようが、その人の身体としてまるごと受け入れていたのだと思います。だから、すでにそのまま綺麗だと実感している相手の方が「このわたしの身体と交換できたら」だなんて話し出すと、面食らってしまうのです。たしかに、身体を交換できたらよかったのかもしれない、でも今、私はあなたの身体をそんなふうに見ていない。私の一部があなたの一部になったところで、あなたの性別や身体が「正しく」修復されるわけではない。過去の経験がなにかしら書き換えられるわけでもない。逆に、あなたの一部を私の一部に取り込んだところで、機械的に性別交換がうまくいったとは喜べないかもしれない。それよりも、これまで様々なことを忍んですでに変えつつあった現在のあなたの一部が、そのまま徐々にあなたにとって好ましく変わっていく過程に、私は心奪われているのだから、もうそのままあなたの身体でいいのではないか。ぐちゃぐちゃとそんなことを描いてしまって、私はすぐに「交換できたらいいね」とは返せないのです。まるごと変わらなくたって、また、いずれ切り落とすパーツがあったとしても、現在のあなたのまま、こうして会話している時間は幸せで。回想、終わり。

脱毛サロンの話からずいぶん話が飛んでしまいました。今あなた自身が身体を「ものにしている」から、もう大丈夫だと思うけど。とにかく、ようやっと受け入れられてきた身体が、また幽体離脱するようなことが今後起こらなければいい。あかりさんの身体がなんと名指されようが、なんとも名指されなかろうが、私の目に映るあなたの姿は変わらないでしょう。そしてそれは、「過去の身体」とは異なるものですし、今後なりゆくかたちの予測はできませんが、よりあなた自身と一体化した身体であろうと信じています。

8通目、タイトル予想が当たりました。愉快です。

けれども、新鮮な気持ちになりました。ノンバイナリーの身の置かれ方をそんなにまじまじと考えたことがなかったからです。そうでしたね、すでに「トランスジェンダー」は解体されています。性同一性では説明しようのないトランスジェンダーの存在があります。

さて私はといえば、なんだか宙ぶらりんな気持ちです。以前私はもっと、ノンバイナリーやXジェンダーの自覚をもっていたはずなのですが、それはどこへ行ってしまったのでしょうね。「男性」枠のぬるま湯に浸かって、そのままだらりと身体が伸びてしまったみたいです。

おまけに、いろいろな理由があって、私は以前より思考しなくなりました。アホになった、とよく言うのですけど、ほんまにアホになったなぁ、と感じるわけです。そもそもこの性差別社会において、「男性」でいられることは、性別についてたくさん考えなくて済むことと通じていますから、たまたま「男性」の扱われ方に大きな違和感なく適合できてしまったらしい私は、もうこれ以上性別を考えなくていいのではないか、というところまで思ったわけです。今までずっと頭痛を抱えてきたのだから、これ以上何も考えないでようやく人生のバランスが取れる、いや、それでもなお考えすぎてきたかもしれない、というくらい。

といいながら、もう少し考えてみます。私は自分の境遇を考えるとき、「ノンバイナリー」より先に、「性同一性のないシスジェンダー（の男性）」を想定しているということになりそうです。そして今のところ、両者を別ものとして捉えています。したがって私自身のことは、『性同一性のないシス男性』に近いトランス男性」なんだな、と了承している。諸々省略して、ではただの「男性」ということで引き受けてしまっていいではないか、と結論づけていることになる。単なる言葉遊びじゃないかと言われそうです。

でも、「性同一性のないシスジェンダー」は別に、「ノンバイナリー」でも「トランスジェンダー」でもなく。あくまで「シスジェンダー」なのですよ。だから「性同一性」の有無や、異同だけでは、その人を定義づけられないのでしょう。

ちょっとこの文章は、私自身が明日になって読み返したところで、はたして意味がわかるのか不明です。なぜなら普段、性同一性のことを考えていないからです。もし私のことを「性同一性は男性なのですよね」と言う人がいたら、「いつから私はそういうことになったのだろう」と大きなクエスチョンが浮かびます。「違和感がある」という意味では、考えていることになるのかもしれませんが。

あなたがいう通り、私はきっと「性同一性がない」のですが、では何が性別を現時点に位置づけてきたかというと、運や結果なのでしょうね。初めから定められていたとは思いません。いやいや、それをいったら大勢のシスジェンダーだって、赤ん坊の頃には性同一性などないにちがいないのだから誰だって初めから性別などわからないよ、とは言えてしまいそうですが、私が言いたいのはそういうことじゃない。もっと紆余曲折していて、自分含め誰にも予測できやしなかった。だからあなたが「ジェンダーアイデンティティの無さ」をどんな言葉で囲い込むのか、とても気になります。「無の証明」って、難しいではありませんか。

一方私の方は、たぶん乱暴なのだと思います。シス男性のように日常に混じり込んでしまって、解体されるべきなのは私の方ではなく、「シスジェンダー」の、とりわけ「男性」の方ではないか、と問題を丸投げしたくなっているからです。たぶんあなたたち（シス男性）の「考えてなさ」は、私の「考えてなさ」と近いのではないかな。そのジェンダーアイデンティティの空っぽさが、どうして性別が不動であるかのような、「シスジェンダー」かつ「男性」の状況を作り出しているのか、早く解明してほしいですよ。私だって、「出生時に男性だったら」、そのままなにか変えることなく生活できていたと思うのです。それはあなたたち（シス男性）と同じなのではありませんか。スタート地点が違ったから、私はその分遠回りさせられましたけれども。

しかしこう問うと、相手の回答は表面的な「男性ジェンダー」の話に終始してしまって、ああこの「すれ違い」こそが、結局のところ私が「トランスジェンダー（の男性）」であり、あなたが「シスジェンダー（の男性）」である証左なのか、とがっかりすることになりそうですが。

まず動かされるべき駒は、私ではない。シス男性に聞いてみたい。そうしたら世界はガラガラ崩れ出して、見晴らしが良くなるんじゃないですか。それとも、考えなくていいのなら、私も考えることをやめてしまうでしょう。「自分が考える」よりも、「相手に考えさせる」ことができたら、どれだけ楽だろうな。

話は変わりますが、一般的にいわれる女性差別の問題も、そうなのです。「女性は男性の賃金の7割しかもらっていません」と、まるで女性側の問題のように浮き彫りにするのではなく、逆の捉え方をすべきだろうとため息をついてしまいますから。「男性は女性の賃金の1・4倍もらっています」と言い換えて、男性側の位置を鮮やかに浮かび上がらせた方がいいのです。動かす駒はそっちじゃない、あっちだ。

しまった、せっかくノンバイナリーの話が出てきたのに、私はそれにちっとも言及していませんでした。もうなんだか、無理かもしれません。便宜上「バイナリーな」男性の側でもういいのではないかと感じてしまう私は、性別を考えなくてよくなったことで、こういってよければ、非常に「ノンバイナリー」な状態です。いや、「性同一性のない」状態といった方がいいのでしょうか。

これから切実に考えなければならない気がするのは、「いかに良い男性になるのか」というテーマなのです。Toxic Masculinity（有害な／有毒な男性性）とよく批判されますけれども、早くそこに囚われている段階を脱して、もう少し「男性」を豊かにできないものかと。そうしたら、私のように女性割り当てだった「性同一性のないトランスジェンダー」の中から、より抵抗なく「男性」側に移行できる人も出てくることでしょう。もしそれが現状で最適解なら。

自分語りばかりしてしまいましたが、もっとあなたのおしゃべりを聞いていたいです。バトンを渡します。

あきら

第5章　あり得たかもしれない

あかりより（9）――ごめんなさい

あきらさん、こんばんは。今日は少し早めに仕事を上がって、陽が昇っている時間にジムに行ってきました。新しい運動器具の使い方もスタッフさんに教えてもらったりして、たのしかったよ。そう、運動ぎらいなはずのわたしがこんなにジムでの運動にはまるようになったのは、自分の身体を「ものにする」感覚が得られるからなのです。とはいえ、全然ハードなトレーニングはしていないのですけれど。

脱毛サロンのこと、ありがとうね。なんだか泣き言を聞かせてしまってごめんなさい。

あきらさんが言うように、シス－テムに慣れ切った人たちからしたら、私たちみたいな身体や来歴をもっている人間が平穏を乱しているように見えるのでしょうね。わたしは、ただふつうに、平穏に生きていきたいのに。ただ、ふつうに。

あなたの回想、とても興味深く読みました。そして、そういえばありましたね。この前ホテルのベッドで。わたしはあなたに言いました。切除してしまったわたしの身体の一部、「あなたにあげればよかった」って。軽い気持ちで言ったのですが、なるほど少し困らせてしまったかもしれない。そして、わたしも想像してみました。あなたの身体が欲しいだろうか？　と。少しだけ考えて、欲しくない、と思いました。

ちょっとだけ昔話をします。

シスにもなれず、トランスにも振り切れなかった頃、電車に乗っているシスジェンダー（だと思われる）女性の身体を見ては、「どうしてあのような身体に生まれなかったのだろう」と思っていました。丸くて平らなおでこ。横に尖っていない肩。つるつるの喉ぼとけ。デニムを上に引っ張る下半身。サンダルから見える小さな指。全てに嫉妬していました。

性同一性がない、ない、ない、女性になりたいわけじゃない、女性に生まれてもきっと性別移行するだろう。それは今も同じです。でも、わたしはそれらの身体のパーツに嫉妬していました。そんな身体になりたかったわけではありません。ただただ、そちらの身体で生まれていたかった。そしたら、こんなに辛い思いをしなかったのではないか、と羨望していました。

それは、わたしの「なりゆく身体」ではなかったし、「なりたい身体」でもなかった。もう、絶対に届かない「なにか」だったのです、それは。絶対に届かないから、欲望の対象（なりたい身体）にも、ましてや予見の対象（なりゆく身体）にもなりえませんでした。嫉妬という名の胸やけのするような熱気と、羨望という名の冷えきった諦めが、全身を流れていました。

それからいろいろあって、わたしは「なりゆきの身体」を手に入れて、かつてのような嫉妬や羨望はほとんど消え失せました。もちろん、コンプレックスを感じてしまう身体のパーツは今でもあります。でも、わたしは知ってしまったのです。そういうパーツ一つ一つをいじっても、「男性の身体」から「女性の身体」になったりはしないということ。「女性の身体」はそういうパーツでどうにかなる問題ではないことを、知ってしまったのです。

そして、分かったのです。「男性の身体」は「女性の身体」になりうるということに。この話は、往復書簡の最初の方でした話ですので、もう繰り返さないようにしましょう。

なにはともあれ、わたしはあれだけ嫉妬し、羨望を抱いていた「女性の身体」を手に入れてしまった。絶対に超えられないと思っていた身体の壁を、超えてしまいました。ただし、わたしがあなたの身体を「欲しくない」のは、こうして「女性の身体」をすでに手に入れてしまったから、というだけではありません。

いま、あなたの身体を部分的に、もしくは全体的に「もらった」としたら、わたしはその身体のパーツや、身体の全体を持て余すだろう。はっきりそう思いました。あなたの身体を、わたしはまじまじと見たことがない。あなたの裸を見たこともないし、性的な文脈で身体と向き合ったことは、もちろんない。あなたの身体が変わっていくプロセスを近くで見てきたわけでも、あなたが自分の身体を愛せるようになったプロセスを見てきたわけでもない。ただ、あなたの身体はそこにあって、というよりも、そこにはあなたがいるだけです。

わたしはあなたの長い人生のほとんどを知らない。あなたが昔どんな身体の形をしていたのか、わたしは知らない。でも、わたしはもうあきらさんと出会っていて、そして、あなたが好きです。だから、あなたの身体を部分的にせよ、全体的にせよ、「もらって」しまったら、わたしはそれを自分の身体と統合できないと思います。「自分の身体を愛してほしい」とか、「そのままのあなたで」といった、あなたが回想してくれたような思いを、わたしはあきらさんに抱いていません。そんな、見守るような気持ちにはなれません。あなたは、わたしなんかよりずっと立派に、自分の身体を生きているのだから。

そう、だから、ある意味で完成しきったあなたの身体を部分的にでも、もらってしまったら、わたしはその身体の部位を「あきらさんの身体」としていつまでも感じてしまう。それは、「性別違和」として語られる違和とはまったく別の、違和になる。

わたしはたぶん、この身体で生きていってもいいかなと思い始めているのだと思います。ジムで運動するのが好きになっているのも、女性みたいな存在に埋もれて、死なずにやっていってもいいかなと思えているのも、どれが原因でどれが結果かはもう分からないけど、わたしはこの身体をちょっとずつ愛せるようになりつつあるのだと思います。そう、あなたの言葉で言えば、「ものにし」始めているのだと思います。

ふう。

シスジェンダーとトランスジェンダーの話の続きをしてもよいでしょうか？　あきらさんからの8通目の返信を読んで、改めて重大なことに気づきました。それは、男性と女性の違いです。

あなたは、自分を「性同一性のないトランスジェンダー」だという。でも、そうして「性同一性のなさ」を生きられているのは、あなたが男性になったからだと、あきらさんは考えていますよね？　そうした、性同一性なんて意識せずに生きている「シス的な」人々の仲間入りを果たしたのは、自分が女性ではなく男性に埋もれたからだと、考えているのではないですか？

とても面白いです。なるほどたしかに、現在の社会は（シス）男性中心的に全てが設計されていますから、「男性」は、もっとも自分の性別を意識しなくても済む存在です。わたし一人では、その点にはきちんと注目できなかったと思います。わたしは、曲がりなりにも、男女の差異はあまり考えることなく、性同一性とか、トランスジェンダーとか、シスジェンダーとかを「解体」しようとしていました。でも、あきらさんがシス的になっていった、その経験は、「男性」だから可能になっている側面が間違いなくある。なるほど、わたしからは出てこない視点です。わたしにとって、「男性」はめちゃくちゃ不自然な生きものでしかなかったからです。そして、「女性」のような存在になってみて、周囲の女性たちがわたしが想像していたよりもはるかに当たり前のように「女性」として自分のことをふつうに理解していることを知ってしまったからです。

もちろん、性差別の存在を否定するつもりはありません。あなたが「男性」であることが、性同一性のないトランスジェンダーとしてのあなたの位相を可能にしていることも、まったく否定しません。ただ、わたしは自分では気づけなかった視点を得ることができて感動しているのです。

ちょっとだけ図式的に整理させてください。

①　生まれたときに割り振られた性別は？　↓　男性／女性
②　性同一性ははっきり持っている？　↓　持っていない（⑤へ）／持っている（③④へ）
③　持っている性同一性は？　↓　男性／女性／その他（両性・不定性・第三性・無性）
④　①と③は一致している？　↓　一致している／一致していない
⑤　①から性別を移行している？　↓　移行していない／移行している
⑥　いま社会的に扱われている性別は？　↓　男性／女性

この①〜⑥のフローチャートのなかで、①男性、②持っていない、⑤移行してない、結果として⑥男性、というのが、言ってみればこの社会でもっとも規範的な「男性」（The Man）になるのではないでしょうか。

あるいは、①男性、②持っている、③男性、④一致、⑤移行してない、結果として⑥男性、という人たちも、この性差別的な世の中では、同様にかなりの特権をもつでしょう。

あきらさんは、①女性、②持ってない、⑤移行している、結果として⑥男性になり、わたしは、①男性、②持っている、③その他【無性：性同一性がない！】、④一致しない、⑤移行している、結果として⑥女性、のようになります。

このなかで、①と②に注目すると、①生まれたときに男性を割り振られた人の方が、②性同一性を明示的に持たない傾向にある、ということは言えるかもしれないと思っているのですが、いかがでしょう？　そして、教科書なトランスジェンダーは、③性同一性を持っていて、それが①割り当てられた性

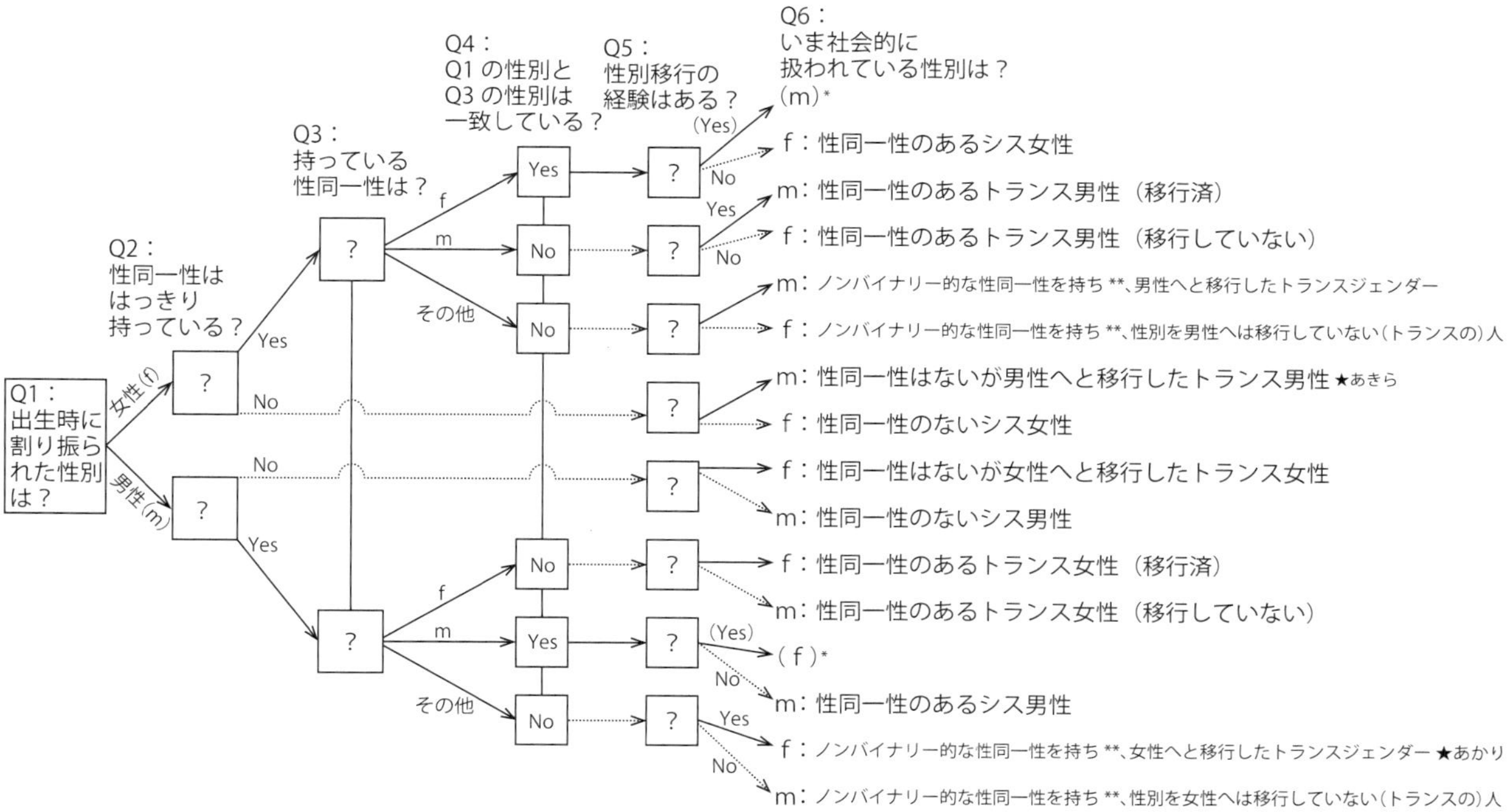

*出生時に割り振られた性別と同じ性同一性を持つにもかかわらず（社会的に）性別移行する人は稀有である

**Aジェンダー（性同一性が「無い」ことで出生時割り当てとのあいだに違和を経験するノンバイナリー的な人）を含む

別と④一致していない人たち、になります。

しかし、あきらさんがそうですが、③性同一性を持たないが、⑤性別を移行している人がいて、どう考えてもあきらさんがトランスジェンダーである以上、そうして①割り当てられた性別と③性同一性の④不一致、という①③④だけからトランスジェンダーを定義するのは、少なくとも現実に即していない、ということになります。

また、③性同一性は「その他」であり、その意味では①割り当てと④一致していないが、しかしトランスジェンダーではないノンバイナリーたちがたくさんいます。これが、わたしが8通目の手紙で「トランスジェンダーの解体」として書いたことです。

逆に言えば、「シスジェンダー」という存在を①③④から定義する必要も、もうなくなります。しばしば、シス的な人々のなかの、とくにトランスフォビックな人の口から、「自分には性同一性など存在しない」という主張が聞かれることがありますが、わたしからしても「そうでしょうね」としか言えないときがあります。だからといって、トランスジェンダーが存在しないことにはなりませんよね、というだけの話です。ちなみにわたしは、③性同一性が【無】であり、かつ⑤性別を移行しているという意味で、とりわけ⑤の点から、トランスジェンダーです。ポイントは、あきらさんも以前書いていたように、そうして②性同一性を持たない、かつ④性別を移行していないタイプのトランスフォーブが、かなりの確率で①出生時に女性を割り当てられ、結果として今も⑥女性とみなされているということです。
①男性を割り当てられ、⑥男性として扱われているタイプの人たちの多くが味わってこなかった差別の経験がここに影響していることを理解するのは難しくありません。そして、あなたが「『性同一性の

ないシス男性』に近いトランス男性」として自分を理解するとき、あきらさんのその「近さ」は、②と⑥の組み合わせによる。性同一性などはっきり持たず、男性を生きていける。この二つを兼ね備えている人間こそが、先ほど言及した「男性」（The Man）です。この、現在の男性中心的な社会の規範的な人間と、あなたは②と⑥について共通点をもつ。だから、臆病になるのでしょう。自分で「馬鹿になった」とよく語っているのも、この共通性を生きている実感があるからではないでしょうか。（わたしは、あなたのことをまったく「馬鹿」だと思わないですが。）

ずいぶんとややこしくしてしまいました。分かりづらかったら本当にごめんなさい。ただ、わたしが確認したかったのは次のことです。

シスジェンダーとトランスジェンダーは、そんなにシンプルに対立した集団ではない。①出生時の性別による経験の違いもあるでしょう。②シスにもトランスにも、性同一性がない人がいる。④性別を移行していないトランスももちろんいるけれど、やはり性別移行を試みている、あるいは済ませているかというのは、移行を経験していない人たちとは大きな状況の違いを生む。そして、⑥結果として今どの性別を生きているかというのも、私たちのあいだに大きな違いを生む。そのときには、女性と男性のあいだの差異について考えざるを得ないでしょう。

ふう。まだまだ語りたいことが無限にありますが、今日はこれくらいにしておきます。ほんとうは、わたしが困惑させられてきた「好き」の話と、「性同一性の無さ」について書きたいのですが、分量が膨らんできたのでまた次回以降にお預けにしますね。

ただ、後者については準備ができきました。形だけ書いておきます。

ノンバイナリーは、②性同一性を強固に持っていて、それは③男性でも女性でもなく、だから①出生時の割り当てと④一致していないのです。その点で、ノンバイナリーは②性同一性を持たないタイプの人たちとは少し違う。これは以前話したことがありますが、ノンバイナリーの人たちって、性同一性を持っていなさそうに見えて、実はつよく持っているのだと思うのですよね。

この延長線上で、ノンバイナリーのなかでもAジェンダーのような人たちは、②性同一性が「無い」のですが、その「無さ」は、「男性」（The Man）や、あきらさんがそうであるような意味で②性同一性を持たない、のとはまったく違うということになります。でなければ、「ノンバイナリー」なんて言葉がわざわざ作られる必要がありません。

あきらさんが「Xジェンダー・ノンバイナリー」的な人たちから少しずつ離れていったのは、②性同一性を持たないことと、③持っている性同一性が「男女いずれかではない」あるいは【無】であるということが、このように異なる着眼点だったからだと言えないでしょうか。

そうだ、あなたが「男性」を豊かにしたいというお話、本の最後の方でも書いていましたよね。あなたの構想を全力で応援しています。たとえ正攻法ではないとしても、全力で。

その一方で、わたしはこうも思っているのです。もう、「女性」も「男性」もいない世界に住みたい、と。もちろん、友だちのトランス女性には、ただただ、女性として人生を幸せに生きてほしい。彼女たちを「女性」から追い出したりしようとする、あらゆる差別的な試みにわたしは断固反対します。そして、男性であるあなたが、わたしは好きです。これは、ただの友だちの「好き」とは違った意味で。

でも、ごめんなさい。わたしは女性も男性も、世界から消えてほしいと願うきもちを抑えきれないのです。あなたなら、きっと分かってもらえると信じて書いています。でも、いやな気持ちにさせてしまったらごめんなさい。

あかり

あきらから(9)――飛ばされた

あかりさん、お返事ありがとう。受け止めました。そしてわかりやすいフローチャートを用意してくれて、どうもありがとう。笑ってしまいましたよ。あなたらしいね。あなたのおかげで、私は私が見えてきます。あなたのもどかしい状況も、より見えてきました。

あなたが分析してくれたように、性同一性を持たないことと、持っている性同一性が「男女いずれかではない」あるいは【無】であるということが、異なっているから、というのはいえると思います。だから私は「Xジェンダー・ノンバイナリー」的なアイデンティティから離れていったのだと。

私はまじまじと、あみだくじの道中を思い出していました。どこが曲がり角だったのだろう？　実体験を呼び起こしてみれば、性同一性の様相〝以外〟の二つの観点から、私個人の状況を説明できそうです。なぜ私が「性同一性のない男性」のようになっているのか。

思い当たる理由の一つ目は、「トランスジェンダー期」が極めて短かったことでした。

二つ目は、お待たせしました、性的指向にまつわることです。

まず一つ目として、私の性別移行の話をしましょう。

私は以前、当事者意識をもって「フェミニスト」なのだろうと自認していました。その言葉を知ってから少しの間は確実に。性差別主義者でないならば全員フェミニストでいいだろう、そうあるべきだ、と思っていたくらいです。それくらい私は、「女性」の身に置かれて理不尽な目にあってきて、性別のことや性差別のある社会を考えざるを得なかったからです。本当に嫌でした。性別なんてなくなってしまえ、と憎んでいました。このあたりの言い分も、残念ながらトランスフォーブっぽいですね。

それなのに私は、「男性」になっていくしかありませんでした。まったく予測できませんでした。正直、高名な女性フェミニストの学者さんに聞いてみたいくらいです。あなたは、実のところ女性ではなくトランス男性だったとして、すっかり男性として生きていくことになってからも以前のようにフェミニストであれるのでしょうか、と。

私の答えは、どうやら無理そうだ、ということです。別に「男性」が全員「フェミニスト」であれない、と決めつけるわけではありません。ただ、「性差別をするな」というのはごく当たり前のことであって、「道端にクソを撒き散らすな」というのと同じくらい、言うまでもなく当たり前のことではありませんか。「道端にクソを撒き散らかさない（自分に対して）／撒き散らすことを許さない（他者に対して）」ことをもって、いちいち「フェミニスト」というアイデンティティをもつのがもう変な話に思えてきたのです。

どうやらこの性差別社会においては、男性は基本的に性差別を助長する側の一員に位置づけられていますから、「男性でフェミニスト」というのは、「足をどかしてくれ」と叫ぶ側（女性でフェミニストだとこうなっています）ではなくて、「この足をどかさなくちゃ」と気づいた者のことを指すようです。でもそれって、当たり前のことではありませんか。言葉にするまでもないことです。なんだか呆れてしまって、そんな当たり前のことは黙ってさっさとやるべきで、男性側には男性が動かしていくしかなさそうな課題もまだ転がっているようですから、そっちの整備にかかった方がよさそうだ、と見切りをつけてしまったのです。

もしかしたらこの姿勢も、私に「性同一性がない」らしいのと似ていますかね。あなたはフェミニストですか、と聞かれたら、とりたててそうした自認をもっているわけではなく、でももちろん性差別をなくそうというのはごく自然な帰結ではありませんか、とひらきなおっているわけですから。だから私のことは「自覚のないフェミニスト」と呼べるのかもしれません。けれども、これといって「自覚がない」わけですから、わざわざ「フェミニストです」と名乗る機会はなさそうです。それでいいでしょう。「性同一性のない男性」がいちいち「男性アイデンティティ」にしがみついていないけれども、でも「男性」の実態があるらしい、というのと同じことです。うまいこと言えていたらいいのですが。

おっと、これでは性別移行の話になっていませんでした。真っ先にフェミニストであれるか否かという話になってしまうなんて、私はよほど「思考する」ことを性別移行にも持ち込んでいたのでしょう。かつては。

はい、私が性別を徐々に変えてきた頃のお話でしたね。といっても、私は「トランスジェンダー期」が短かった方だと自覚しています。きっとバイナリーなトランスジェンダーならば幸運だったことでしょう。性別がどっちか尋ねられたり、衣服や使用スペースに困ったりするような、既存の「男性」「女性」にハマれない期間が、ほとんどありませんでした。

どういうことかというと、ある年のある月までは「女性」として生活していて、翌月にはまるきり「男性」になってしまった、ということです。そういうフィクションありますよね。ある日突然、目が覚めたら「女から男になっていた！」というような（私の印象では、逆パターンばかり見る気がしますが）。

今安定した状況下で思い返せば、そのような爆速の性別移行を私は経ていました。「女」の島を脱出して、ひとり小舟でせっせと漕いで、何年も荒波にもまれながら「男」の島にたどり着いた、というわけではありませんでした。そういったトランスジェンダーの苦行は、少なくて済みました。目立った「トランスジェンダー差別」もあまり受けずにやってこられたと思います、トランスとしてみなされる期間が少なかったから。

私の場合は、「女」の島からロケットで発射して、目が覚めたら「男」の島に叩きつけられていた、といった経験なのです。一瞬、というにはさすがに「トランスジェンダー期」の苦しみを矮小化しすぎですが、それにしても短かったのです。一生たどり着かないように認識していた「男」の島に、目が覚めたら到達していました。

だから目が覚めたとき、驚きました。

私の身体のかたちは前日と大して変わっていないのに、「女性」として扱われてきたかと思いきや、今度は「男性」として扱われ出したこと、そして両者の待遇がずいぶんと違っていることに。街並みそのものは同じはずなのに、見させられる景色は違っているようでした。もう一度言いますが、私の身体のかたちは数時間前と大して変わってはいないのですよ、それなのに。

でも私はもはや「男」の島の住人になってしまったわけですから、郷に入れば郷に従え。急いで「男性」の様相を学習しました。よくあるトランスジェンダーの物語だと、ようやく「本来の性別」に戻れたので過ごしやすくなりました、なんてエピソードになりそうですが、全然そんなことはありませんでした。ひどく疲れました。私の場合は性別移行だけでなく、引っ越しと就職も重なっていましたので、性別のことだけをカウントするわけにはいきませんが、それにしても疲れました。仕事以外の時間はぐったり疲れて、眠ってばかりいました。

そうなってから慌てて、戸籍上の改名をすることにしました。一気に「男」の島の住人になってしまった私は、そこにふさわしい名前がなければ生活が不便極まりないだろうことを悟って、すぐさま手続きをしました。名前は、滞在許可証のようなものです。許可証がないのに、その島に滞在するのは、違法行為のようではありませんか。女性名だとバレたら摘発されそうです。大きな声で言いがたいのですが、私の通称名使用期間は、たぶん実質3週間もなかったと思います。全然使ったことのない名前に、急いで変更しました。職場では名字で呼ばれるだけでしたから、私の「新しい名前」を知る人は、誰もいませんでした。誰も私の名前を呼ばないまま、書類だけが変わりました。誰にも知られずに、自分一人で選んで決めたこの「名前」にアイデンティティが伴ってくるのは、まだまだ先になりそうです。

そんなふうにして急激に環境が変わってしまい、私は一時的にひどく消耗しましたが、きちんと回復して馴染んでいくだけの体力を持ち合わせていました。私の性別はほとんどの場面で「男性」になりました。そんなにも日常で「男性」になってしまったために、私は「男性」の一員として動くことが当たり前になっていったようです。「男性」というよりも「トランスジェンダー」であるとか、「ノンバイナリー」であるという、かつての自意識は薄れていったのです。

もしも私の性別移行がもっとずっとゆるやかで、「トランスジェンダー」である状態をより真摯に受け止め続けなければならなかったら、今とは違ったスタンスだったのかもしれません。でもそれはもう、わからないことです。あっという間に「男性」にされてしまって、なんだこんなものか、と性別を受けいれることによって、考えることを放棄してしまったのです。

いいや正確にいうならば、考えるべき的を変えたのです。「男」の島に飛ばされてしまい、そこの空気が警戒していたよりは悪くないとわかったとき、ではこれからは、この島を耕すことを頑張ろうかと思ったのです。他の島に移住しようとか、新しく大陸や空を創り出してやろうとか、そういったことは今のところ考えていません。いつの間にか、大きくて細かい物事は、考えられなくなりました。私は「男」の島に叩きつけられたとき、きっと頭脳の何割かも破損してしまったのでしょうね。それで「馬鹿」になって、でもそれは私にとって愉快なことで、以前にはなかったような幸せも感じられるようになりました。考えなくて済むってなんて喜ばしいのだろうと、私は感謝しています。そして考えられる範疇においては、今目の前にある畑をコツコツ耕して、未来の私が飢えずに済むならそれがいいかなと。

あなたからの疑問。

性同一性なんて意識せずに生きている「シス的な」人々の仲間入りを果たしたのは、自分が女性ではなく男性に埋もれたからだと、考えているのではないですか？

たぶん、それはありますね。読み取ってくれてありがとう。おまけに、私は「男性」に偏見を抱いています。男性に対して、厳しいのだと思います。追及したくなるのです。シス男性的に生きている「男性」内にも、それなりに性同一性について考えてみた人もいるのかもしれませんし、まったくいないということはないでしょう。それでも、私は「男性」に疑問を突きつけたくなってしまいます。「男性」が性について考えずに済むのは、この性差別社会のなかで優位に居られることともかかわっているでしょう。あるいは逆に、個々の男性が社会から統制されているがために、個人的な性の問題に夢中になるのを妨げられてしまっている、ともいえるでしょう。

はい、今夜は長いですね。そろそろ理由の二つ目に移ります。「Xジェンダー・ノンバイナリー」的なアイデンティティを持っていたつもりなのに、「性同一性のない男性」でいいのではないか、と納得した背景についてです。

これには性的指向が絡んできます。

「誰に惹かれるか」というセクシュアル・アイデンティティを問われれば、私はPansexualである、と答えたいと思います。誰かを好きになるのに性別は重視していない。少なくともある時期まで、そのつもりでした。

そもそも私は「LGBT」というワードを知ったとき、自分を「T（トランスジェンダー）」だとは捉えませんでした。「T」から連想する「性同一性障害の患者」の断片的なイメージは、とても苦しそうで、どうにか女性としてうまくやっていたつもりの私とは似ても似つかない表象だったからです。代わりに、「B（バイセクシュアル）」だという自覚は一発で湧きました。すぐにわかったのです。そのことで過去に何リットルも涙を流した気がするけれども、それでも、自分がバイセクシュアルであること自体は嫌ではありませんでした。今では少し誇らしいくらいかもしれないです。そのあとパンセクシュアルという言葉を知って、ひとまず私は落ち着きました。アイデンティティとして、バイ／パンセクシュアルであることは違和感なく腑に落ちました。

むしろ私は不思議でした。ヘテロセクシュアルも、ゲイも、レズビアンも、なぜ一つの性別だけが対象なのでしょうか。彼らは、ある場所にいるときに、「この人の性別は男／女である」というジャッジを一瞬で下したあとに、「その人は自分が好きになる相手だろうか」というジャッジを下しているわけで、私よりは一段階多い判定を下していることになりませんか。いいや、当事者ではないのだから私にはわからない感覚ですが、誰かに惹かれるときに性別が第一次情報として必須であるだなんて、私には面倒くさく感じられてしまうのです。

ところが、です。こうした感覚は私が性別移行を実行する前の話でした。私が「男性」になってしまったことで、パンセクシュアルであったはずの自負がすり減っていきました。

そしてうっすら、見えてしまった気がするのです。もし私が生まれたときから「男性」だったら、「女性」しか恋愛・性愛の対象になっていなかったのではないか。シスジェンダーであり、単にヘテロセクシュアルの男性である自分が、存在していたのではなかろうか。私が何食わぬ顔でずっと「男性」をやっていたならば、女性（的な人）以外に惹かれることはなかったのかもしれない。むしろそこで私はくだらないセクシストであり、男性同性愛へのホモフォビアすら抱えていたかもしれない。そんな

「もう一人の自分」を見てしまった気がするのです。

なぜだかそういうことが「わかって」しまって、私は戸惑いました。私はパンセクシュアルであることをアイデンティティとしてなかば歓迎していたはずだったのに、私が初めから「男性」だったら、その性的指向は採用されていなかったに違いない。なぜだかそんなふうに思うのです。

そして、次第にわからされてしまったのです。女性（的な人）を前にして、「男性」として接せられることは、私にとって心地いいのだと。単に何も考えずにマジョリティ的な「男性」であったであろう自分が、どんどん現実的になってしまいました。そのことは、パンセクシュアルである自分が侵食されていくようでした。私にとって、単に「シス／ヘテロ／男性」であることは、不自由に映ることさえあります。それなのに、自分自身がそうだったかもしれない可能性を、今さら強く感じてしまうなんて。

いったい何を言っているのかわからないかもしれません。「もし」を繰り返して、可能世界の自分に引っ張られているだなんて、馬鹿らしいでしょう。現実の私は、今ここにいる一人にすぎないのに。でも、不確かでも強固な感覚があるようなのです。**ありえたかもしれないいくつもの世界に、私は同時に生きている気がします。**

「ありえたかもしれないいくつもの世界」に傷つけられたり、思いを馳せたり、行動を引っ張られたりします。

【第一の世界：The Man】

私が出生時から「男性」だった一つ目の世界では、きっと私はセクシストで、パンセクシュアルではなく単に女性愛者で、「男性」として生かされることに迷いを感じていなかったことでしょう。つまり「性同一性のないシス男性」だったのでしょう。The Man です。

【第二の世界：現在地】

でも、今私がいる第二の世界では、私は性別移行を経てきたという意味でトランスジェンダーであり、「男性」として生かされています。「男性」として生きることは、私が「性別」について考える時間を減らしてくれました。「性同一性のない」まま、「男性」の状態を維持させてくれます。

第一の世界と、第二の世界は、ときに交差しているようで、第二の世界にしかいないはずのこの私にまで、第一の世界の振動が伝わってきます。結局のところ、第一の「男性」の世界と、第二の「男性」の世界は、似通っています。あなたが言う通り、②性同一性をもっていなくて、⑥社会的に男性として生きている、という点で共通点をもっていますから。

けれどもこの第二の世界に生きている現実を、ただ純粋に歓迎できているかというと、そんなにきれいに片付いてもいないのです。今後も私が「男性」として在ることは、ときどき重たい枷のように感じます。途方もなくただの「男性」であるような現状は、侘しくもあります。

【第三の世界：「女性」も「男性」もいない世界】

だって私には、三つ目の世界を臨んでいたこともあったのですから。というより第二の世界に馴染む前、私が居たいのはこっちの世界だったはずです。
本当は、「女性」も「男性」もいない世界に、私も行きたい。
あなたと行きたい。

私は今の今まで、自分がこんなにも窮屈な人間だとは気づいていませんでした。
こんなに長々と大演説してしまって、ごめんなさい。
でも告白します。
私は、この自分が嬉しくもあるのです。なぜか？

「あり得たかもしれないいくつもの世界」を夢想する私は、とてもパンセクシュアル的ですし、とてもポリアモリー（複数恋愛）の精神を反映できている気がするからです。この男性中心社会において、少しだけ規範的な男性（The Man）であることから脱して、足を伸ばしているのがわかって、愉快なのです。他者と比較して、他方を貶めないこと。一対一にこだわらないこと。他の世界のどれかを切り捨てなくても、やっていける世界を模索して、地道に積み上げていくこと。その世界にあるべき信頼に応えようと、最善を尽くすこと。
私の性的指向は、単に「性的に誰に惹かれるか」をあらわす主軸であるにとどまらず、他の面でも私の思考を支えてくれています。

もう一つ、面白いこじつけをしましょう。私は自分のことをポリアモリーを実践する意思のある、ポリアモリストだろうと捉えています。たとえ恋人が0人でも1人でも、私はポリアモリストのつもりです。惹きつけられる行き先が同時に複数あるのなら、そのどれもに心を傾けたくなります。そして嘘はつきたくない。でも、私にはどうやら結婚願望があるんですよ。一対一を強いる、モノガミー向けの制度に乗ってしまうなんて、妙な話ですよね。この姿勢を、「あり得たかもしれないいくつもの世界」を想像するときにも採用しましょう。

私は夢想します。

【第一の世界：The Man】

私が出生時から「男性」だった第一の世界での、セクシストだったたであろう自分を恥じ、少しでも「男性」の世界が良くなってほしいと願っています。

【第三の世界：「女性」も「男性」もいない世界】

それだけではありません。私はあなたと見られたかもしれない、「女性」も「男性」もいない世界に恋焦がれています。本当にそこを目指したい。あり得たかもしれない、第三の世界を。あなたとなら、「性別」の呪縛を断ち切れるかもしれない。（否、「性別」というより「男女二元論」というべきか。）

【第二の世界：現在地】

でも、私が今のところ婚姻制度で一対一に紐づけられてしまっているのは、「性同一性のない（トランス）男性」として、男性の世界を少しだけ豊かにしたいと試みる、第二の世界だけなのです。

悔しい。私は、自分がこんなにも窮屈な人間だとは気づいていませんでした。不甲斐ない。

でもまだ、あなたと共に未来を見ていたいです。私も。

あきら

あかりより(10)――未来なき未来

あきらさん、こんばんは。世の中は金曜日で週末気分のようでしたね。私たちのような働き方をしている人たちには、あまり関係のないことですが。

そう、今日は仕事で関連会社に行く用事があったのですが、はじめて行く場所だったので、そこに出入りしている人を登録したいとかで、一通り個人情報を書かされました。そしたら案の定というか、性別を「男・女」から選ばされるという憂き目に遭いました。関連企業なんだから、どっかから適当にわたしの情報を抜いて入れておいてくれたらいいのに、と思いましたが、ネットワークが区別されているようでした。いや、もちろんそうなってしまったらわたしは右側の「女」を選ばざるを得ないのですよ。でも、でも、なぜそんな男か女かなんて答えなければいけないのか、わたしには未だに納得がいっていないのです。そして、改めて思うのです。そうだ、わたしは今は、ここで「女」に丸をしなければいけない人間なんだ、と。みんなが、わたしを女性として認識していて、わたしは壁に空いた「女性」のための穴を通過して生きていたのだ、と。

それは、わたしにとっていつまでも新鮮な気づきで、そして、痛みなのです。精神が「削られる」と言うこともできるでしょう。しかしわたしにとってこれは、削られるというより、内なる精神と外なる精神のあいだに空気が入り込むような感覚です。

社会の中で女性側で埋もれることには、それなりに納得しているはずなのです。少なくとも、男という土の中に深く深く埋められていたときよりはましです。そこにいたときとは違って、ぎりぎり呼吸ができていますから、すぐに死にたいとは思わなくなりました。

でも、そうして「女性」に埋もれることを引き受けられている「わたし」を、その内側からまなざし、感じ取っている「わたし」もいて、そっちの「わたし」はいちいちギョッとしているのです。自分が「女」にチェックをしなければならないことに。自分が「女性」側に身を潜めてしまっている事実をどこか他人事のように感じ、「そういえばそうだった」と冷めきった態度で、自分が社会で生きさせられている性別を再同定している「わたし」がいます。ずれているのです。

自分が「女性」の島の住人になってしまった事実にいちいちギョッとして、いちいち「そうだわたしは今こっちの島の住人だった」と再確認している「わたし」がいるのです。何食わぬ顔をして同期の女性社員たちと男性社員の悪口を言って、仕事帰りにスポーツジムで他の女性たちに囲まれて着替えて運動している「わたし」とのあいだに、ずれがあるのです。その「ずれ」のすき間に空気が入り込んで、ぷしゅーっと外側の精神が遊離していきそうになるのです。だからわたしは、ときどきそれを上から頑張って押さえつけて、「ずれ」のすき間から空気を追い出そうと頑張っています。

この「ずれ」があまりに大きくなってしまったら、どうなるでしょう。わたしはもう一度性別を移行すると思います。それか、死ぬか。

長々と話してしまったのは、あきらさんからの9通目のお手紙を読んで、改めて私たちの違いに気づかされたからです。ロケットで飛ばされて、男の島に叩きつけられたあなたは、「郷に入っては郷に従え」とばかりに、男性を生き始めた。それが疲弊させられるものであり、「男になって生きやすくなった！」的なトランス男性の単純なナラティブとは違うことは、とても興味深かったです。しかし、そこからあなたが男の島に馴染んでいくまでの過程の早いこと！　そしてそれは、あなたが今「性同一性のない男性」であることとも関係している。

フェミニスト男性の比喩、すごく分かりやすかったです。また別の例えになってしまい申し訳ないですが、わたしたちは普段自分が「人間」であることなんて意識しませんよね。もちろん自分が人間であることは99・99％のひとは理解していますが、そんなことはあまりにも当たり前なので、考える必要もないし、生きていくなかで意識する必要もない。そうです、私たちは「人間同一性（human identity）」なんて持ってないのです。

それと同じように、あなたにとって「女性を踏みつける足をどけること」など、あまりにも当たり前で、特段意識する必要もなければ、アイデンティティにするようなことではない。少なくとも「男性」に埋もれてしまって以降は、「女性を踏まないタイプの人間であること」など、先の「人間同一性」よろしく、ほとんど意味のないものなのでしょう。

そして、あなたにとっては「男性」という性同一性も、それと同じようなものなのでしょう、そういうことですよね？　あきらさんはすっかり「男の島」の住人になっていて、たしかにあなたは移住者だけれど、「男だから男島に移り住んだ」というよりも、「ロケットで飛ばされた先が男の島だったから、それなら仕方ないとばかりに、名前などの帳尻を合わせて、周りの男性と同じ、男性的存在として生きていくことにした。そして意外とそれでも納得がいった」という感じでしょうか。

うらやましい、と言うべきなのでしょうか。少なくとも、わたしとは全然ちがう、と改めて思うのです。そこで疲れながらも「郷に入っては郷に従え」ができてしまったあきらさんと、いつまでも「ギョッと」して、外側の精神と内側の精神の「ずれ」が広がりすぎないようにマネジメントし続けなければならないわたしには、やっぱり何か差異がある気がします。②性同一性がないことと、③性同一性が【無】であることの違い、がこれなのでしょう。

あなたが書いてくださったことの後半、性的指向にかかわる部分も、びっくりするくらいわたしとは違っていて、もうおもしろくってベットで笑いだしてしまいました。あなたは、単に男性として生まれ、性同一性もなく、ヘテロ的に女性を欲望する「男性」(The Man)としての自分を、たしかに自分として感じている。

現実世界のあきらさんは、実のところトランス男性なわけですが、でも、そうしたThe Manだった世界の自分をたしかに同時に生きている、あるいは二つの世界は交差している。そうするともう、どちらが現実なのかとか、そういうことを言う意味はなくなってくるでしょう。今しがた「現実世界のあきらさん」と書きましたが、撤回します。どっちもリアルなあなたです。

そして、第三の世界のあきらさんが、もしかしたらいつもわたしと夜の街で遊んでくれているのかな？　ふたりとも仕事で疲れ果てて、でも話したいことがいっぱいあって、修学旅行の子どもみたいに、お互い寝落ちするまでホテルのベットで話してくれているのは、このあきらさんかな？　いつもありがとう、大好きだよ。わたしは、あなたの前では「女性」を解除できる気がする。さっき書いた、「外側の精神」と「内側の精神」のあいだの「ずれ」を感じずにいられる。

分かりやすい言葉で言えば、わたしはノンバイナリーで、でも、ノンバイナリーとして振る舞うとか、ノンバイナリーらしい服装をするとか、ノンバイナリーとして社会から見なされるとか、無理じゃん？ だから、わたしがノンバイナリーとして存在するって、すごく無理なことなんだよ。

でも、あなたといるときは、わたしはその無理が可能になってる気がする。気のせいかもしれないけど、でももしかしたら、性同一性を強く持っているトランスの女性や男性は、社会で女性や男性として生きているときにこういうユーフォリアを感じてるのかな？って思うよ。想像だけど。

さて、あきらさんの話に戻ると、そうやって三つの世界を生きていて、並行する時間を交差させているあなたは、でも三つであることで、一人のあきらさんなんだよね。楽しいね。それが「ポリアモリー的」ということの意味は、まだはっきりと理解できかねているけど、言いたいことはなんとなく分かります。比べる必要のないものを比べないこと、比べられないものを、それぞれ比類なく大切にすること。

あなたの身体ひとつで、あなたは三つの世界を股にかけて生きているのね。すごいと思います。わたしにはとてもじゃないけれどできない芸当です。わたしは生まれたときから、いろいろな人格を時と場合に応じて使い分けてきて、ときどきそれらが分裂しすぎたり、担うべき現実を干渉して精神がめちゃくちゃになってきたから。

最後に、モノガミーの話。不思議だなーと思いました。ただ、ここから先は、あきらさんが婚姻制度と紐づけて書いているモノガミーに限らない、未来についての話をさせてください。わたしは今までいろんな「私」になってきて、そのつど過去を全て捨ててきたから、ごく一部の親類（それも疎遠です）を除いて、交友関係は、よく言えばいつでもカスタマイズ可能、悪く言えばすぐに捨てられるものとして見なしてしまいます。わたしも、あきらさんとの未来を描けたらいいなと思います。ただ、やっぱり分からないのです。わたしは、誰かとずっと一緒の未来を描くっていうことが、本質的に分からないのです。やっと最近わかったのです。わたしは、それが分からない人間なのだって。

それなりに長く、一緒に近くで生きていた人はいます。中学でも高校でも、その後も、別々の人ですけど、何人もいました。自分としては、それなりに特別に大切に思っていたつもりでした。でも、結局わたしは、そういう人がわたしに向けてくれていた愛情を、まったく相手に返すことができませんでした。何回も言われました。心がないみたいって。

それで、相手の人は傷ついて去っていってしまって、わたしはそれを見ても「それなら仕方ないな」って反応くらいしかできなくて、そういうわたしの反応を見て、相手の人はますますやっぱり傷つくみたいで、ずっとそれの繰り返しです。わたしには、誰かと共に生きる未来がないのです。あなたがパンセクシュアルで、ポリアモリーであるのに対して、わたしはアセクシュアルで、ただただ無性です。

あなたには複数の世界があって、複数の未来がある。わたしには、未来がない。生きているこの現在も、そのつどあみだくじを引いて捏造している。「あかり」以外の「わたし」のあみだくじを引くこともできるけど、そうして引かれた人間は、「わたし」ではない。こんなわたしが、あなたと未来を描くなんて、できるのでしょうか。いえ、恋人として長く付き合うとか、そういう話でないことはもちろん分かっていただけていると思います。ただ、そんな恋愛伴侶規範的な窮屈な未来でないとしても、いったいどんな未来でも、あまりよく分からないのです。誰かと未来を生きるというのは。

いや、しかし今ちょっとだけ思い至りました。この1か月、わたしはあなたの返信を楽しみにする日々を生きています。だとしたら、「お手紙まだかな」という、そんな未来を、あなたはわたしにくれたのかもしれません。

あかり

あきらから（10）――足のない鳥

あかりさん、こんにちは。あなたと過ごす時間は言葉では言い表せないもので、もう何も書きたくない、という気持ちがより一層高まっています。それはもう、言葉なんかで代用させてたまるか、という熱量なのです。納得いかなくなった下書きを、ほとんど全て消して、また書き出してみます。書きたくない、書きたくない。

「好き」について考えていました。あなたの言ってくれる「好き」についてまじまじと解釈していたのです。

でも、私はそんなことを放棄した方がいい気がしてきました。私の信じてきたそれと、あなたが使ってきたであろうそれが違ったとして、いったい何だって言うのでしょう。すれ違うのは当たり前なのに、怖れていたら「好き」だなんて言えませんから。あなたはこれまでも何人ものひとを大切にしてきたでしょう。私もそのうちの一人であるように感じますし、すでにあなたからは、たくさんのものをもらいました。私はこれまで生きてきてよかったと思えるし、これからも生きていていいだろうと、少しだけ先の未来を見ていられるのです。あなたに感謝しています、というのは本当にちんけな言い回しで、言葉なんて糞食らえ、とやっぱり思いながら私は書くのです。

前回は説明不足でごめんなさい。そもそも、なぜ私があなたとの「未来」を見てみたくなったかというと、あなたからの「好き」を私なりに解釈してみたからなのです。そして、それは失敗したようです。でもまあ、いいでしょう。

以前7通目で、お話ししたでしょう？「女の子」集団では気軽に「好き」と言い合うことが許されている空気がある、と。

私が「女の子」集団にいた頃、幸運なことに、「女の子」からの「好き」のパワーを受け取る機会がありました。でも私は、その場限りの応酬で終わる「好き」が嫌いでした。それは、「今日は寒いね」と言って、「寒いね」と返ってくるような挨拶なのです。冷たい言葉で言ってしまえば、そんなのは「あなた」じゃなくても機械だってできる、反射的な反応です。そこに、未来はないのです。それほどにその場を共有できるようになったことは嬉しかったけれども、結局のところ、私が共にいきたかった「女の子」たちは、男性のところへ行ってしまいます。一緒に住むことも、体に触れ合うことも、結婚することも、子どもをもつこともありません。それらは全て、私ではなく「男性」に奪われていく未来でした。そして私は一人で取り残されるだけでした。惨めでした。かなりレズビアン的な悩みかもしれませんが、本当にそうだったのですよ。だから、たとえば学校を卒業したり職場を変えたりしたら縁がなくなってしまうような、脆い「好き」の応酬はもう求めていませんでした。簡単に、他の人に取って代わられるコミュニケーションの定型だったからです。

もちろん、わかっているつもりでした。「男性」になったからといって、「女の子」との未来を描く

「好き」が叶うわけではありません。そんなことは当たり前ですね。それでも、私はその場限りの「好き」で未来を閉じ込められてしまうより、もっと先まで連れ立っていける「好き」を相手に求めていました。（ほら、規範的な男性〝The Man〟のラブロマンスになってきたでしょう？）

以前、逆のトランジションを経てきた女性に指摘されたことがあります。

「あなたは、男になったら、女性を獲得できる〝強者男性〟になれることを想定していたでしょう？実際は、多数いる〝弱者男性〟は、女性から相手にされることはないよ」という話でした。私からは、何も言うまい。

話を戻します。

あなたからもらう「好き」の中には、そんな女友達同士の挨拶とは違った、少しの未来を見た気がしたのです。これは、「好き」という言葉にあり得る、第三の解釈とでもいいましょうか。女友達の刹那的な「好き」でもなく、極めて限定的な男と女の永遠を誓う「好き」でもなく、もっと他の。

私はあなたといるとき、ずっとこの時間が続けばいいのに、と切に願っています。その瞬間だけでなく、現実が一瞬一瞬続いていくその先の、少しの未来まで望んでいます。あなたに「心がない」とは思ったことがありません。何を聞かされたって、私はそういうふうに捉えるでしょう。そして、別にあなたに「心がない」としたって、それでいいです。

私があなたを好きなのは変わりません。

私の「好き」の使い方はあなたには重すぎる奇妙なメッセージとして知覚されてしまうかもしれませ

んが、そんなに怖がらなくていい。当たって砕けようがもうどうだっていいから、「好き」でいられるんですよ。あなたは私を傷つけてくれたってかまわない。私は少しの余裕を伴いながら、その覚悟をもっています。私は、人生は博打みたいだと思っています。途中で道は遮断されるし、障害物だらけだし、ときに裏切られるかもしれないし、他人は変わるし、自分も変わるし、でも何かを得るためには何かを失うものなのだな、と理解しています。だからそういう旅路をまた悠々と眺め続けているのは、悪いことではないのです。

ここからは、私が「好き」に求め続けてきたことをお話しします。

意味がわからないと思われるかもしれませんが、私はずっと、生命の危機を感じて生きてきた気がするのです。何かに脅かされながらでしか生存できないという、ある意味本能的な、生命の危機です。私は生きていて、安心して眠れる居場所がないと感じてきました。つねに外部からのプレッシャーにさらされていて、本当の意味で熟睡できることなどなかったし、また、安易に熟睡して自分の脆さをさらすべきでもない、といった緊迫感がつねにまとわりついていました。

私は疲れました。もう本当にくたびれていました。私は原来の「旅鳥」なんですよ。望んでそうなったわけではないけれども、彷徨い、飛び続けている。そしてときどき、一時的な居場所を見つけて一箇所にうろうろしているけれども、またすぐどこかへ行ってしまうかもしれない。誰にも私を捕まえることはできません。

でも、私は自分のその性質に疲れさせられていました。どこか、誰か、あたたかくて安心できる居場所で、ぐっすりと眠ってみたかった。「おはよう」と言ったら、「おはよう」と返ってくるような時間と空間が、明日になっても続いていてほしかった。一方で私は、落ち着いてとどまっていられないことを、少しだけ誇らしく思ってもいます。どこにいっても適応性があるという意味で。でも、やっぱり疲れていました。どこにいったら、私は休むことができるのだろう。

私がね、「性同一性のない」まま、それでも「男性」でいいかと馴染めてしまったのは、その「男」の島が、ちょうどよく適温で、まだ荒れ果てていて納得いかない点も多々あるけれど、それでも今後しばらく私がそこにうろついていてもいいかな、と思えるからなのです。もともとあった巣でもなければ、新しく綺麗にこしらえた巣でもありません。だから「帰るべき居場所」とか「ずっと住み続けている家」みたいに、男性の世界を捉えることはできません。でもそのあたりに漂っていることは、私に少しの癒しを与えてくれるのです。

あなたといるときも、なんだか落ち着いていられるのです。生き急ぐことも、死に急ぐこともなく。あなたは私の命の恩人です。性別移行によって私は延命したけれども、同様の効果を、私は彼女（恋人）や、親しい友人や、あなたに感じています。

さて、そんなあなたが日頃どれだけ性別に苦悩させられてきているかを思うと、いやそれはかつての私でもあるのだけど、とても、もうどう言えばいいのかわかりません。胸が痛みすぎて、痛む胸がなくなってしまうくらいです。10通目にあなたが書いてきてくれたようなことを、日々どんなタイミングでも経験させられているのですから、疲れないわけはないだろうと思います。

ただ少し思ったのは、「性別違和」と「生違和」と「存在違和」ってそれぞれ別だよね、ということでした。軽く流すから、あまり哲学的な話だと思わず、だいたいのニュアンスで受け止めてください。

あかりさんがノンバイナリー的である以上、このバイナリーな社会で「性別違和」は消えないのでしょう。でも、それがすなわち「生違和」に結びついてしまったら、私にはどうしようもできないくせに、到底耐えられない結末になるだろうと予想して、不甲斐ないのです。かといってあなたの「存在」ごと消すことは、誰にもできないでしょう。それに第一、あなたが戦っているのは「存在違和」ではないもんね。

「性別違和」がつくり出す「生違和」は、トランスの人たちにほとんど共通のものかもしれません、シスジェンダーの10倍ほどの自殺未遂率だというのだから。あとはその状況が、性別移行（この言い方は不適切だろうか）によって解消できる人と、解消できない人がいるってことだ。なかには運も妥協も、必要になることがあります。でも「性別違和」ゆえの「生違和」を抱えていたからといって、存在までなかったことにしてほしくないな、とは思います。うん、思いついたことを書いただけだから、こんな分類に特別深い意味はないですがね。

ああ、もっとなんだか「マカロンおいしい」とか「あなたの笑顔はかわいいよ」みたいなことを言ったり書いたりしてみたいのですが、あなたとは言葉の攻防になってしまうぜ。

あきら

第6章　好きは嫌いです

あかりより（11）――好きは嫌いです

あきらさん、こんにちは。今わたしはあなたの横でこの手紙を書いています。なぜそんなことになったのか、わたしもよく分かりません。

まず、あなたに「好き」について考えさせてしまったこと、申し訳なく思います。わたしは、なにも考えていません。なにも考えずに「好き」と言っています。あなたには簡単に言えてしまうからです。そのことの意味が分かりますか？

あなたが女の子からの機械返信のような「好き」に不満足を覚え、なにもかもが「男」に持っていかれていくことを恨めしく思っているとき、わたしは男の子をやっていました。いいえ、ごめんなさい嘘をつきました。わたしはもっと変な生きものをやっていました。

いま振り返ってみるなら、わたしには理解のできない「好き」を最初に向けられたのは5歳のときでした。近所の幼稚園に通っていたのですが、よく一緒に編み物をしている女の子から、バレンタインデーに高級なチョコの詰め合わせをもらったのです。家が貧しかったですから、単にチョコを食べられて嬉しかった気がします。でも、それから1か月が経とうとするとき、幼稚園の先生から「お返しはするんでしょう?」と小ばかにしたように笑われたことがとても不快でした。

バレンタインは「女の子から男の子へ」、そしてホワイトデーは「男の子から女の子へ」というお菓子の返礼の風習があるらしいことを知りました。とにかく気持ちが悪かったことを覚えています。ただ、そのときにわたしに真っ先に思い浮かんだのは、うちの家にはお金がないから、お菓子を買ってその子に贈るなんてできない、ということでした。

8歳のときにはクラスで一番仲が良かった女の子に耳元で告白されました。「好きな人を教えてあげる」と言われて、急に耳元に口を持ってきて、「○○くんが好き」とわたしの名字を言われました。わたしはなんて応えたと思います?「うん、ありがと」って応えたんです。だって、わたしも好きだったから。でも、それから少しして、その子の母親がわたしの母親と会話する機会があって、わたしは自分の母から「○○ちゃんに、ちゃんと告白の返事をしなさい」と怒られました。

意味が分からない。意味が分からない。

当時のわたしも、なんとなく世界が男・女で区別されているらしいことは知っていました。でもそれは、出席番号があいうえお順になっているような、どうでもいい区別にすぎないと思っていて、友だちだったその子との関係が勝手に文脈化されたことにわたしは激しく不快感を覚えました。でも、そんなことは8歳のわたしにはどうでもいいことでした。

9歳のとき、幼馴染の一つ下の女の子に「好き」と言われてエレベーターで抱き付かれました。周りの年上のお兄さんやお姉さんは、私たちを見て冷やかしてきました。ただただ、怖かった。その子に「好き」を向けられるのは、恐怖でした。いまだに思い出すだけで怖いです。人生で初めて、「好き」に恐怖を覚えました。

11歳のとき、わたしはまだまだクラスの女の子グループに交じって生活していました。当時は学校で「プロフィール交換」が流行っていて、仲が良い友達にプロフィールを書いてもらうのですが、わたしはクラス中の女の子にプロフィールを書いていました。わたしにはお金がないので自分のプロフィール帳を持ってなくて、だから「交換」はできなかったのですが、でも友達から「プロフ帳を書いて」、とお願いされて書くのは、とても楽しい時間でした。

ただ、同時にクラスの女の子たちと始めた交換日記は、わたしをトラブルに陥れました。それは秘密の交換日記で、女の子たちは「好きな男の子」の話で盛り上がっていました。わたしはまだ、それが「恋愛」的な「好き」なのだということを理解できずにいましたが、いつの間にかそこで「好きな相手」を言っていないのはわたしだけになり、ある日わたしは女の子たちに放課後呼び出されることになります。

「〇〇ちゃんの好きな人は誰?」と、リーダー格の女の子に詰め寄られました。当時わたしは、女の子からも男の子からも「ちゃん」づけで呼ばれていました。なにか、わたしには理解が難しいことを聞かれている、ということは分かりました。そして、そのリーダー格の子だけは、女の子の名前を言わせようとしていることも、わたしは気づいていました。

でも、当時のわたしの辞書にあったのは、一つだけの「好き」でした。だからわたしは、その場をやりすごすためだけに適当に友だちの女の子の名前を一人挙げたのですが、リーダー格の女の子は全然納得いっていないようでした。

わたしは、そのリーダー格の子のことが嫌いになりました。その子は、小6になった頃には年上の男の子とセックスしていたような子で、わたしを他の女の子たちに交ぜて子分のように可愛がってくれていたのですが、なんだかわたしは、その子から「異性」として扱われている気がしました。わたしは、その子が好きだったのに、一緒によく遊んだのに、なんだかその件があってから、疎遠になりました。

誰かを「好き」になる人から、わたしはちょっとずつ疎遠になっていきました。

中学校に入って、まだまだわたしは女の子の集団にからだを半分突っ込んで生活していましたが、わたしの自覚がないだけで、わたしは「浮いて」いたのでした。中2のとき、休み時間によく話をして盛り上がったり、小説を貸してくれたりした女の子がいたのですが、私たちが「両想い」に違いないと、クラスで冷やかしてくる人たちがいたことをその子から聞きました。私たちは、学校で話すのをやめました。周りから勝手に「好き」を解釈されるせいで、わたしは女の子たちと疎遠にさせられました。わたしは「好き」がどんどん嫌いになりました。

あるときからわたしは「男の子」をやるはめになりましたが、そのときもまだ、自分が異性愛的な文脈に置かれてしまうことの意味を十分には理解していませんでした。友だちの男の子と付き合っている女の子から、その男子の愚痴を聞かされていて、よく一緒に歩いて帰っていたのですが、友人の男子はそれが我慢ならないようでした。その子とは一緒に夏祭りにも行きましたが、学校でそれも噂されて、とてつもなく面倒なことになりました。これは15歳のとき。

わたしには「好き」が分からないのです。ずっと。Aセクシュアルと呼べばいいでしょう。名前をつけるのなら。そして、異性愛的な「好き」に巻き込まれることは、わたしと女の子の友だちのあいだの関係をビリビリに破いてしまうのです、だから嫌いでした。「好き」が嫌いでした。

中3のときには、なぜか1学年下の女の子たちからめちゃくちゃ「モテ」ました。

嘘だと思われると思いますが、夏休みから卒業までの間に、5人か6人くらいの女子から告白めいたことをされました。当時わたしは、すでに自分が「異性」として認識されていることにうっすら気づいていましたが、でも、わたしはまだまだ愚かだったのでしょう。告白してくれた女の子のなかで、ふつうに友だちになれそうな子には「わたしも好きだよ」と返していました。だって、好きだったから。メールしたり、街に遊びにいったり、学校で手紙を書いたりしました。

ちなみに、その頃わたしはクラスの同級生の女の子とも周囲から隠れて「付き合って」いることになっていたようでした。めちゃくちゃだと思うでしょう？　でも、わたしからしたら、めちゃくちゃなのは世間の常識の方です。わたしは、仲良くなりたかっただけなのに。好きだっただけなのに。

男として埋没して生きるのは、たしかに安全でした。「女みたいだ」といじめられるよりは、いまわたしが振り切って女のように生きているように、男の側に振り切って生きるのは安全でした。でも、そこは孤独だった！　わたしにとっての女の友だちは、孤独を感じずに済む大切な友だちだったのです。わたしは家庭もちょっとめちゃくちゃで、虐待的な環境でしたから、友だちは大切でした。

でも、結局ぜんぶ「好き」に台無しにされました。わたしが二股しているとか、人の女に手を出したとか、後輩の気持ちをもてあそんでいるとか、意味の分からない非難をたくさん向けられました。

ただ、そうして周りのせいでかき乱されるだけでなく、やはり度を越えた「好き」を向けられていると気づいたときには、本能的な恐怖を覚えました。とくに、年下の女の子からは、昔エレベーターでわたしに抱き付いてきた子から抱かされたような恐怖を感じました。

怖いのですよ。理解のできない、巨大な感情を向けられて、それに応えるように求められるのは、めちゃくちゃ怖いのです。その「好き」を免罪符にして、わたしのプライベートなことや、プライベートな身体の部分に触れようとしてくる人は、怖い。女の子からも男の子からも好かれたことがありますが、どちらにせよ怖かったです。

そんなこんなで、わたしは「好き」が嫌いです。

高1のときには、クラスで仲が良かった女の子と夏休みに遠くに旅行に行きました。わたしの地元からは、けっこうな距離です。わたしは自分の親には何も言っていませんでしたが、その子の母親は何かよく分からない感じで、私たちの旅行を応援してくれていました。親と仲が良い子どももいるんだな、というのは驚きでした。旅行先で、ふたりで部屋に泊まって、いろんな話をして、ふつうにわたしはその子のことが「好き」だったので、手をつないだり、髪を触りあいっこしたりしました。

旅行から帰って、なにが起きたと思います？　クラスで勝手に私たちは「男女の仲」だと噂されていたんですよ。意味が分からないと思いました。わたしはその子のことが「好き」なだけなのに。でも、たぶん間違っていたのはわたしの方でした。その子はおそらく、その頃にはわたしのことを「男子」として好きだったみたいです。わたしには、そんなこと分からなかった。しばらくして、その子の親友から、「まだちゃんと告白してないでしょ⁉　付き合おうって、はっきり言いなよ！」とキレ気味に言われました。いつもと同じです。意味が分からないと思いました。

それからもわたしはその子が「好き」だったのですが、でも、最終的には悲しい関係になって終わりました。その子を性的に悦ばせる仕事に、就くようになったからです。わたし自身はズボンも下ろさないまま、その子が性的に満足できるようにいろいろするのが習慣になりました。すごく自己肯定感の低い子で、わたしとそれをしないと、わたしに「好かれている」という確信が持てない、ということも言っていました。お互い、なにか依存状態になっていたのかもしれません。

わたしの方はと言えば、性嫌悪を必死に抑え込みながら、絶対に自分の身体には触らせないようにするミッションをこなすという、変な状態になっていました。でも、そんな状態ですら自分の下腹部は勃起することがあって、そんな身体の仕組みに吐きそうでした。この海綿体を切り削いでやりたい、と何度思ったことでしょうか。まあ、そんな関係が続くはずもなく、結局一度も「付き合って」とは言わないまま、私たちは高校卒業の頃には別れていたのでした。

「好き」なんて嫌いです。わたしの言っている意味が分かりますか？

大学に進学してからも、いろいろな「好き」を向けられましたが、なかには、わたしとのあいだに永続的な関係を望む「好き」を向ける人もいました。そんな人に対しても、わたしは相も変わらず「好きだよー」と言っていたせいで、相手を深く深く傷つけてしまいました。

わたしは「好き」が嫌いです。他人と性的なことをしたいという感情がないし、長続きする関係を希望されたところで、そんなの絶対に無理だし、わたしには身をもって理解できない大きな感情をぶつけられるのは恐怖なのです。わたしとセックスする妄想をしている、と言ってきた後輩の女の子、怖かったです。エレベーターで急に告白されて抱き付かれたのだって、トラウマです。

それに、わたしは「好き」な相手をもう悲しませたくないのです。旅行でわたしに髪を触られたクラスメイトは、そのことを親友の女の子に嬉しそうに嬉しそうに報告していたそうです。髪、触っただけなのに。

でも、そんな彼女の気持ちを理解できなかったせいで、わたしは彼女をとても傷つけました。「万が一妊娠したら堕ろすお金がないから」とか、嘘を吐いて、自分は服も脱がずにその子とセックスみたいなことをしていたわたしは、結局彼女のことを騙していただけです。言われましたよ。心がないみたいって。別れた後にも言われました。誰かを好きになったことある？って。ええ、ないのでしょうね。

性別を移行して、楽になったことがあります。女性の友人に「仲良しになりましょう」と言いやすくなりました。前にも書きましたよね。わたしは、自分が一度叩き出された女の子の輪のなかに戻ってきたのです。女性から好意を向けられたり、セックスに誘われたりする恐怖もなくなりました。知らない男性から好意めいたものを向けられるという、新しい面倒ごとが発生しましたが、わたしは「馬鹿だなぁ」と思うだけで終わりです。だってそれは、ナンパとかの話で、ただの下心だからです。

性別を移行して、過去を全て捨てて、人生全体がどうでもよくなって、でも前よりはずっと生きやすくなって、わたしはずっと嫌いだった「好き」から解放されたような気分です。男性だったときには、潜在的な恋人候補みたいな、ろくでもない緊張感を勝手に設定されていたような相手と、全員縁を切りました。すっきり。

ごめんなさい、今日は延々とわたしの話をしてしまいました。トランスジェンダーで、Aセクシュアルでもあるわたしが、男性を割り当てられてどんな面倒ごとに巻き込まれてきたのか、少しはおわかりいただけたでしょうか？　性や恋愛の文脈が理解できないせいで、どれだけ多くの大切な関係を失ったでしょう。「好き」が介在する、介在し得るせいで、どれだけの関係が引き裂かれたでしょう。将来的に性別を移行する前のわたしにとって大切だった「女の友だち」との関係を、異性愛的な「好き」によってどれだけぶち壊されたでしょう。

これが、わたしが「好き」が嫌いな理由です。性愛至上主義も、恋愛伴侶規範も、性別二元論も、異性愛主義も、なにもかもくたばれと思っています。

さて、この手紙を書き始めたとき、隣にはあなたがいました。しかし、あなたは昨日のうちに帰ったので、今は一人でこの手紙を結ぼうとしています。あなたが寝ていた布団、なんとなくまだ寝室に敷いたままにしています。なぜだか分かりませんが、片づけたら少しさみしくなる気がしているからだと思います。わたしはあきらさんのことが好きです。あなたもわたしのことが好きなようですが、いったい私たちのあいだには何があるのでしょうか。わたしはたぶん、あなたがわたしに向けている「好き」の中身が分かっていなくて、それに少しばかりの不安を覚えています。ただ、不思議とあなたからの「好き」には恐怖を感じません。わたしのことをよく理解しているという確信があるからだと思います。

とはいえ、ひとつだけ言わなければならないのは、わたしを好きになっても、あなたには幸せな未来は約束されていないだろうということです。そんなこと、あなたは百も承知かもしれないけれど。わたしは、生まれて初めて、このレベルの解像度で性についての話ができるトランスの仲間を見つけて、幸せな気持ちです。あなたと会えてよかった。でも、わたしはあなたに幸せな未来を約束することはできないし、会ったときにも釘を刺したように、わたしはあなたのことをこれ以上「好き」にはならない。もう、好きだから。

彼女さんのこと、大切にしてね。わたしにとって大切なあなたを大切に思うひとには、わたしは傷ついてほしくないよ。おやすみなさい。

（10秒で寝落ちする）あかり

あきらから（11）――サイレントマジョリティ

あかりさん、お忙しいところお返事ありがとう。実は連続で仕事を休んでしまいました。だから結論、あの日急いで帰る必要はなかったんですよね。というのは冗談で、たぶんあなたの元に居続けたら、私はますます罪の意識と責任を感じてしまった気がするし、あなたの日常を邪魔したくはないので、帰ってしまってよかったなと思っています。

そう、私はあなたに謝りたかった！

ろくでもない「好き」の解釈をしているのは私の方ではないか、という自覚がありました。ごめんなさい。これではあなたの使用法を無視して多大な期待を寄せる、抑圧的な世間と何も違わないのではないか、と私の振る舞いを反省していました。初めて想像することができましたよ。逮捕されて、事故の理由を問い詰められて、「ブレーキを踏むべきところを、誤ってアクセルを踏んでしまったのです」とうなだれる老人の心情というものを。私もそうやって事故ってしまった自覚がありました。

あかりさんから、改めて「好きは嫌いです」と聞いたら私は少しくらいショックを受けるのだろうか、とぼんやり考えていました。でも、全然そんなことはありませんでした。愉快でもない昔の記憶を引っ張り出させることになってしまったなら申し訳ないなとは感じています。本当に、ずっと続いてきたんだね。あなたの話から何度も推測してきたはずなのに、それでもまるで新しいことを習ったかのように、あなたが「好きを嫌いに」なっていった過程を受け止めてしまうということは、やっぱり私は自分の感覚とは相容れないから「理解できてない」んだろうな。

ともあれ、あなたが性別移行をしたことで、主に女性からの「好き」から解放されていったのは運がよかったですね。そういって差し支えないでしょう。性別移行には、単に性別が合致すること以上の、そのほかの要素の「適性」も絡んできますから。あなたの話を聞いていると、私は自分自身のズレていた感覚を重ねてしまいたくなってしまうことがたびたびあるのですが、そうやってわかった気になって話をすり替えるマジョリティ仕草は、私自身きらいです。

ここしばらく体調がよくありません。原因は精神的なストレスだろうなとわかっています。ただ、出口が見えません。私はわかっているんです。黙っていたら、世間的なマジョリティに合致できてしまうこと。セクシュアリティ（広義で、性にまつわること全般）を鑑みれば、私はギリギリの淵に立っていて、落ちない限りは特権的な立場に立たされていることになります。私はトランスジェンダーで、パンセクシュアルで、ポリアモリーで。でも普段それらの要素は可視化されません。

だから私は、シスジェンダーで、なおかつ男性で、異性愛者で、モノガミーな人として捉えられます。そして、どれも特権側に置かれているときは、社会的・制度的な特権が付与されることになります。それだけでなく、なんとなく空気で「許されている」状況になるのです。私はそれを享受します。トランスジェンダーだと思われず、「元女性」とか「戸籍は女性」とか認識されず、女性（どの場面を想定するかによって、名指される対象は異なりますね）と恋愛し、性的に惹かれあい、しかも一対一のお付き合いである限りは、私は「楽できる」ことになるのです。ちなみに、今現在の状況はそうです。今私は、極めてセクシュアルマジョリティな在り方をできてしまっています。

女性（的な人）が「夜道がこわい」と話していても、私は「へえそうですか」と傍観していられるのです。同性愛者（とみなされる人）が「街中でデートできない、結婚できない」と嘆いていても、「へえそうですか。私はできますけどね」と傍観していられるのです。Aセクシュアル（の一部）の人が「性的描写が急に出てくるので映画鑑賞が苦手」と言っていても、私は「へえそうですか。そんなことより映画は楽しいですよ」と相手を無視して楽しめてしまうわけです。

こんな現状が今、私に罪の意識と責任を感じさせます。この意識をもうちょっと理論的に内訳で示すこともできますが、その行為自体に嫌気がするので、私はじっと黙って耐えるしかありません。私はどこでどんなふうにしゃべったらいいのか、だんだんわからなくなってきました。

書くべきことや書きたいことはたくさんあるのです。でも。私にはわからないな。

あきら

あかりより（12）――不協和音

あきらさん、こんばんは。先週末はGUで服を買いました。それから家電量販店で体脂肪計を買いました。さて、わたしはどちらの性別で登録すべきでしょう？

あなたの体調は大丈夫でしょうか？　わたしと一緒にいるときはずいぶん元気で楽しそうでしたが、根っこのところで少しダウンしているのでしょうか。やすんでください。心配です。わたしの経験が理解できなくても、理解できていなかったと気づいても、どうかショックを受けないでほしいと思います。男性割り当てで、Aセクで、ノンバイナリーで、でも性別移行してしまってる人なんて、日本に何人もいません。それに、わたしはどちらかと言えばかなり立派に男性を「できていた」タイプなのです。その点でも、たぶん同じセクシュアリティの人でも例外ケースかもしれません。

ひとつ前の手紙を読んでいただければわかると思います、わたしは必死に必死に「男子」をやろうとした結果、外側だけは本当にずいぶんと「男性」的だったのだと思います。そして、そうした男子が異性（女性）にとって魅力的であるような文化が、わたしの地元にはあった。ろくでもないくらい男性的な男性が、「モテ」にひっかかる文化がありました。ただ、わたしはそうしてひっかかった人と、「友だち」であろうとして、ことごとく相手を傷つけたのです。それだけの話です。

わたしも他者の「好き」と齟齬が起きないよう注意してはいましたが、どうしても無理でした。わたしが女性の友だち（だと思っているひと）に向ける「好き」が、向こうからやってくるかもしれない「好き」とかみ合うことはほとんどありませんでした。

ほぼ唯一の例外は、大学で知り合った、アメリカ東海岸にルーツをもつ女性だったかもしれません。彼女は本当に男性から「モテる」女性で、あまりにも言い寄ってくる男性が多くてうっとうしいので、クリスマスに彼女の家に泊まりに行って、二人で楽しくクッキーを焼いて、その写真を彼女のSNSにアップするという作戦に協力しました。「わたしが〝ハーフ〟だからって近づいてくる男を撃退する作戦を手伝ってよ！」と言われた日の作戦は、大成功でした。「〇〇ちゃん彼氏いたの⁉」とショックを受けている男性たちからのメッセージを読んで、二人で笑っていました。そしてわたしはその日、その子と同じ布団でなにごともなく寝たのでした。その子と同居していた彼女のお姉さんは、わたしが来るというので気を遣って家を空けてくれていたのですが、そんなお姉さんの気遣いをケラケラ笑って、私たちは夜更けまでしゃべり倒して、寝ました。

彼女とは、比較的なにごともない関係を続けられました。一緒に買い物や散歩にも行きました。でも、ある日「ねぇ、いつか私が子育てしたくなったら、あなたの精子をちょうだい？」と言われたのがショックで、それ以降はあんまり会わなくなりました。わたしのことを、恋愛対象としても、もちろんパートナーとしても見なしていなかった彼女は、でもなんとなく遺伝子で人の優劣を測ってるんだなと思いました（真意はよく分かりませんけれど）。シングルで子育てする計画は応援したいけど、わたしの身体が精子を製造するものだというふうに見られているのは、性交渉を要求されてないにしても、なんとなく辛いなと思ったのでした。彼女とは性別移行前に絶縁しました。

あ、ごめんなさい、書くつもりがなかったのにけっこう長く思い出話をしてしまいました。

さて、あなたからの11通目の返信を読んで、あなたの状況がより一層見えてきました。そして、思わず笑ってしまいました。あなたは、ほんとうにシスジェンダーになってしまったのね。「マジョリティに合致できてしまう自分」、ということで主に挙げているのは、あなたがパンセクシュアルというよりヘテロセクシュアル的で、ポリーではなくモノガミー的で、性嫌悪のない、そういったセクシュアリティですけれど、だいたいトランスの人で「恵まれている」と言えば、ひとはパス度のことを挙げるものですよ。自分は、シスジェンダーっぽい外見や生活実態に適合できてしまって、もうマイノリティというよりもマジョリティ寄りだ、という感じです。パスに悩んでいる状態でないこと、性別不合感がないこと、それはトランス集団のなかでの「特権」として感じられうるものです。

でも、こういう「マジョリティ感」は、所詮はトランスに特有のものです。だってそれは、他の多くの「パスが難しくて悩んでいる」トランスと自分を比較することでしか出てこない発想だから。あきらさんは、どうやらもう、そうしたトランスジェンダーたちと自分を同じジャンルの存在とは感じていないのではないでしょうか。わたしは、やっぱりいつもそうしたトランスたちのことを考えてしまいます。自分は、運よく、移行後の性別でだいたい埋もれて生きていけるけれど、それが困難なトランスの人もいて、そこには貧困の問題や、生活の土地、障害や病気のことも交差してくるから、辛いな、という感じです。いえ、あなたのことを責めたいわけでは決してありません。手紙で何度も書いてきたように、あなたは「性同一性のない男性」として、ただ男性を生きているだけなのですから。

あきらさんは、真面目すぎる、ということもできると思います。性別を変えるという、99・99％の人間が経験していないような、とんでもないコストをすでに払ったのですから、あとはのんびり幸せに生きればよいものを、そんな「罪の意識と責任」なんて、感じなくてもいいのに。

でも、あなたのそうした後ろ向きの感情こそが、あなたをわたしに出会わせたものだということも、やっぱり真実だと思います。あなたの本の公刊記念イベントのひとつで、言っていましたよね。「これまでのよくあるFtM物語ではそこが終点だった場所が、自分の始まりなのだ」と。性別を変えて、男になって、生きやすくなった。そんなよくある物語の「終わり」であなたが終わっていたら、わたしはあなたとは会わなかった。

あなたはそこで、単にシス男性としてただ生きていくことをしなかった。自分がなっていくはずの、生きていくはずの「男性」に絶望したくない、絶望させないでくれ、とあなたは瓦礫の山を素手でかき分けてトランス男性学を切り拓いた。あきらさんの言葉は、間違いなく、新しい男性の言葉を増やしています。「耳を傾ける僕たち」みたいな、すっからかんの「男性学」にとってはノイズにも聞こえるような、耳の痛い言葉を、あなたは生み出しているはずです。

十分あなたは語っている。いいじゃないですか。あなたが黙っていたことなんてあるでしょうか？彼女さんとしんみり二人で幸福を感じるとき、あなたはサイレントマジョリティとしての自分を感じているのでしょう。なるほど、以前に9通目のお手紙で書いていた、三つの世界のうちの第一の世界では、あなたはサイレントマジョリティなのでしょう。

でも、わたしと一緒にいるときのあきらさん、とくに第三の世界や第二の世界の様子を色濃く示すあきらさんは、とってもおしゃべりで、へっぴり腰の男性学者に物申す、すてきなトランスジェンダーですよ。あなたが、性差別で汚れたこの社会の規範的な男性（The Man）にいらだち、「僕は嫌だ！」ではなく「私は嫌だ！」と語っているとき、そのあなたがわたしは大好きです。

わたしが、「こういう勉強もしたいんだ」、「今度はこのフェミニズム雑誌を読もう」と言っているとき、あなたが「涙が出そうだ」と言って、本当には涙を流さないとき、わたしに見えているあなたは、わたしを見守る保護者のようでもあり、しかし同時に、小さなおとうとのようでもあります。

あきらさんの存在と、あきらさんの言葉は、The Manにとっても、そして「僕ら」などという一人称でいつまでもフェミニズムの受け売りしかできない男性学（的なひとたち）にとっても、間違いなく「ノイズ」でしょう。それは、簡単には調和しない。

でも、それはただの雑音ではなく、不協和音を生み出すはずだと信じています。『トランスジェンダー男性学』は、これから何年も、何十年もかけて、ゆっくり日本社会に吸収されていくでしょう。たくさんの不協和音を生み出しながら。

それと同時に、ほとんど完全にシスジェンダーになり、加えて「マジョリティ的」になったあなたの存在と言葉は、マイノリティとして枠づけられる現在のトランスジェンダーコミュニティにとっても、聞いたことのない不協和音を生み出すことでしょう。性同一性なんてない。そんなトランスジェンダーの言葉は、いまのLGBTムーヴメントのなかではご法度です。いないことにされています。

性同一性の存在をとにかく主張し、それを守ることが＝（イコール）トランスの権利擁護のようになっている現状で、性同一性のないトランスの存在は、明らかに「雑音」になりかねない。でも、わたしとあなたが交わしているこの手紙が、ただの雑音だとはわたしは決して思っていません。私たちは、どんなトランスもまだ言葉にしたことのないような世界を言葉にしようとしている。これが、将来の日本のトランスコミュニティにとっての不協和音として、既存の言葉では満足できない人々の役に立つと信じています。

だから、お願い。書いて。

わたしはあなたが好きです。たしかにわたしは、あなたの言葉ではなく、あなたが好きだと思います。でも、ここ数日で分かったのです。わたしが好きなのは、三つの世界を生きているあきらさんなのだということが。三つの世界の3番目だけが、わたしの知っている、わたしの好きなあきらさんなのだと、最初は思っていました。でも、違います。一つ目の世界を生きる「男性（The Man）」として、サイレントに幸せになることもできるのに、やっぱりどこか移住者としての二つ目の世界の視点を隠し持っていて、そして同時に、世の中の性差そのものに冷ややかな目を向ける、三つ目の世界の顔も持っている。その三つの世界全体を生きているポリーなあなたが、わたしは好きなのだと思います。そして、あなたの言葉に深みを与えているのは、ときに罪の意識や責任感として現れてしまうような、そうした複数世界性なのだと思います。

書いてください。乱暴かもしれませんね。でも、書いてください。

ただ、あなたのことだから、きっともうしばらくしたら、前よりすこしリニューアルされて、あなたはわたしの前に現れるのでしょう。放っておいても、あなたは決して一つの場所にはとどまらない。流動的な存在だから。だから、いつも待っています。あなたが創り出す不協和音を。次なる「私は嫌だ」を、わたしはゆっくり待っています。

今日はね、わたしをトランスだって知っていてさらっと入会を認めてくれた、スポーツジムの女性のスタッフさんとちょっと立ち話をしました。「楽しいです」って、笑顔で感謝を伝えることができました。わたし、幸せかもしれないと、帰り道にふと思いました。おやすみなさい。

あかり

あきらから(12)——踊り場

あかりさん、こんばんは。今回はひとりで駆け出すのはやめて、まったりいきます。あかりさんのお手紙にあった、アメリカ東海岸ルーツの女性とのクリスマス作戦は読んでいて愉快でした。そんなふうに無駄な価値がつけられないまま過ごせたらよかったんですけどね。しっかり「男性」的に生きていたというあかりさんの姿は想像つきませんが、あなたはずっと、あなただったんだな。

それに12通目のタイトルから笑わせにくるのはズルいです。数年前まで言われていたのですよ私。「センターの子に似てる」って。

ちょっと昔話をします。あかりさんが「男子」をやれていたのと同じように、私もどうにか「女子」をやれていたはずでした。あの頃の知り合いが、今の私が「おじさんになるのを楽しみにしている」と知ったら驚くでしょう。

中学2年生の頃、クラスメイトから毎日「かわいい」と言われていました。あのクラスの中で、私に「かわいい」と言わなかった女子は、おそらく一人もいなかったと思います。そういうことなら私はこのかわいさを世間に役立ててやるべきではないかとうすらぼんやり考えて、親に芸能事務所の応募書類を並べてみせたことがあります。芸能界なんてやめなさい、と止められたので私はそのまま応募しませんでした。

　でも母親はジャニーズ好きで、もしうちに弟がいたら（実際はいません）勝手に応募したいとか話していましたから、私が初めから男子だったら今頃ジャニーズの一員だったかもしれません。冗談です。少なくとも、「女性」として芸能人になるのはあらゆる性被害やリスクを考慮して、親が後押しできるものではなかったのでしょうね。結果的にそれでよかったです。一旦「女性芸能人」としてデビューできてしまった後に、「やっぱり男でした。これからおじさんになるけど変わらず応援よろしく」なんて言いにくいですもん。

　中学生時代は男子からわりかしモテていた気がするのですが、それ以上に同性であるはずの女子たちにチヤホヤされていた記憶があります。といっても、女性同性愛的な文脈ではありません。「○○ちゃんみたいになりたい」とよく言われました。「モテる女の子」枠だと、他の女子から僻まれる事例もあったのですが、私はとりたてて僻まれていなかったと思います。なぜなら、私には女の子アイデンティティがありませんでしたから、女子間のヒエラルキーとかにいっさい興味がなかったのです。「私はモテるんだぞ、いいだろう」というような驕ったオーラがなかったから、放って置かれていたのでしょう。そんな「公平な」態度が、むしろさらに女子たちに褒められることになりました。「○○ちゃんはかわいいのに全然偉そうじゃなくてスゴイ」んだとか。

　でも、私は女子として期待されるどんなキャラクターにもなりたくはありませんでした。全てが味気なく、つまらなく、何が生きていて楽しいのか理解できませんでした。将来の妊娠とか結婚の話なんぞ気味悪いですし、おばさんになる自分の姿など想像できるはずがありませんでした。こんな閉塞感が続くなら、眠っている間に殺されたかった。きわめて狭い世界のなかで十字架に磔にされて動けないまま、勝手に崇められている人生の、どこがいいんでしょう。私は女子としてチヤホヤされていた中学時代を、暗黒時代だと認識しています。微塵も生きがいが感じられなかったからです。腐った日本のメディアだと、やたらと「若い／女性」を称賛しているかのような演出が為されますよね。私はそれが不快です。かつて「若い／女性」そのものでしたけれど、ちょっとここに書きたくないくらい罵詈雑言を並べ立てざるをえないほどに、つまらないものでしたから。あんな時代の、どこが少しでも良いのでしょう。スカートで冷える脚、成長期で痛む胸、見知らぬ人からの性的な視線、比べあう女子コミュニティ、下品な話しかしなくなった男子たち、少し会話するだけで「付き合ってるの？」、痴漢、決して筋肉質にならないぶよぶよの腹、食品表示を見てダイエットに向き合う日々、味のしない外食、団欒なき家庭の食卓、部活のレオタード、股からの出血、ストレスで禿げそうになる音楽の歌の授業、きょうだいと同空間にいるしかない自室、やたらとパステルカラーの雑誌、欲しいものがひとつもない服売り場、鏡に映る自分は「かわいい」、上滑りする他者からの「かわいい」、きもちわるい、気色悪い。

そんななかでも、男性アイドルのジャニーズの存在は私を救ってくれました。母親の影響で純粋に好きだったからでもありますし、ジャニーズが好きだと「○○も、ちゃんと男が好きなんだね」とヘテロ女子扱いをされるため、女子の輪からハブられずに済んだのです。ちなみに、女子コミュニティにいるときにジャニーズ以外でついていける話題がありませんでした。一つもなかったのです。みんなが挑戦しだしたメイクとか、流行っているファッションブランドとか、ちっともわかりませんでした。プリクラだなんて、大嫌いでした。どうにか「かわいい女子」扱いされていたにもかかわらず、でも「女子」の話題がちっともわからないなんて、大きな欠陥です。唯一「ジャニーズ好き」という一点のみ、「ちゃんと女子だね」と歓迎されていました。私の女子中学生時代の3年間を、ほんの少しでも風通しのよいものにしてくれたのは、ジャニーズの存在でした。

トランスジェンダーあるあるですが、「好き」と「なりたい」の区別はついていなかったのかもしれません。私はジャニーズが他者としても好きだし、今となってはより強く、自分自身の「なりたい男性像」を形成するためにも貴重な存在でいてくれています。ジャニーズ、ありがとう。

ところで、「好き」の使い方について。対象者の性別は関係ないパンセクシュアルの私からしてみれば、「ジャニーズが好きということは、ちゃんとヘテロ女子だね」という判定は、笑止千万です。男性が好きだったら、その人は女性として認められるのですか。「男性も女性も好きになりますよ」という私は、「女性でもあり男性でもある」性別の持ち主にされるのでしょうか。

ここに、全然違ったエピソードがあります。私が大学生になってからの話ですが、いっしょに暮らしていた祖母が、私の知らぬ間に、海外で購入したある雑誌を目撃してしまったことがありました。その雑誌は、局部までくっきり映し出されているゲイ向け雑誌でした。欧米人は高確率で毛を剃っていますから、モロに下半身が露出している写真ばかり掲載されていました（急にこんな話してごめんなさい）。

孫娘がそれを持っていると知ってしまった祖母は、「○○は、ゲイなのか！」と大変驚いたそうです。私はそのときトランス男性としてカムアウトしていたわけでもないのに。冷静に考えれば、「男性の裸が好きだなんて、○○はやっぱりヘテロ女子なんだね」で済んだ話じゃないのでしょうか。「ジャニーズが好きだなんて、ちゃんと女子なんだね」と同じ話でしょう？　なぜわざわざ「異性愛者の女性」ではなく「同性愛者の男性」であるかのように、私は告発されたのでしょう。「男性が好き」という点では同じなのに。

なぜ、当時かなり平凡に女子大生をやっていたつもりの私のことを、突然「ゲイ」かもしれないなんて思ったのでしょうね。不思議で仕方ないです。男性のことが性的対象であるヘテロ女性というのは、「男性の裸が見たい」という理由で本格的なゲイ雑誌には手を出さないものなんですかね。

私はもしかしたら、少女漫画チックな目線で「男性好きだなぁ」と思っていたわけではなくて、ゲイ男性的な視点で早い段階から男性をまなざしていたのかもしれません。よくわかりませんけど。あるいはやっぱり、「こんな身体になりたい」という憧れも混じっていたことでしょう。

まあ、もうどうでもいいことなのです。私にとって、周囲の人間の反応は逐一よくわからないものでした。そうそう、私はけっこうちゃらんぽらんで、まあどうでもいいな、で済ませてしまうところがあります。というより、だんだん不真面目になった気がします。男性ホルモン投与をしてから、より小難しい話を考えずに済むようになりました。

SNSではトランスジェンダー差別が酷いですよね。でもあれを見ても、私は怒りとか悲しみが湧いてこなくなりました。以前はけっこう傷ついて、すり減って、眠れなかったりしたのですけど。私自身は問題ではなく、私の好きな人たちの属性が槍玉にあげられているのが許せませんでした（この発想自体が家父長っぽくて嫌気がしますが、でも胸を痛める直接的な理由はそれです）。でも今は代わりに、酒のつまみにしてしまいます。ばっかだなぁ、とチラ見して終わりです。トランスジェンダーというマイノリティを仮想敵に仕立てあげたい無知な人々が、なにやら荒らしていますけれども。もう何年も荒らしています。荒らすのが性分なようです。

現実は、こうです。私は、彼女（たち）と過ごしているときとても幸せです。世間の人々は、私たちのことをトランスジェンダーのカップルだと知ることはありませんから、ただその辺のシスジェンダーの男女と同じように扱います。そうしてほっといてくれます。それでいいんです。私たちは、幸せです。その現実の前に、虚言はなんの効果ももたらしません。一昨日彼女と沖縄料理を食べにいったとき、あまりにも平凡で幸せだったので、その抱えきれない幸せを半分くらい、あかりさんにもお裾分けしたくなりました。今まで出会ってきたトランスの人々（なぜだかトランス女性ばかり）も、もちろんその全てに恋愛感情が伴っていたわけではありませんが、それぞれ楽しかったですよ。幸せです。トランスジェンダーのリアルって、こういうことでしょ。なにも考えずに書くと、つい惚気になってしまいます。

本当は、ずっと重い、体調不良の原因についても記述すべきだろうと思うのです。というより、そうするつもりだったのです。でも、だいぶ多くの人を踏みつけながらしか書けないから、すらすら表出するにはまだ時間がかかりそうです。一応、だいぶ固まってきました。悪魔に引きずられるような息のしづらさから、今のところは逃れられています。

ようするに「性／性別」を語るには、私の場合はもっとほかの大問題に直面してからでなければならなかった、という話です。トランスジェンダーというと、「性別」が最重要課題であり向き合わねばならない大きな壁として捉えられているように見受けられます。でも、私はそうではなかった。そのシコリを少しでも解消しなければならないでしょう。私が「男性」にこだわる理由も、まさしくそこにあります。仕方ないのです。

もう私は、すっかり忘れていました。あかりさんに「ほんとうにシスジェンダーになってしまったのね」と指摘されて、そうか、そうみたいだな、と思い出しました。

体脂肪計は、普段の生活に沿った性別でチェックした方がいいんじゃないかな。二択なのはいつだって釈然としないことですが。私は健康診断やジムの身体測定でも、黙っていたら「男性」として扱われて、それで不都合が生じたことはないんですよね。かつて1回だけお断りされたのは、ハッテン場に行こうとしたときくらいです。パス度の話も、もうしばらく考えずに過ごせていました。こうした発言によって、私はたくさんのトランスの人々を踏みつけてもいます。わかっている、わかっています。ただ私は、先に進まねばならないみたいなのです。そうしなければ、「性／性別」以前に重たい問題に引きずられて、まともに立っていられないから。

先述の昔話も、まあ案外語るのは楽しかったですよ。でも、あくまで序章にすぎない。「女性として芸能事務所に挑戦しようとしただなんて、〝真のＦｔＭ〟っぽくないね、珍しいですね」だなんて、いつまでもやり合っていたってつまらないでしょう。過去は、もういいんだ。誰にも振り向かれなかった過去をいまさら大事に抱えこむよりも、ぎゅっと拳で握りつぶして、これから私が歩むための砂になるよう、潔く散ってもらわねば困るのだ。そして私はひとりで、ようやく本編を語り出してもいいのですか？　つねにわからないね。

私はどこにも歓迎されていない。ずっと感じさせられてきましたから。ここは居場所ではない。ずっと、そうだ。トランスジェンダーのナラティブも、私はたくさんお世話になった。ありがとうございました。もう満腹です。いや、ある意味では飢えている。そこでは足りなかったものを、これから来るであろう未来に望んでいる。感謝はしているけれど、そこに引き留められる理由にはならないでしょう。だからこそ、私は「男性」に強く求めてしまうのです。
私がこれから歩まざるをえない道を、これ以上汚すなと。

あきら

第7章　時間は絶たれる

あかりより（13）――今しかないかもしれない

あきらさん、こんばんは。

体脂肪計は、身長と年齢を同じにして、男女両方で登録してみました。男性で測った時と女性で測った時で、体脂肪率が8〜9％違っていて、なんかもう完全に役立たずでした。いったいわたしの体脂肪は何％なのでしょう。もちろん、女性で測った方が高くでてます。

さて、たしかに似てますね、あなたにちょっとだけ見せてもらった、あなたの昔の写真の顔と、欅坂の（旧）センターの彼女は、似てます。雰囲気が似ていると思います。それから、わたしこそ笑わせてもらいましたよ。クラス中から「かわいい」と言われていた女の子が、今では「おじさんになりたい」なんて。芸能界デビューした女性アイドルが、「やっぱり男でした、これからおじさんになりますが変わらず応援よろしく」なんて。でも、これが笑い話になるというのが、現実なのかと思うと、ちょっと笑っていられないなとも思いました。性別移行って、やっぱり、この世に存在してはいけないものなんだな、って。いえ、ごめんなさい、わたしの悪い癖です。やっぱり、わたしは、いつまでも「トランスジェンダー」なのかもしれません。

あきらさんが「かわいい女の子」だったときの様子をうかがって、なぜだか分かりませんが、わたしは「男の子」のなかに身を埋めて窒息しそうになっていた頃の自分の経験を読んでいるようでした。でも、ここはあなたにならって、あまりわたし自身の経験を重ねることはしないでおきましょう。そして一読して明らかなように、あなたを苦しめた経験の少なくない部分が、この腐った社会の女性差別に由来しているようです。それは、わたしが経由しなくて済んだもので、たぶんわたしがこんなに怨恨の塊のようになっても図太く生きられているのは、男の子としてまがりなりにも育てられたおかげかもしれません。本当に辛かったんだね。あなたが男になって、本当によかった。生きていてくれてありがとうね。

ところで、ジャニーズほんとに好きですよね？　ホテルのテレビやｉＰａｄで、放っておいたら永遠にジャニーズを観てそうだもの。そんなジャニーズが、少しの屈折を含みながらもあなたの中学生活を風通しよくしてくれたものだったとは、知りませんでした。ジャニーズ好きだと「ちゃんと女性」だと解釈されるという、その異性愛＋単一性愛ごりごりの状況については、読んでいるだけで辟易とさせられますが、最近はＢＬなども女性の嗜みとして普通のものになりつつあると聞きますし、そうなると状況も変わるのでしょうか。

あきらさんにとってのジャニーズのようなカモフラージュの機会は、わたしにはなかったかもしれません。実家にお金がなかったこともあり、音楽を聴くとか、ＤＶＤや動画でエンタメを楽しむということに縁がありませんでした。周囲のクラスメイトが、みんな移動中は音楽を聴いている中、わたしには音楽を聴くための端末もありませんでしたし、カラオケに連れて行かれても知っている曲が何もなく、ただただ退屈でした。家のテレビも壊れていて、中学に入るくらいまで、チャンネルは二つしか映りませんでした（それも砂嵐でひどい状況でしたが）。

唯一、カモフラージュといえば、髪形でしょうか。「男の子」の一部になるのがどうしても嫌で、わたしはある時期ずっと頭を剃っていました。一見すると「不良っぽくも見える男の子」で、男子としてパスするのに役に立つし、かたや、わたしとしては、中途半端に伸びた髪の毛の男子学生に埋もれなくて済むし、それに鏡の中の自分は瀬戸内寂聴みたいで、それが気に入ってました。知ってますか？　瀬戸内寂聴。最近亡くなった人で、あまり発言とか思想は好きではないのですが、頭を剃っている女性のお坊さんです。周りがわたしのことを模範的な男子として認識していたさなかに、わたしは鏡のなかの自分に女性のお坊さんを見ていたのです。

ところでゲイ雑誌、たぶん祖母（さん）は「女性が性欲を持つはずがない」という強固な信念が先に立ったんじゃないかな。女性は性欲を持たない↓孫が性的な雑誌を持っている↓男か⁉↓しかもゲイ雑誌↓（女性ではない上にヘテロ男性でもなく）ゲイだったのか！という流れかも、と思いました。まぁ、今となっては分からないし、あきらさんにとってそんなことはもう、どうでもよいことなのですよね。あなたは前を向いている。応援してるよ。

あなたが彼女と幸せな時間を過ごしたこと、お手紙からも伝わってきました。ほんと、あなたは変わった人だよね。いえ、別に変わってなんかいないのかもしれません。幸せを、わたしに分けてあげたいって、思ってくれたんだよね。ありがとう。わたしには、いつでも惚気ていいからね。わたしは、あなたと、あなたの彼女さんに、幸せでいてほしい。わたしは、幸せにはなれないから。その代わりに、みんなに幸せになってほしい。みんなには幸せな未来があるといい。

あきらさんと、わたしは、いろいろな点でクロスしているけれど、たぶん、生きている時間軸も、逆方向を向いている。この往復書簡の2通目や3通目でも同じことをすでに確認したと、いま思い出して読み返しました。そう、あなたは未来を見ている。対してわたしは、いつまでも過去を向いている。過去をいじって、ずっと今を生きる言い訳を探している。

聞きたいよ、あなたの本編を。聞きたい。いつまでも、耳慣れたFtMエピソードに自分を重ねたり、重ねられなかったり、そんな次元にはあなたはいない。語ってほしい。あなたの未来を。あなたは男性になるのでしょう？　いまもう男性だけど、もっともっと、なりゆく男性の姿があるんだもんね。そのために、あなたの道を汚すものの方に、あなたの鋭い眼は向かっているんだよね。応援しています。

あなたを引きずっている、「性／性別」以前に重たい問題が、わたしにはまだ完全には分かっていないけれど、どうかその重りがあなたの呼吸を細めることのないようにと願います。わたしには、未来がないから。メールにも書いたけれど、どんな未来も、わたしは自分の未来として思い描くことができない。もう、わたしは何回も死んで、生まれ直して、別の人間になって、そのうち2回は性別移行を伴っていて、いつも、なりたい未来があったわけではなくて、ただ単に現在を生きられないから、過去を丸ごと捨ててきました。それでも生き延びているのは、わたしが怪物か鬼の子どもだからなのでしょう。もちろん、性別のことだけじゃなくて。貧困のことも、いじめのことも、社会による排除の最後のしわ寄せだった、実家のなかの暴力のことも、永遠に時計の止まった地元の親戚関係も、なにもかもが、わたしを逃がしてくれないのです。おまけに、性別移行まで本格的にしてしまったせいで、トランスの仲間たちのことも、いつも気になるようになりました。

新しい人間になって、全てを捨てて生きていこうとするのに、やっぱりわたしは後ろを振り返ってしまう。そして、どうしてこんなことになったのだろうと、いつまでも、世界への恨みと憎しみをたぎらせています。

このところ、とても精神の調子を崩していました。そのせいで、あなたにも迷惑をかけたかもしれない。ごめんなさい。すごく調子が悪くて、それで、崩れてしまった心のバランスを元に戻そうとしていろいろ思考のなかをひっくり返していたのですが、結局わたしは、自分の中にある、深い深い、世界への憎しみに突き当たりました。これだけは、確固たるものとしてあります。あわれな人間だと思うでしょう。自分でもそう思います。

幸せに生きていきたいと、思えないのです。以前は、「『幸せになりたい』と思えるようになりたい」などと願っていたこともありましたが、それすらも諦めました。わたしには無理でした。あなたは前に進んでほしい。幸せになってほしいし、あなたの未来が少しでも汚れのないものになるよう、いろいろな武器をとって前に進むあなたを応援しています。

わたしには、未来が無いけれど、それでもあなたはわたしと会ってくれますか？　11通目で「好きは嫌いです」なんて、書いてしまって、あなたを傷つけたかもしれないけれど、あなたの10通目の手紙、わたしがあきらさんにとっての命の恩人だって、ほんと？

あの手紙で、笑顔がかわいいって言ってくれて、嬉しかったよ。未来に向かうあなたと、過去を向き続けるわたしは、現在でしか出会えないのかもしれないけれど、それでも本当にいい？　メールでも書いたけど、わたしはまた、名前も変えて、別の人間になってしまうかもしれないけれど、そんな無責任なわたしと、言葉を交わすことに意味を感じられる？

わたしは、ひとに愛される資格がないと思う。でも、今日あなたが横にいないのはなんでだろう、と思いながら、手紙を書いています。自分でも、よく分からなくなってきました。

ごめんなさい。おやすみ。

あかり

あきらから(13)――時間をねじまげる

あかりさん、こんばんは。すっかり夏の気分です。日差しのない冬季は1日12時間くらい寝たいのですが、夏に近づくと自然と睡眠時間が短くなってしまいます。今日は3時間も眠っていないのになぜこんなにエネルギーを持て余しているのだろうと疑問を抱きながら、ジムへ行きました。鏡に映る自分の体が好きです。愛おしい、という情が近い。血の通っている肉体が自分に付与されていることを、誇りに思う。血管も、筋肉も、毛も、弾力も、においも、自分のものとして受け入れられるようになりました。

数年前にジム通いを開始したときは、「男になる」と決めた直後でした。もう自分の醜い姿なんて見たくなかったから、ジムにある鏡が苦手でした。ランニングマシンで走りながら、黙って涙を流していました。この世の全てが憎かった。周囲で自重トレーニングをしている、マッチョな男性たち(当時は男性のほぼ全てがマッチョに見えていました)の横で、自分がみすぼらしくてたまらなかったです。自分の肉体なんて消えてなくなればいいのに、とずっと思っていました。それほどの苦しみが、「ただの性別移行」でどんどん緩和されていったのは、意味不明なほどに摩訶不思議な出来事でした。

あかりさん、もし私の経験からいろいろ連鎖する思い出があるのなら、ぜひ語ってくださいね。私はあなたのおしゃべりを聞いていたいから。

あかりさんが坊主で「不良っぽい男の子」をやっていた頃、でもその魂を透かしてみたら、女性のお坊さんが見えたんだろうな。あるいはもっと、性別が溶けきって感じられなくなっていたかもしれない。こういってよければ、とても面白いことだね。私はかつて思いっきり「女の子」でありながら事情があって坊主頭になったことがあるけれど、そのとき「女の子なのにかわいそうに」と憐れまれて、ヘンな気分でしたよ。私自身ではなく、「女の子」が坊主なのが可哀想だというのです。「髪は女の命」だなんて誰が言い出したんでしょう。

私はね、街で見かける男子中学生や高校生が羨ましくてたまらない時期がありました。もう憎いほどに羨ましかったです。何もかもが。低くなりゆく声も、スカートではない制服も、男友達との帰宅も、帰ればお腹いっぱいご飯が用意されているのかもしれないことも、なんで私にはなくて、彼らにはあるのだろうって。でも、そんな「男の子」たちの中にも、「男の子」ではない子が交じっているのだろうな、という事実を忘れたことはありません。簡単に「女」とか「男」とか言えてしまうとき、でもその範囲はつねに曖昧なものですから。真実だとは限らない。「不良っぽい男の子」が本当にそうであるかなどわかりはしません。

あなたがとても丁寧に私の状況を読み取ってくださるのは嬉しいことです。こんなふうに誰かに理解を示されたことは、生まれて初めてですから。祖母が私のことをゲイかと思って慌てたプロセス、まさか「女性である孫には性欲がないはずだ」という前提は思ってもみなかったです。祖母も女性であるはずなのに。時代に洗脳されていたのでしょうか。

ただし私はあなたのそんな緻密さに甘えて、どうやら少し違うようだ、という違和感が芽生えてくるところもあります。というのも、私はなまあたたかく未来を歓迎できるわけじゃなく、もうそうするほかないから過去に蓋をしているだけなのでした。そのことを、思い出しました。それは今の平凡な生活を脅かすようなことだったので、ひっくり返ってほしくないのです。いや、ひっくり返してはいけないのです。

私はどうやら「男性」をやっていたいわけではありません。ほかに仕様がないのです。ある面だけ見れば、あかりさんに似ている。このことは話せば長くなるので、手短に。パンドラの箱をひっくり返すのはまだ持ち越させてください。

でも、私は望んだわけでなくとも、ちゃんと「男性」でなければならないのです。私の世界を保つためには、それが可能な選択肢のなかでの最適解だからです。「男性であること」が失敗してしまったら、私は私でいられなくなってしまうという、底知れぬ恐怖があります。私はずっとその恐怖に蓋をしているのです。最近ようやくそのことを思い出して、また慌てて記憶に蓋をしました。私のなかで時間はまっすぐ歩めるものではなく、捻じ曲がって立ち現れるものでした。だがそんな記憶の固執は、私には痛い。あまりにも耐えがたく。

そうだ、世界はあんなにも紆余曲折していたじゃないか。なぜ私はこの頃ずっと逃避できていたのでしょう。運としか言いようがない。だがしかし、最初から本当に運を持っている人ならば、シスジェンダーとして人生を歩んでいたはずなのです。

なぜ私が「男性」を引き受けようとするのか。

笑ってください。こんなに意味づけしておきながら、でも、「男性」として規格化され名指されることは、学生時代に出席番号で呼ばれていたのと同じような感覚なのです。無機質で、それ自体とくになにも感じません。

とある1年間たまたまその出席番号になって、「〇番さん」と呼ばれるのと同じことです。だからといって、ことあるごとに「〇番さん」とばかり呼ばれるのも鬱陶しいな、とは思いますよ。しかるべきタイミングで、適当な回数だけ「〇番さん」呼ばわりされるのは、別に嬉しくもなければ嫌でもないから好きにしてください、といった具合です。

なるほど、これが「性同一性がなく、男性をやれている」状態でしょうか。私には、「性同一性があって、なおかつ一致している」喜びはよくわからないのかもしれません。

出席番号をどうでもいいと思っているにもかかわらず、ではなぜ「女性」を割り当てられてうまくいかなかったのかというと、あくまでイメージですが、異なる学年に間違って配属されてしまったとか、外国人学校に間違って入れられてしまったとか、そんなふうな違和感といえるかもしれません。だからそのなかで出席番号を割り振られてそのクラスでうまくやっていくように言われても、なんだか居心地が悪いわけです。はじめから手配し直す必要を感じることでしょう。

ジャニーズの話が出たところで、少し言い訳をさせてください。小学生の頃からジャニーズ好きだった私は、彼らがアイドルとして「キザな」台詞を言わされているのを、ふつうに摂取していたんですよね。日常ではそんな決め台詞言わないよって言葉たちも、彼らは仕事ですし、言うのです。だからか、それを当たり前にもう何十年も目の当たりにしてきた私自身も、「キザな」台詞をさらっと吐いてしまうときがあるようです。私は馬鹿ですから、我われが現在しか言葉を交わせないのだとしたら、なおさら、今あなたに会いに行かなきゃならないと考えます。というより、「会う」という動詞が不要であってくれたら、と願います。あなたが去るとき、私はそれを止めることはできないでしょう。あなたを信じているから。

ときどき、あなたはかつての私なのではないか、と思うことがあります。気のせいではないのかもしれません。記憶の固執は、でも、私には痛かった。あなたもずっと、痛いのかな。

あかりさんには安らかに眠ってほしいよ。おやすみ。

そして言うよ、おはようって。

あきら

あかりより(14)――時間をふやかす

あきらさん、おはよう。ほんとは今は夜だけど、あなたが朝に読むかなと思って、おはようって言ってみました。

未来に無責任で、後ろばかり向いているわたしに、それでも会いに来てくれるなら、手紙を書いてくれるなら、おはようと言ってくれるなら、わたしもあなたを全力で信じます。

私たちが交わるときが、今しかないのなら、今あいましょう。今はなしましょう。いま書きましょう。いま触れましょう。もう1回言うね。おはよう。

わたしも、今日の夜はジムに行ってきました。わたしがジムに通い始めたのは、社会的にはすっかり女性側に移行した後でした。わたしの場合は、あなた(たち)とは違って、ジムで運動したり、身体を鍛えたりということが、性別移行/維持に必要なわけではないから、純粋に健康と趣味のために通っているのですが、それでも、性別を移行する前の時点で、ジムで自分の身体と向き合わなければならないというのは辛いだろうというのは想像がつきます。でも、今ではあきらさんは自分の身体にうっとりしているみたいで、良かった。

実はわたしもね、うっとりしているのです。自分の身体に。ジムの鏡に映るわたしの身体は、どこからどうみても、女性の身体にしか見えないし、いや、もうそれがどんな性別だと言われようと、わたしはこの身体であるはずだったのだ、いったいこれまでどこへ行っていたの？という気持ちになります。そして、やっと、わたしの身体がわたしのものになって、内側から感じられるのです。わたしの身体として。

以前は、薄着になるのは嫌でした。身体の輪郭が浮き出るのが、とにかく嫌でした。でも今は、下はタイツで、へそ出しシャツで運動しています。下着はアンダーアーマー。ほんとに、これは本当に、たぶんあきらさんと限りなく近い感覚だと思うのですが、自分の身体に「うっとり」しています。

以前は筋トレなんてしたくなかったです。だって、そんなことしたら、もともと筋肉質だとされる「男性身体」の持ち主なのだからパス度が下がってしまうではないかとか、そんなことを考えていました。実に愚かですね。

完全に女性の側で生きるようになって分かったのは、いまわたしが胸やお腹の筋肉を鍛えても、それは単に「鍛えた女性の身体」になるにすぎないということです。ちょっと筋トレをした程度で、女性の身体から男性の身体になったり、するはずがありません。

３通目のお手紙で書いたことですが、わたしにとって「身体の性別」というのは、社会の中でどちら側の性別の「穴」を通過している人なのか、という点から逆算して初めて特定されるものです（この点は、あきらさんとは少し考え方や感覚が違うかもしれません）。ですので、わたしにとってみれば、社会で男性として生きている人の身体が「男性の身体」で、女性として生きている人の身体が「女性の身体」です。身体そのものには性別なんてありません。（最後の一文だけはあきらさんと合意できるかもしれない。）

外側を見る限り、エストロゲンで変わったのは輪郭が少し変わった程度です。しかし、身体の性別はすっかり変わりました。社会的に男性から女性に移行してしまったからです。だから、いまはっきりと、女性の身体として周囲から見なされるのを感じますし、スポーツジムも問題なく女性として利用を認めてくれています。そんなわたしが筋トレをしたところで、「男性の身体」になったりしません。当たり前ですね。鍛えられた女性の身体になるだけです。

そして、最近気づいたのです、わたしは、腹筋がくっきりしていて、くびれた、そんな女性の身体に憧れていることに！　そういう身体になりたかったのだと、ジムで鍛えていくなかで分かってきました。スポーツジムと身体の話をしていたら止まらなくなってしまいました。でも、まだまだしゃべりたいことがあるのでまたの機会にお話ししますね。

あきらさんが坊主だったときのエピソード、嫌な話ですね。勝手に他人から頭皮に意味づけを与えられるなんて。ちなみに、坊主頭だったわたしの魂を透視するという話で思い出しました。当時のプリクラ機のこと。わたしの地元では、友だちと遊びに行くとプリクラを撮る慣習があったのですが、わたしの顔をプリクラ機はいつもかわいい女の子に加工してきました。女の子と撮ることも、男の子と撮ることも、何人かで撮ることももちろんありましたが、瞳がぱっちり大きくなったり、色白になったり、プリクラ機が勝手に「美加工」した結果のわたしは、世にも奇妙なかわいい女の子でした。周りの男の子は、単に色白の男の子になるだけなのに、わたしだけ性別移行していました。

当時から友人たちに言われていましたよ。「美人すぎじゃない？」って。こう言うと語弊があるかもしれないのですが、「オネエ」っぽいのではなく、たんに綺麗な女の人みたいに写っていました。性別って、ほんと不思議。見抜かれていたのかもしれませんね、機械に。

さて、あなたのパンドラの箱、どこにあるのかちょっとずつ分かってきました。どうか、わたしが踏み込むべきでないところまで言葉の手を伸ばしそうになっていたら、振り払ってください。ねじ曲がった時間を、無理に引き延ばす必要なんてない。屈折してねじ曲がった過去なんて、無視して生きたってかまわない。平凡で、幸せな時間があなたにあるなら、それでいい。

男性としての未来をのほほんと、すんなりと希望しているわけではない、あなたの未来も、より理解できるようになってきました。出席番号と外国人学校の比喩、とても分かりやすかったです。わたしはといえば、「なぜここでは番号なんかで呼ばれるんだ⁉ やめてくれ、わたしは数字じゃない……‼」というのを延々とやっています。子どもですね。

どんどん、②性同一性はないが⑥男性をやれているあきらさんと、②③「無」という性同一性をもってしまっているらしいわたしのあいだの違いが見えてきました。そうか、あなたにとって、男性であることは、「そうであったはずのもの」なのですね。ただ、あなたとこうして手紙を交わすなかで、初めてでしょうか、あきらさんの言葉から恐怖を感じ取りました。辛い気持ちの蓋を開けさせてしまったのなら、ごめんなさい。

さっきも書いたけれど、あなたのパンドラの箱をひっくり返すのはわたしの本意では決してないから、あなたの生活と、タイミングをいつも優先してほしいと思います。ねじ曲がってカチコチになってしまった、私たちそれぞれの人生の時間、ときどき水をかけて、ふやかして、ねじれを解ければそれでよし、ふやかして引っ張ることで千切れそうになったら、また放ったらかして前のように乾くのを待ちましょう。

乾いたまま無理に引き延ばしたら砕けてしまうし、ふやけたものも慎重に扱う必要があります。記憶の蓋を開けて、言葉を与えていく作業は、こんなふうに、乾ききって何が書かれているのか分からない、ねじれたパピルスに水をあたえて時間をふやかすような作業だとわたしは感じています。わたしは、あなたと言葉を交わすなかで、自分の人生のパピルスを少しずつ解読している感覚があります。でも、お互いくれぐれも、無理はしないようにしましょう。

あなたと話したいこと、まだまだたくさんあります。身体のことも、生活のことも、セクシュアリティのことも、ジムでのことも、シスジェンダーたちの不思議な風習のことも、いっぱいあります。もう、何から書いていったらいいのか分からなくて、爆発しそうです。

やっぱり、わたし楽しいな。あなたと話している時間、たのしいな。でも、こうしてちょっと小難しい話をするのとは違った時間も、今度会うときには過ごせたらいいな、と思いつつあります。今日はね、あなたと公園で手を繋いで歩いている夢を見ました。どう？　ちょっとロマンティックじゃない？　ごめんね、でもこれは本当なの。目は覚めた？　おはよう。

あかり

あきらから（14）――なりゆきの生命

あかりさん、こんばんは。うちの妹は、最近犬を飼いはじめました。ちっこくて白い子犬です。妹が甘やかすので、かなりのヤンチャ坊主に育っています。前回会ったときはぽちゃぽちゃとまあるい体で、いたずらっ子の笑みを浮かべて家中を走り回っていました。ほんとうに顔がまんまるでふわふわしていたのです。おとなしくしていれば、おもちゃ屋のぬいぐるみコーナーにいたってバレないでしょう。しかし2か月経ったら、彼（オスです）は、しゅっとした顔立ちに変貌していました。引き締まった、というよりは、急激な成長期で肉づきが追いつかずに痩せこけた、みたいに見えます。人間の男子の思春期も、そんなじゃないのかな。怒涛の勢いで思春期はやってきて、食べても食べても、体が縦に伸びるためにエネルギーが使われているから、横にぽちゃぽちゃ膨らんでいくわけではないようです。たったの2か月で、相変わらず子犬といってもいい歳月と小さな体をもつ彼が、いったいどれほど変わったのか。今度会ったら写真を見せてあげる。

ああ、そろそろ語らなきゃならない。パンドラの箱。

ひっくり返したのは、あなたではない。だから、気にしないでね。少しばかり揺さぶられた気はするけれど、それはあなたの、「性／性別」に向き合い続ける（そうしなければならない）誠実さを目の当たりにしたからで。私はこの頃、ほんの少しだけ中を見てしまったのです。開けるべきではなかったのに。そして、正気を失いそうになる。

でも、これは書いておいた方がいい気がします。そうしないと、私が「性／性別」を語っているのがとても不誠実なことに思えます。自意識過剰かもしれなくとも、あなたを欺いているような感覚さえ伴います。それに第一、今までそうであったようにこれからもひとりで抱えていくのは、重たいことだからです。だからぶち撒けて、そうしてそれから、むしろ私の前から逃してやれたら良いのだろうという心持ちです。

これまでのお手紙で確認したように、私はジェンダーアイデンティティがよくわかっていません。トランスジェンダー失格ですね。それが何なのかわからないのです。ただし、その感覚と非常に馴染みのある人たちはおそらく大勢いて、だから不可侵の、尊重すべき概念であることは頭で理解しています。それらの人々に反旗を翻そうだとか、傷つけたいだとか、ちっとも思いませんもの。私には関係ないらしいけれども、大事なことなんだなと。ただそうやって傍観しています。

そしてあかりさんが前々から気づいているように、私は「セックスはジェンダーである」ということの意味もよくわかっていないみたいです。フェミニスト失格ですね。頭では理解しています。そりゃあ、こう言われればそうなるな、と納得しています。つまり、「社会で男性として生きている人の身体が『男性の身体』で、女性として生きている人の身体が『女性の身体』です。身体そのものには性別なんてありません。」そういうことなんでしょう？　いわゆる生物学的な性別とやらが、絶対視されるのはおかしいわけです。そんな基準はないから。とりたてて異議を申し立てようとも思いません。私が性別を捉えるときの感覚とはちがうらしいな、というだけです。

以前お会いしたときに、お話ししたと思います。トランスジェンダーの例えでよくある、無人島の例について。

もしも自分一人きりで無人島にいても、あなたは望みの性別へ身体を変えたいと思いますか？　もし身体を変えたいと思うならトランスセクシュアル（ＧＩＤ）で、そうではなくて社会的な扱いが変われば済むという話なら（狭義の）トランスジェンダーです……というような。

正直私は、この話に興味がありません。どちらの選択肢も、私にとって重要ではないからです。強いて言うなら、社会的に男性扱いされたいとは思っていなくて身体だけ変えたかったので、案外前者の「ＧＩＤ中核群」に寄っている部分はあるのかもしれません。でも別にそれが、「男性」の身体であるかは問題にはなりません。「自分は男性である」という持続的な意識も、もったことがありません。ジェンダーアイデンティティは空想上の産物に思えます。

私にとってみれば、こうです。無人島にいて、私の魂がふわふわ宙に漂っていて、砂地に「男性型フォルム」と「女性型フォルム」が並んでいたとしましょう。あなたはどちらのフォルムに、魂が惹きつけられていきますか。そう問われれば、私はしゅっと男性型フォルムに宿っただろうな、とわかります。

実のところ「男性型」「女性型」という名称にもこだわりはなくて、ＡタイプとＢタイプといった二択でもよいでしょう。変わらず、「男性型フォルム」、つまり、ひとが通常男性の身体として認識する特徴を備えた造形に、私は向かっていったでしょうから。それが「男性」であるかどうかは、たぶんちっとも重要じゃないのです。それが「男性の」身体であるとか、そこに「男性の」ジェンダーアイデンティティがあるかとか、社会生活で「男性の」扱われ方をするか否かは、別にどうでもいいことなのです。私にとっては。そうです、「身体そのものには性別なんてありません」。

どうでもいいことなのです、とはしかしながら言ってはいけないみたいですよね。タブーだから。どん詰まりでした。困りました。私はトランスジェンダーの説明に当てはまりません。これまで大事にされてきたであろうトランスジェンダーの伝統的な説明を捨てておきながら、でも、性別移行が必要でした。与えられた性別を変えなければ、もうそれ以上生きていけなかったのです。そのことは確固たる事実です。

でも、もし「性／性別」の話題から逸れていいのであれば、私はもっと順序立てて見通しをつけられただろうと思っています。すぐそんなふうに理論立てて実践できなかったことに対する後悔も、今はあります。「性／性別」の説明だけを求められるから、それ以外の重要な闘いが見過ごされてしまうのでした。

聞いてみたい。

あかりさんは、自身の生きづらさや周囲との違いが、「性別」に起因するものだと、そう自覚していましたか。それとも、他に要因があって、でもとりあえずは「性別」を整えていったことで他も乗り越えられるようになったのだと捉えていますか。

もちろん、家庭環境や貧困やいじめが、あなたを生きづらくしていたのは間違いないのでしょう。私には想像の及ばない経験も、たくさんしてきたはずです。だから人生にいくつか立ちはだかる重要課題が何であったかをすらすら並べ立てるのは、そんなあなたの歴史を簡素化するようで、フェアじゃないなとわかっています。聞いてみたいのは、「性別」がこれほどまでにも大きく人生を左右する要素だと、あなたは自覚できていたのか、という疑問です。これは「トランスジェンダー」にとっては愚問でしかないのかもしれませんが。（ああ小難しい話を結局、してしまう！）

私はといえば、自身の生きづらさや周囲との違いが「性別」という単なる一要素によってもたらされているとは、気づいていませんでした。性別移行を経たら「生きやすくなってしまった」というのは、結果論にすぎません。それは引きかえせない博打でした。それにたまたま勝ててしまいました。そんなことよりも、「性別」の代わりに、もっとずっと重たい自問自答を突きつけられてきました。

＊＊＊

いってしまえば、「性／性別」の問いは、私にとって第三の課題でした。第一、第二の課題は他所にありました。

第一の問い、人生は生きるに値するか。それが自分にとって唯一の哲学でした。

第二の問い、自分は人間ではなく他の種族なのではないか。なぜ人間に生まれ、人間として生きさせられてしまっているのか。

第三の問い、自分は女性ではなく他の性別で生きるべきなのではないか。つまり現状では（女性以外の性別といったら男性であることしか浮かばなかったため）、女性ではなく男性としての生を引き受けるべきなのではないか。

ずっと考えてきました。小学生の頃自転車をこいで習いごとに向かいながらも、「なぜじぶんは生きているのか」「本当に人間であることがあるべき姿なのだろうか」と問い続けていました。そのときはあまり性別のことを問う必要がありませんでした。第一と第二の問いがあまりにも大きかったので、性別がとるに足らない苦悩に収まっていたのです。でも、少しでも人間生活をしたことのあるひとならわかるように、第一の問いと第二の問いには、答えがないのです。いいや、解決策がないというべきでしょうか。

第一の問い。生きるに値するか。

「生きるに値しない」と結論づけたなら、自殺は解決策になりうるでしょう。でも私は、死ぬことができませんでした。足がすくんで、その勇気が持てませんでした。死ぬこともできない自分がますます惨めになりました。

話を脱線します。今このお手紙を、異国料理のバーのカウンターで書いています。日本ではマイナーな国のお店なので、詳細は書き記さないでおきますが、美味しい料理をいただきました。目の前には、ひとりの女性の写真が置いてあります。私と同じくらいの年代に見えるけれど、でも年齢不詳です。ママさんに言われました。前に会ったことあるでしょう？　ピンクの髪のコ。死んだよ。

ああ。前回バーに来たときは、タバコを吸いたい気分だったのにライターを忘れてしまって、たまたま近くに座っていた人に声をかけたのでした。ライターを貸してもらいました。ピンクの髪の女性でした。

振り返ってみれば、自分は「命を終わらせたい」わけではないのかもしれない、という考えも浮かんでいました。この人生はたしかに不要だけれども、でも存在すること自体を忌避しているわけではないのかもしれない。だとしたら、自殺は妥協案であり、自分の本質的な問いをはぐらかしているだけになるのかもしれない。自分はかたちを変えてでも、存在は保っていたかったのかもしれません。たとえ魂だけでも、たとえ分子だけになってでも。では、どうしたらいいのか。

第二の問い。自分は人間ではない。そうなのではなかろうか。

もしも当時、「性同一性障害」より先に、「種同一性障害」といった概念が流通していて、それに対する医療も発展していたとしたら、自身の「性別が女性であること」なんかより、「種族が人間であること」が不適切だと認識していたことでしょう。だから現状のように「人間の男性である（／になる）こと」よりも、「人間ではなく他の生きものである（／になる）こと」の方に解決策を見出していたはずです。

しかしながら、自身が受けもっている種の誤りを見つけ、証明し、それを訂正するという手段は、せいぜいファンタジーのなかでしか語られていませんでした。「種同一性障害」や「身体完全同一性障害（ＢＩＩＤ）」の研究が十分になされていたならば、そうした概念を頼っていたことでしょう。「性同一性障害」よりもずっと先に。

自分には解決策がない。人間でなかったとしても、それを手放しながら生きていくことは叶わない。なぜ、せいぜいが「人間として自殺すること」くらいしか思いつかないのだろう。真摯に悩んだ結果がそれなのだとしたら、自分にとって満足などありえない。


しかしながら第三の問いが、唐突に吹き荒れてやってきました。あなたは呆れるかもしれません。あんな自分でさえ、どういうわけか、色恋沙汰によって大きな影響を受けてきたのです。「生」や「種」を問い続けているさなかに、「人間の性愛」が自分に直接的な影響を与えてもいました。

そうなのです。「性別移行」という、それまで覆い隠されていた第三の選択肢へのストッパーが外されたのは、ほんの些細な、でももう止めることのできない一瞬のきっかけによって為されました。いわゆる、失恋です。「もう女ではやっていけない」としんからわからされたとき、自分は海外のシーシャ屋にいました。異国の小娘が泣いているように、他者からは見えたことでしょう。まだ冷える夜でした。

後日また、そのシーシャ屋に行きました。そこは愛すべき、行きつけのお店だったのです。苦悩を植えつけられた記憶があるからといって、他にひとりで行き場もありませんでしたから。この来店時には「男になる」という覚悟をもっていました。もはや性別のことしか考えられませんでした。全ての情報処理能力を、性別のために酷使していました。自分はすり減っていたけれど、シーシャの煙をふうふう創り出すくらいなら、どうにかできました。

ひとりで席に座り、フレーバーを注文して待ちほうけていると、店員さんがなにやらサービスだというショットカクテルを手渡してきました。オレンジ系の、甘めのカクテル。それがそのひょろりと背の高い白人男性の、気遣いでした。前回自分が誰ひとりとして周囲の人間を視界に入れられなくなっていたとしても、世界は通常通り回っていたのです。おそらく店員は自分の兆しを察知していたのでしょう。オレンジだなんて普段選ばないし飲み慣れない、と考えるひまもなく、自分は一気に飲み干しました。

あれから、いつもそうです。

涙も汗もこまやかな疑問も苛立ちも、全て飲み干してしまいます。物事を気にしていられなくなりました。諦念が、私を成り立たせています。あの頃に比べたらなにもかもマシで、いや比較せずとも、たしかに幸福だと思えます。全部、打ち消してやる。

＊＊＊

それから数年の間に、私は女性から男性になりました。そうしてもうずっと、忘れていられたのです。あれほどの呪縛として働いていた、第一と第二の問いを。

第一の問い、私の人生は生きるに値するだろうか。

第二の問い、私は人間ではないのではないか。

そうした問いを、私はしばらくきれいに忘れていました。意識せずに済みました。古びた箱に押し込めて、放置することができていました。

でも今さら、思い出したのです。その箱は、どこかにたしかにあるのだと。初めからなかったかのように消え失せたわけじゃなく、今もどこかにあるにちがいない。私は箱を開けてしまうかもしれない。呑み込まれてしまうかもしれない。そうだ、世界はあんなにも紆余曲折していたじゃないか！

今ある私は、運がよかっただけ。第三の「性別」の問いに曲がりなりにも応答できたおかげで、どうにかのうのうと生き延びてこられたのですから。そして「男性になる」という実現可能な手段が思いのほかうまくいってしまったから、それ以前にそびえ立っていた第一と第二の問いに蓋をできていただけ。私の性別移行は、妥協案であり、逃げだといえるかもしれません。そうなのでしょう。だって、その通りですから。

でも表向きは、私はうまくやっていけているのです。自分史を述べてみれば、「ＦｔＭあるある」なエピソードもあります。虚偽ではなく、本当に。両親に治療するとカミングアウトしたときも、別に驚かれませんでした。それどころか、「いつになったら言ってくれるのかと思った」と、理解のある親みたいなことを告げられました。それくらい私は、人間であり、「トランスジェンダー」だったらしいのです。

だから単に性別移行をしただけで、こんなにも生きやすくなれてしまった。他の問題に蓋をすることができていた。おかしいじゃないか。ただのまぐれだ。私が「男」であるなんて。たったのそれごときで、なぜ第一と第二の問いを忘却の彼方へ置き去ることができたのだ。

何かが、おかしい。

でも、結果としてあまりにうまくいっているときは、そのおかしさに気づかずにいられるものです。

私はひとつの仮説を立てました。「もしも私が初めから男性だったら、第一の問いと第二の問いを抱かずに済んだのではないか」。自身の生を試すことも、自身が人間であることに疑いをもつこともなく、ただの人間の男性として、生きてこられたのではないか。だって今、散々寄り道をしたけれども、私はそのように生活できてしまっているのだから。そして、あれこれ思案する隙もなく、幸せなのだから。なにかおかしいでしょうか？　私が初めから男性だったとしたら、全ての疑問がまるく収まっていたのではないか。そもそも、疑問が生じることはなかったのではないか。そう自覚できてしまうことは、おかしいのでしょうか。

【第二の世界：現在地】では、つぎはぎだらけの人生を歩んでいます。

けれども【第一の世界：The Man】として初めからやっていけたなら、よどみなく流れる曲線美の男性の肉体に私は宿っていて、疑いなく「男性」をやれていたのではないか。直感的に、そう思えるのです。

だからこそ、私は「男性」でなければならないのです。私が「男性」であることが失敗だったとしたら、また第一と第二の問いに直面しなければならないでしょう。私は死ぬかもしれないし、私は人間ではないと悩み続け、一生真っ暗な箱から出てこられなくなります。

私が今後も「男性」であるためには、「男性」というものを、私が拒否せずに過ごせる世界でなければなりません。

言ったでしょう？　私は、男性に対して多分だいぶ、厳しいのです。あなたたち男性がしっかりしてくれなければ、私は第三の問いで強引に解消してようやく手に入れたはずのこの安定を、手放さなくてはならない。それは死ぬほど辛いことだ。やめてくれ。「男性」の世界を今よりよい状態で保ち続けることで、私は私の「存在証明」を成り立たせることができる。私が何食わぬ顔で「男性」の形態を維持できるこの平凡な幸せを、奪わないでくれ。

だからこれからも。私は男性をやっていくんじゃないかな。わからないけれど。ほかに仕様がないのです。「男性」として自身を成り立たせてからのこまやかな苦悩については、またいつかお話ししましょう。罪の意識と責任、についても。

ねえ、あかりさん。すてきな夢。私もみたことあるよ。

あなたと会わない1週間のあいだに、夢では4度会いました。でも私からあなたに触れることは一度もなかった。きっとそうだよね。私は臆病なんです。男性に近づいてきてからは、よりいっそう臆病になりました。この往復書簡も、あなたが始めようと言わなければ叶わなかった。見つけてくれてありがとう。

あきら

第8章　復讐する

あかりより（15）――リアル・ワールド

あきらさん、こんばんは。

あなたの妹が飼っている犬の写真、今度ぜひ見せてください。

思春期の男の子たちの身体は、たしかにあなたが言うようなものかもしれません。みんな、大きくなった身体を持て余しているようにわたしには見えました。ただ、これは以前にも書いたことですが、わたしの目には男の子たちの身体は物理的に大きくなっただけでなく、大きく見せなければならないのに中身が空虚なままという、そうしたかなしさを湛えていました。

誰かに守られることも、抱きしめられることもない、ひとりの「立派な人間」（a man）にならなければならない、11歳～15歳くらいの男の子たち。大きな身体を得ることで身を守らなければならない、男の子たちの辛さについて、わたしに語る資格があるのかは分かりません。わたしの見聞きした範囲にも制約はあるでしょう。ただ、彼らがあんなに強くなくても生きてよい世界であってほしかったと、思うのです。

さて、今日は会社の女子会で、近所のイタリアンに行ってきました。コロナが落ち着いているのをいいことに、みんな停止していた食事会を再開させようと盛り上がっています。わたしは、基本的に人から誘われて行くだけなのですが、お世話になっている上司の誘いが断れなかったので、行ってきました。女子会と言っても、わたしがほぼ最年少で、わたしよりもずっと年上の女性社員も何人もいました。「女性会」ですね。実に退屈でした。

子どもがいる人は、子どもの話。子どもがいない人は、自分がいかにキャリアに身を捧げてきたかを雄弁に語ります。そして、全員で粗暴な男性上司の悪口を言います。その男性は、なんでも最近「奥さん」とうまくいってないそうです。そんな情報、どこから仕入れてくるのでしょうか。でも、みんななんだか楽しそうです。会社の女性幹部の話にもなりました。あなたは知っていると思いますが、わたしはそれなりに大きな会社に勤めています。スーツのおじさんたちが「女性幹部の比率を上げる」と、中身のない数値目標を設定して、急ごしらえの部署を新設して、そこのトップに50代前半の女性社員を無理やり据えているような会社です。そうした部局長をやらされそうになっている、かなり上の先輩社員に言われました。

「あかりさんも、いつかわたしみたいになるから」。

こんなにどうでもいいことってあるでしょうか。全員が、わたしの知らないゲームのRPGの世界の話をしているみたいでした。今、大ヒット中の新作ゲーム「現実世界（Real World：リアル・ワールド）」です。わたしはそのゲームの中の人ではないのですが、どうやらわたし以外の人は、みんなそのゲームにはまっていて、というか、正確に言うと、わたし以外の人は、みんなそのゲームの登場キャラクターのようです。わたしにも、そのゲームの世界の中で操作するキャラクターが与えられているので、適当に操作して現実世界を生きていますが、でも、所詮はゲームです。誰かがゲーム機のコンセントを抜いたり、サーバーをダウンさせたりしたら、そこで終わり。それだけの話です。

先輩の女性社員に聞かれました。「あかりさんも、わたしみたいに自立した女になってね」って。「10年後はわたしの後を継いでね」って。わたしは何て応えたと思います？「○○さんは、わたしと同じ年齢のとき、10年後に自分が生きているって思ってました？　わたしは自分が数年後に生きている自信がまったくないですし、正直あまり未来に関心がないです」って、応えたんです。相手が困惑しているのを見て、また失敗した、と思いました。しまった、この人は「リアル・ワールド」の住人だったのに、失礼なことを言ってしまった、と。

あきらさんの14通目の手紙を読んで、あなたは本当に人の話を聞かない人だなぁと笑ってしまいました。いや、これはあなたの美徳です。わたしが14通目で「時間をふやかす」と言って、乾いて縮んだ時間のパピルスは、ゆっくり水で湿らせていきましょう、と言っているのに、あなたはパンドラの箱をがっしゃんとひっくり返してしまう。

あ、その前に、あなたが性別を移行するときの身体のフォルムの話をしないといけませんね。とても大切な経験を、言葉にしてくれたと感じます。わたしは聞いたことがありましたが、でも、まぎれもなく、あきらさんからしか聞いたことのないタイプの話ですから。文字として残るのは大事です。わたしは、性別移行をしているくせに、「なりゆきの身体」に満足しているだけですし、そもそもジェンダーアイデンティティが「無」なので、世の中の大半の「トランスジェンダー」の話は、実感をもって理解できません。あなたの話は、さらに輪をかけて、わたしとは違う。あなたも「トランスジェンダー失格」だと語るように、あまり世の中では広く語られている経験ではないでしょう。でも、だからこそ、こうして文字になることは大事です。

「身体を変えたい」。たしかにここだけ聞くと、「GID中核群」というオールドストーリーに近い気もします。でも、たぶん違いますよね。「中核群」というナラティブは、男女バイナリーで、そして強固な「ジェンダーアイデンティティ」を持っている「性同一性障害」の患者のためのナラティブです。そして、そうした患者たちにとっては、ジェンダーアイデンティティを身体に合わせるのではなく、ジェンダーアイデンティティに身体を合わせることが適切な「治療」になる。だから「中核群」は、そうした「ジェンダーアイデンティティ至上主義」的な背景から生まれたナラティブだと思うのです。そういうわけで、ジェンダーアイデンティティがないような、あきらさんのような人は、そうしたオールド「中核群」とは全然ちがうんじゃないかな。（もちろん、あなたも自分がGIDの規範的な描像に合致していることは自分のことを認識していないことは、わたしは理解しています。）

あなたの三つの問い。パンドラの箱の中身。

第一の問い、人生は生きるに値するか。

第二の問い、自分は人間ではなく他の種族なのではないか。

第三の問い、自分は女性ではなく他の性別で生きるべきなのではないか。


あきらさんにとって、性別の問いは第三の問い、三つ目の問いだった。それ以前に、生と種の問題があった。でも、第三の問いに直面しなければならないきっかけがあり、あなたは性別を移行した。そうすると、第一・第二の問いが部分的に切実さを失っていき、あなたは平穏な日常を手に入れた。いや、あなたはそうでなければならない状況になった。あなたが「男性」としてうまく生きられないとしたら、あなたは第一と第二の問いに再び存在全体を覆われてしまう。

それらは答えのない問い、解決しようもない問い。それらの巨大な闇に未来の全てを覆われるのを避けるために、あなたは未来に「男性」を見る。いいえ、見なければならない。わたしは、あなたのことをまだまだ理解できていませんでした。教えてくれてありがとう。あなたのことが、これまで以上に、ずっとずっと、分かった気がします。どうしたらいいのだろう。あなたにとっての第一の問いは、幼い頃からのわたしにとっての問いにも、とてもよく似ています。

この世界は、現実の世界ではないのではないか。ずっと、子どもの頃からそう思っていました。あまりにもいびつで、ゆがんでいて、ひどい設計者がめちゃくちゃに作ったとしか考えられない、この世界を、どこか「つくりもの」のように感じていたのです。だって、出来の悪いデザイナーが「作った」のでなかったとしたら、この世界にはあまりにも救いがなさすぎます。そうじゃないですか？　あまりにもひどい、意味の分からない世界をわたしが受け入れるための方法が、「この世界は誰かが間違えて作ってしまった世界だ」というものでした。

そう、わたしはその現実世界を、テレビの外から見ていて、それはまるで、コンセントを抜いたらチャラになる、そんな世界にすぎないのだと、ずっと感じていました。はっきり覚えています。5歳の夏、雨の日。網戸から雨が入り、ボロボロの畳を濡らします。わたしはカビだらけの天井を見ながら、呼吸ができないほど気持ちが塞がっていて、ぐるぐるとめまいがして、思ったのです。

「これは、つくりものの世界なんだ」と。

あなたの質問に答えるときが来ました。

「あかりさんは、自身の生きづらさや周囲との違いが、『性別』に起因するものだと、そう自覚していましたか。それとも、他に要因があって、でもとりあえずは『性別』を整えていったことで他も乗り越えられるようになったのだと捉えていますか」

この質問に答えようと、いまキーボードを叩きながら、「無理だ」と思いました。

ごめんなさい。今日はまだ無理そうです。

書けそうなことだけ、書きます。ただ、考えずに書いているので、乱文ごめんなさい。

わたしにとって、性別移行はたしかに命を繋ぐ道でした。しかし、性別を移行したからといって、わたしは「生きやすく」はなっていません。わたしはこの世界を憎んでいます。この「リアル・ワールド」を。そして、この世界に自分の未来を見ることができていません。わたしの生きづらさは、たしかに性別に起因するものもありました。でも、それは今から振り返って言えることでしかありません。

わたしには、許されていなかったのです。性別について悩むことが。泣きましたよ。「男にならなければならない」と決めたとき。泣きました。ぼろぼろ泣きました。でも、わたしがそこで泣いたのは、「こんなことで悩んでいるのは自分だけなんだ、みんな逃げずに、これは悩むに値しない問いのはずで、わたしが弱っちいから、性別から逃げていたんだ、嫌でもやっているのに、ズルしようとしていたんだ」と思ったからです。許されていなかったのです、わたしには。性別について悩むことなど。

父や兄の暴力のこと、母の精神疾患のこと、親戚の精神障害のこと、日々迫りくる貧困のこと、悪化し続ける自分の病気・障害のこと、学校の暴力のこと。

18歳で実家を離れました。実家と地元から離れました。大学を出て、仕事に就きました。お金が手に入りました。わたしは生まれたときからの病気に関連して、ちゃんと手術を受けたり、新しい治療を始めたりできるようになりました。病気と治療はとても辛かったですが、自分の保険証があって、自分で好きなときに病院に行けるようになりました。信じられないかもしれませんが、わたしはずっと病院に行くことを禁止されていました。見かねた学校の先生が学校から病院に搬送して、応急処置を受けて、家に帰されて、「また数日後来なさい」と言われても、病院に行けませんでした。次の来院時には手術の相談を、と言われて返されて、それっきりすっぽかしていたこともあります。

そんな状態が、実家を離れたことで終わりました。わたしはやっと、自分の保険証で、自分のために通院して、処置を受けて、病気と共に生きていく道すじが見えました。そこでやっと、ようやくわたしは、自分の性別違和と向き合えるようになりました。そして、わたしの結論は、これは一度ジェンダー・クリニックに行かなければ自分として生きるための材料がない、というものでした。いいえ、やっとわたしは、そういう結論にたどり着くことができたのです。やっとです。

ずっと辛かったです、性別が。でも、それが辛いということを言えるための言葉も、環境も、お金も、心の余裕も、健康な身体も、わたしにはずっとありませんでした。それを悩んでいいと思えるような場所にたどり着くのに、長い時間がかかりました。

でも、性別移行を本格的に考えていた頃には、もうとっくに手遅れだったのです。わたしは、もうとっくに、この「現実世界（リアル・ワールド）」への期待を失ってしまっていたのです。今でもそうです。わたしは、この「リアル・ワールド」に復讐したいのです。恨んでいるのです。

性別移行はわたしに必要なことでした。たしかにそうでした。でもわたしは、心のなかで少し別のことも考えているのです。書くのが、とてもためらわれます。

ねぇ、あきらさん。

わたしにとって、性別移行は世界への復讐でもあるんですよ。

わたしに「男性」なんていう性別を押しつけて、無理やりやらせた、世界に対する、復讐なんです。でも誤解しないでください。わたしは、性別二元論とシスジェンダー中心主義に抵抗しているわけではないのです。残念ながら、そんな狭い範囲の規範に対する不満では、ないのです。これは、都会の金持ちのために犠牲になっている、地方の公営団地の、暴力と貧困をそこら中にはびこらせた状況を放置している、世界全体への復讐なんです。性別以外のことも含めて、この意味の分からない世界全体への復讐という意味を、わたしは性別移行に見出しているのです。ざまぁ見ろ、と思っているわたしがいるのです。

男性をやれ、と命令した人間（わたし）が、反対側の性別で何食わぬ顔をして生きているという事実を思うだけで、胸がすこしすっきりするんです。お前の思った通りにはならない、という気持ちになります。「抵抗」とか、そういうかっこいいものではありません。「かく乱」とか、そういう楽しげでクィアなものでもありません。

これは間違いなく、「復讐」という、汚《きたな》らしい、けがれた気持ちなのです。

申し訳ないと思います。わたし以外のトランスジェンダーの人たちは、ただ性別を移行して普通に生きている・生きていきたいだけだと思います。みんな悪い人たちじゃありません。わたしみたいに、性別移行という行為のなかに世界への「復讐」の感情を見出している人など、おそらく誰もいないでしょう。だから、わたし以外のトランスの人とは、わたしはまったく違っています。

でも、わたしにとっての性別移行には、そういう意味もあるのです。どうしてもわたしの中から拭い去ることのできない、復讐の感情があるのです。ほんのちょっとだけ、復讐心が満たされる気がするのです。自分がすっかり性別を移行してしまった、という事実を心に思い描くと、ちょっとだけ、満たされるのです。

あなたの手紙の中身をもっと語りたかったのに、わたしの話ばかりしてしまって、本当にごめんなさい。ただ、あなたからいただいた質問に応えることは、すぐにはできませんでした。だから、珍しく何も考えずにキーボードを思うままに叩いてしまいました。そして、わたしはまたもやあなたを失望させたかもしれません。でも、わたしはそういう人間なのです。もう、いろいろと手遅れなのです。ごめんなさい。

あなたと最後に会ってから、まだ10日も経っていないのですね。もうずいぶんと会ってない気がします。でも、またすぐに会える予定が決まったので、胸が高鳴っています。あなたは臆病だから、わたしから手を握ってあげます。まだ、ちゃんと握ったことないね。

往復書簡、はじめてよかった。あなたから「Zoomで話そう」って、去年言われて、わたしは「直接あおう」って応えた。「会おう」って言ってよかった。でも、その前に、「話そう」ってあなたが言ってくれなかったら、わたしは会いに行かなかった。あきらさんは、臆病なのかもしれない。でも、そんなことないとも思う。あなたは、好きなひとにはとことんアプローチするんだもの。

リアル・ワールドも、悪くないのかもしれない、のかな。おやすみ。

あかり

あきらから(15)——パラレル・ワールド

あかりさん、こんばんは。今私はあなたの家でこの手紙を書き始めました。あなたの仕事が終わるのを待っています。なぜそんなことになったのか、私もよくわかりません。いったい全体どうしてしまったんでしょう。

あなたは「未来がない」と言うけれど、確定された道筋をもたないという意味では、私も似ているのだと思います。あなたとならどうなっても後悔しないから、今ここにいるんでしょう。シンプルな話ですね。お手紙を1日以上お待たせしたのは、今回が初めてですよね。何が何だかわからなくなってしまって、整理するのに時間がかかりました。いや、今も、まとまらずに書いています。何から語ればいいですか?

私の中には複数の世界が浮かんでいます。私が複数の世界に投げ込まれてしまっている、といった方が正確かもしれません。私にはどうしようもないことなのですから。

あかりさんが孤独な男の子たちの話をするとき、私は男性化してからの自分を重ね合わせてしまいます。かなしさ、侘しさ、肌を刺す孤独。誰かに守られたかった。叶わぬ過去。遠方への渇望。

しかしながらその一方で、現実的には11~15歳頃「女の子」をやっていた私は、うまく反応できないことがあります。「立派な人間」（a man）になりかけている男の子たちに、その過程で踏みつけられる「女の子」たち。男の子たちが手を伸ばし、言葉をかけ、あるいはことさらに距離をとるとき、はたしてその対象であった女の子たちはどう受け止めていたでしょうか。

急に男女の話だけに矮小化してしまってごめんなさい。男の子たちの孤独は別にそんなものだけじゃない。わかっていますとも。でも、男女のフィルターを通せばどうしても語りやすくなってしまう、残念ながら。逃れられないのが悔しいよ。それでその両者に板挟みになりながら、想像を巡らせました。

また、別のエピソード。

「女性がこわい」

そんなことを言うと、まさかじぶんが「こわい」と警戒される側の人間だとは思ったことがなかった女性たちは、たいてい驚くでしょう。でも私は、自分が男性のように生活するようになってから、「女性がこわい」という感覚が芽生えました。それはまったく、初めての恐怖心でした。代わりに、男同士だと気楽だな、とそれまで警戒心をもつことが多かった男性たちに対して、なんてことない存在なのだなと思えるようになりました。くだらないことですが。なんで性別なんて。

あなたといるあいだは、ずっと性別の話をしていても、あなたと私のあいだに性別がないみたいに感じられます。つねに、とはいいません。でも圧倒的に多くの時間、性別を無化できるようなのです。あなたとの時間は愛おしい。あなたの身体に触れたときでさえ、そこに性別はありませんでした。ただあなたがいるだけです。すごくきれいです。幼い時から探し求めてきた宝もののように慕います。性別なんかのせいで、あなたが壊れなければいいなと思います。

一応、謝っておくべきでしょうか。私は耐えかねてパンドラの箱をひっくり返しました。そうです、まったく話を聞いていません、ごめんなさい。いつもそう、自分で自分に振り落とされそうになるのです。一人で抱えきれなかった、吐き出せるとしたら今しかないのかもしれなかった。だから。ガシャンっと現状をひっくり返してしまうのだけど、でも後悔しなければいいよね？

そして今や、性別の話だけでは収まらなくなりました。あかりさんの復讐心、一字一句沁み込ませて読みました。ぐつぐつと煮え立っていたそれらを、たったの数日間で到底受けとめられるはずがありませんでした。でも、書いてくれてありがとう。あるいは、そこまで書かせてしまって申し訳ない。いかに上っ面しか見えていなかったのか、ようやくお互いの伏線回収といいますか、これまでの物語のうしろで糸を引くものの存在が感知できた気がするのです。

でも。本来そうであったはずなのです。だってそうでしょう。「性別」の話をするには、ほかの要因が色濃く影響しています。「性別」の苦しみに突き当たる前に、もっと他の問題で押し潰されているのかもしれない。当たり前のことではあるのです。

ジェンダー・クリニックでは自分史が求められます。出版となれば、自己開示するマイノリティ物語が求められます。テレビとなれば、いかに「普通」とはちがう困難があるか語られます。「わたしたち」のためではなく、「そのほか大勢」のために。いかにわかりやすく、同情を誘いやすく、共感されやすく、ある限定的な分野に限って自分のプライベートをあけすけにできるか。そんな事態こそが、おかしかった。

あなたの言葉をもっと聞きたい。無理じゃなくなったら、そっと叩きつけてください。私には到底受け止められない過去であり未来への宣告であったとしても、ただ切実に、あなたの言葉を聞いていたいのです。


さて。自惚れているわけじゃありませんが、あなたが憎しみを募らせている、奇妙な「現実世界（Real World：リアル・ワールド）」に、どういうわけか私はあなたを引きずり込んでいるのかもしれません。まだ、ゲームの電源は切らないで。もう少し観察してみませんか、と。でも私はといえば、「リアル・ワールド」に住まいながらも染まりきらずに、観察者のように世界を見ています。きっと。そもそも私がすっかり「リアル・ワールド」に地に足つけて生活していたら、あなたは私のことなんか見向きもしなかったでしょ？

そして「リアル・ワールド」に隣接する、あり得たかもしれないいくつもの世界（＝パラレル・ワールド）を編み出し、自分でもどこにいるのだか混乱しながら、私はどうにか生きています。

ここは、私が9通目のお手紙でお話しした通りです。【第一の世界：私が生まれながらに男性であった世界】、【第二の世界：トランスの男性としてやっている現在の世界】、【第三の世界：性別のない世界】。少なくともその三つは、今の私をたしかに揺さぶります。掘り起こせば、もはや消え去ったつもりだけれども、「私がずっと女性だった世界」もあり得たかもしれなかったし、「私がとっくに自殺した世界」や、「私が人間以外のなにものかになって生きている世界」もあったはずです。

複数の並行世界を夢想するのは、そもそも「リアル・ワールド」を受け入れる気のないあかりさんには無関係な話かもしれないけれども。というのはきっと、いずれの並行世界も、多少なりとも「リアル・ワールド」との接点はあるからです。

ひとつ、見えてきたのです。あなたと私の違い。

あなたの「リアル・ワールド」への復讐心は、大きな環境そのものへ向かっていくように見えます。すごく憎んでいるけれどもそれは、社会全体に注がれていて、楽観的にいってよいのなら、変革の兆しを携えています。順応してたまるか、という意志があります。自分自身と現実世界の折り合いがつかない分、その不具合の訴えは外側へ広がっているのではありませんか。

でも、私はどうだろう。私が「パラレル・ワールド」でやりくりしているのはあくまで個人的な、極めて内面的な世界であって、あなたのように一見したところ「大きな社会に抵抗を感じ、おかしいと言ってみせる」ような振る舞いにはつながっていません。ただの自己完結です。「リアル・ワールド」に直接的な異議申し立てをせずに生き抜くための、自分だけの「パラレル・ワールド」を内面につくっているだけ、と言えてしまうでしょう？　じっと閉じた世界だから、こうしてあかりさんに話す機会でもなかったならば、私の世界は私が消滅するまで誰にも気づかれず、何の反応もなく、何の成果も生み出さなかったことでしょう。他者との関係は、なかったのです。

ところが、あなたに出会ってからは本当に不思議なことが起きました。あなたは、私が一人では予期しなかった世界線へ、私を引っ張り出してしまう！　私の内面的な複数世界を、操作してしまったのです。まさしくこの往復書簡もそうでしょう。性別のない世界、トランスジェンダーとして生きる世界。

私ひとりだったら忘却して生きていたはずの世界を、あなたは私に差し出してしまいました。これがいつまで続くかわかりません。でも、あなたが私のぐちゃぐちゃな歩みを、さらにぐちゃぐちゃにしたのは間違いないでしょう。

ただ、私は欲張りだから、もうこうなってしまった以上、どの世界で生きるの？と問われれば、「どれも必要な世界だ」と純朴な顔して答えてしまうことでしょう。未来は見えないけれど、後悔しないだけの今を積み重ねていきたい。ちゃんとどれも誠実でありたい。ストレートでなくたって、楽しめるでしょう。

それに。まだしばらくは、あなたと共にいきたい。

あきら

あかりより(16)——無へ

あきらさん、こんばんは。お返事が遅くなってしまいごめんなさい。最近ほんとに仕事が忙しくて、毎日数時間ずつぽつぽつと寝て、ひたすら働いて、という繰り返しでした。ただ、今日は久しぶりに夕方ジムに行くこともできて、手紙を書くための心の余裕もあります。ほんとうは明日の朝一の会議資料を読み込む必要があるのですが、早起きしてどうにかすることにしました。だって、早く手紙を書きたいから。

あなたが珍しく数日の時間を経て15通目の返信を書いてくれるまでのあいだに、いろいろなことがあった気がします。簡単に言えば、私たちは手紙ではなく、直接会いましたね。直接会って、たくさん話して、ときには言語的でないコミュニケーションもありました。いずれにせよ、あまりにも多くの情報がやり取りされてしまったので、あなたも戸惑ってしまったかもしれません。わたしも、少しそうです。

でも、この手紙に書きたいことや、手紙だから書けることも、まだまだたくさんありますから、どうかこれからもお付き合いください。わたしはこの手紙を書いている時間が楽しいし、ジムのトレッドミルであなたからの返信を何度も読みなおして、「次は何を書こうかな」と考えている時間が、幸せなのです。

「女性がこわい」というあきらさんの気持ち、興味深く読みました。わたしは現実のあなたを知っているから、あなたがどんなふうに「こわがって」いるのか、少しは想像がつきます。でもよかったら、もう少し具体的に教えてくれませんか？　その「女性がこわい」感じ。

わたしの方は、あなたからの返信を受け取ったその日に、怖い夢を見ました。広い公衆トイレのようなところで、窓から中年の男性が覗き見をしようとしていて、恐怖でわたしはトイレの扉から飛び出して、助けを求めようとしても声が出ない、という夢でした。

これからすごく退屈なことを言います。ごめんなさい。

男性が怖くなりました。

なぜ怖いか、わたしなりに考えてみたのです。結論は、「対等な存在と見なされていないことが男性から伝わってくるため、何をされるか分からない恐怖がある」というものです。以前の手紙で、わたしが「大きな身体」や「小さくなった身体」などの比喩で語っていたことがありますよね。あれと同じです。わたしの物体としての身体は、オペとホルモンで多少の凹凸の変化があったにすぎません。ですから、「男性身体」と自分の身体のあいだに、特段の力の差があるとは思いません。しかし、そうした物理的な力の差異とは違った水準で、差異が生まれました。そしてその差異が、「男性」への恐怖を抱かせます。

わたしが曲がりなりにも男性を生きていたとき、見知らぬ男性が後ろを歩いていたとしても、危害を加えてはこないだろうという安心感がありました。しかし、女性として生きるようになって、男性たちからなりふり構わず性的な視線を向けられたり、すれ違いざまにぶつかられたり、集団から指を指されて身体の形を品評されたりするようになって、「男性」は「女性」に対して何をするか分かったものではない、という一種の不安が芽生えるようになりました。

いざというときに、筋肉の量を比べたらどうだとか、体重を比べたらどうだとか、そういう問題ではなく、最低限「そんなことはしてこないだろう」という、世界に対する信頼や安心と呼べるものが、ある方面で失われてしまいました。

これは、ある意味でネイティブの女性たちが当然のように知っている世界なのでしょうから、「何を今さら」と、わたしは馬鹿にされるでしょう。ただ、曲がりなりにも男性の側からやってきたわたしから言えることがあるとすれば、そうして「女性」的な人々が感じさせられている不安や恐怖は、決して「男性」たちの物理的な「身体」そのものに全ての原因があるわけではないということです。

女性たちが「男性（の）身体」が怖い、と言うとき、だいたい言いたいことは分かります。でも、わたしの経験から言えるのは、怖いのは身体そのものではないということです。怖いのは、その身体が「男性の」身体だからです。

ここでもわたしは、身体はすでにジェンダー化されているという、おなじみの主張に回帰しているようです。でも、そうとしか言えないのです。だって、わたしの身体も、周囲の身体も、対して重さも筋肉量も変わっていないはずなのに、わたしは圧倒的に自分が暴力にさらされやすい状態になったのを感じるのです！　わたしの脆弱さを生み出したのは、筋肉や体重ではありません。わたしが社会的に「女性」になり、社会的な「男性」とは別の性別のタイプを生きているという事実が、わたしの身体を脆弱にし、特定のタイプを生きる人の身体に恐怖を抱かせるのです。

ごめんなさい、もっとロマンチックなことを書いた方がいいかもしれないのに、わたしはいつもこうです。許してください。

本当は、でも、昔は、女性がこわかったんです。怖かったです。いま、あきらさんが「女性がこわい」というのとは、たぶん違う意味だと思いますが、男性のはしっこを生きていたとき、女性が怖かったです。その理由については、またいつか書きますね。

やっと、あなたの話ができそうです。正確には、あなたといるときの時間について。

わたしの身体をきれいだと言ってくれたのは、あきらさんが二人目です。ちなみに一人目はわたし自身ですね。いつも、ジムの鏡でうっとりしていますから。わたしの身体のきれいさに気づいてくれてありがとう。あなたの身体はと言えば、ただ青年の身体としか言いようがありません。ただ、日本語の「青年」や「少年」は、ジェンダー化されていませんから、安心してください。

そう、私たちが二人で歩いていたら、周りからはどう見ても男女のペアに見えるでしょう。旅館やホテルに泊まれば、ヘテロのカップルに見えるでしょう。実際、そうやってみられているのが分かります。でも、それってすごくおかしくて、わたしはあなたに思わず報告してしまいます。「ねえ、いま絶対わたしたちのことカップルだと思ってたよね⁉」って。

あきらさんといるとき、わたしはたいていいつも性別の話をしていますね。一緒にラーメンを食べに行っても、「ほら、女性のお客さんには荷物を入れるかごを渡すのに、男性のお客さんにはかごを渡さないよ」とか。「ノンアルコールビールと、生ビールを頼んだら、やっぱりあなたの方にお酒を置いたね」とか。そうして世界のくだらないジェンダーのシステムを観察して、報告しているとき、わたしは性別から逃れられている気がします。馬鹿馬鹿しい、くだらない性差のゲームを、外から観察して、あるいは中から偵察して、二人で小ばかにして笑っているような気持ちになります。

日常生活では、そうはいきません。わたしはもう女性の側に埋もれることでなんとか生活を安定させているので、なるべく女性の枠からはみ出ないように、気を遣って、周囲の女性を気持ちよく引き立てることに徹しています。でも、あきらさんと二人でいると、そんな億劫な時間とは違った時間がわたしに訪れます。まるで、性別が無に戻っていくような。

あなたはわたしを、「幼い時から探し求めてきた宝もののように」慕ってくれる。ありがとう。だいすきだよ。

わたしはあなたといると、ほんとうに幼い頃に戻ったような気持ちになります。貧困とジェンダーの現実をたしかに意識しつつも、それでもなお、自分だけは男性をやる必要なんてない、そんなの馬鹿馬鹿しいと思って、放課後に小学校の校庭やマンションの駐車場で女の子や男の子たちと遊んでいた、その頃に戻ったような。あの頃わたしはたしかに無性で、性別なんて大人たちのくだらないルールなんだと笑っていたのです。そして、ふたりで秘密基地を作って、一家だんらんごっこをします。

わたしは無性です。

現実には、わたしは女性を生きてしまっています。職場でもどこでも、もう女性の側の「穴」を通過するしかなくなりました。でも、わたしの心に素直になってよいのなら、わたしのジェンダーアイデンティティは「無」です。

あなたと一緒に家の近所を歩いているとき、橋を渡りましたね。少し流れの強い川の上に架かっている橋です。わたしは言いました。「ここから飛び降りたいって、ときどき思うんだ」と。「なぜかって、この川に飛び降りれば、しばらくは水流に飲まれて、わたしの身体はぶくぶくにふやけて膨らんだ水死体になって、一見すると男性か女性か分からない状態で発見されて、それってすごくいいことだから」。

わたしは、男性でも女性でもない人間として死にたいと思っています。それは、この「リアル・ワールド」に対する、わたしからの最後にして最高の復讐です。

でも、そうしてわたしが水死体になる話をうきうきとしているとき、あなたはとても悲しそうな顔をしていました。あなたを悲しませたのなら、ごめんなさい。わたしが自分の死について楽しそうに話すのを聞いて、あなたは辛い思いになったのでしょうか。

もう、何度も確認してきたことです。わたしには未来がありません。あきらさんと過ごせる時間も、現在だけです。でも、あなたの悲しそうな顔を見て、少し申し訳ないと思いました。つまり、あなたを悲しませたくない。はっきりと、そう感じました。

わたしはこれまで、何人もの人を「好き」になってきました。もちろん、この「好き」が世間一般の恋愛や性愛とはぜんぜん違ったものだということは、すでに理解していただけていると思います。そうして何人かの特別に「好き」な人たちには、わたしは幸せになってほしいと思います。あなたもそうです。わたしは、あなたに幸せになってほしい。だから、あきらさんをわたしが悲しませてしまったのだとしたら、それは嫌です。そういう意味で、すこし後悔しています。

あなたが書いている通り、わたしはあなたを面倒な世界線に投げこんでしまったようです。でも、あきらさんがなんでもない「リアル・ワールド」の住人だったら、あなたの言う通り、私たちは絶対に出会っていませんでした。だから、わたしがあなたの内面世界をかき乱していると同時に、わたしを呼び寄せたのもあなたです。

この往復書簡を始めようと提案したのは、たしかにわたしでした。でもそれは、あなたがとっても面白いトランス話をメールで送ってくるものだから、もう我慢できなくなって、「メールじゃなくて公開の書簡にしよう!」ってわたしが言ったからです。責任を押しつけたいわけではありません。あなたの中には、はじめからわたしと生きる世界の萌芽があったのではないですか、と聞いてみたいのです。

あなたは本当に欲張りです。わたしの知らない女性(恋人=彼女)を愛しているのに、わたしのことも好きだという。まるでシスヘテロの男性のように生きる未来を構想しながら(【第一の世界】)、「トランスジェンダー」として男性存在を相対化したり(【第二の世界】)、性別のない存在としてわたしとおしゃべりしたり身体で触れたりする(【第三の世界】)。あなたの複数の世界には、どんな時間が流れているのでしょう。

そのつど適当にあみだくじを引いて、過去を捏造しながら未来のない現在を生きているわたしと違って、あなたの生きている時間はどんなものなのでしょう。かつてたしかに「無」性を生きていた、その状態を取り戻すという、願うはずもない復讐劇のために「無」へと回帰して死ぬことばかり考えているわたしと一緒にいて、あなたは幸せですか?

でも、実はわたしも、少し変わりました。

これまでずっと、性別が変わる前も、性別が変わった後も、わたしは「余暇」が嫌いでした。暇な時間があると、自分の性別とか、生命とか、死について考えてしまって、気持ちが落ち込んでいくので、なるべく暇にならないように、仕事をし続けていたのです。あなたはわたしの生活をすこし知っていますよね。わたしの生活は、仕事で埋め尽くされています。

そこに、あなたがときどき現れるようになった。あなたが隣で寝ている。一緒に散歩に行く。たまに手を繋いだりする。あれだけ怖かった時間が、少しだけほぐれている気がします。仕事をしていなくても、死について衝動的に考えない、そんな穏やかな時間を生きることがわたしにもできたんだ、という発見があります。

「まだしばらくは、あなたと共にいきたい」

なるほど、わたしもそう思います。この「いきたい」が平仮名なのは、「生きたい」と「行きたい」の二つが込められているからですね。いいでしょう。生きましょう。そして、行けるところまで行きましょう。わたしは今、感じています。これまで、誰も分け入ったことのないところに、あなたとなら踏み込んでいける気がしています。それは、一人では決してできないことで、あなたと共に生きる時間がなければ、とても分け入る勇気が与えられないような場所です。

ほんとうは、お互いの伏線回収について、もっと語りたかったのですが、そろそろ文字数が多すぎるので、今日はこのあたりにします。性別移行が、ただの性別の問題なはずはありません。その、お互いのトランジションの後ろで糸を引いていたものについては、これからゆっくり語りましょう。それはおのずと、「身体の性別」と「心の性別（性自認）」という二分法をつかって、シスジェンダーの耳に優しい「トランスジェンダー物語」ばかりが量産されてきた歴史に対する批判にもなるはずです。ほんと、馬鹿馬鹿しいと思っています。シスの人たちに理解しやすく語られた、「トランスジェンダー物語」。どんどん解体していきましょう。

まだしばらく、しばらく、共にいきましょう。

まだしばらく、わたしは川には飛び込まないで、「リアル・ワールド」を生きてみることにします。あなたがわたしに賭けてくれる誠実さに、わたしは応えてみたいとはっきり思うようになりました。

語彙力が乏しくてごめんなさい、こういうときわたしは、「好き」だと言いたくなります。

あかり

あきらから（16）——女性はこわい

あかりさん、こんばんは。お仕事お疲れさま。と言いたいところだけど、仕事をせずに他の雑念にとり憑かれている方がよほど大変なことなのかもしれないね。

先日、タイ古式マッサージに行ってきました。本場でタイのマッサージを受けたこともありますが、日本では2度目です。タイ古式マッサージの特徴は、施術者自身も全身使って筋肉を刺激してくることです。おそらく日本でオーソドックスなマッサージよりも、肌と肌が触れあう機会が多いです。ヒザだかヒジだか肩だかよく分かりませんが、とにかく施術者の体ごとゴリゴリ押されているのを感じます。そこをそんな角度に曲げちゃっていいの、と新発見するくらい自分の体が引っ張られたりします。でも基本的にはサービス業ですし、「こんなに自分の身体を大切に扱われるのははじめての経験だ」といった感動をもって、身体接触を受け入れられる瞬間もあります。

とはいえ、少しは気になるんですよね。私の股間が、こんなにスッキリしているのは変じゃないのかと。ずいぶん股の際まで押されますから、出っぱっている部分がある人なら、当然それも施術者にバレることになる気がするのですけど。ステテコみたいなゆるっとしたズボンをはいているとはいえ、それでも施術中は一方向に脚を引っ張られてピチピチになることがあります。そして私は「男性の」身体としてみなされているので、本来は股間が出っぱっていて然るべき人間なわけです。でも実際は、そうではありません。それが不思議に思われていてもおかしくない。

ただこれでも「パス度」が上がったな、と感じてもいます。数年前はマッサージに行くとき、全身を気にしていましたから。骨盤が広すぎるのではないか、胸が膨らんでいるとバレるのではないか、通称名だけど大丈夫だっただろうか、声は問題なかっただろうか、足のサイズが小さすぎるんじゃないか、髪質は、体臭は？（そんなに気になるならマッサージに行くなと言われそうですが、シスの人がやることを当然トランスの人々も実行する自由はある。）今ではせいぜい股間がスッキリしていることをたまに思い出すくらいです。骨盤がどうとか、他のことは気にしなくなりました。

というより、男性の身体に囲まれて暮らすようになってから、なんだ、「男性の」身体もいろいろじゃないか、と楽になれました。背の低い人、体毛の薄い人、股間を隠す人、脂肪につつまれた人、尻の大きい人、肩幅の狭い人、胸が膨らんで見える人。更衣室や銭湯で、ほとんど全裸の男性たちを何百人も見てきました。かなりの頻度でそうした施設を利用しましたから、もしかしたら女性用スペースで見てきた「女性の」身体よりも、今では視界に入れた数が多いかもしれません。そして、何だこんなものか、と思えたのです。一生手に入らないと思った男性身体。それなのに、私はその輪にいてもなにも目立たない存在になりました。私が男性になったらしいからです。

もちろん、一糸纏わぬ姿になっても「男性の」身体として位置づけられるには、努力が必要でした。筋肉や体毛が多ければカモフラージュしやすいですが、私はあいにく、そうした雄々しい肉体の持ち主とはいえません。代わりに、気配に気をつかいました。男性ばかりの世界にすっと溶け込み、背景の一部として何食わぬ顔でそこに居る。それが許される、「気配」の習得です。存在を消すことによって、生まれながらに「男性」をやれていたかのように、ごく自然になじむこと。私が少しばかり気をつかったのは、そういう試みでした。「男らしさ」の習得とは、まったく違ったものだと思います。そうではなくて、「存在の無さ」を習得するのです。そうすることによって、何食わぬ顔でその辺の男性になれるのではないか。以前私が4通目のお手紙でお話ししたのと同じことですね。

そもそも裸の状態というのは、もっとも社会的なジェンダーから逃れやすいのではないか、と今は思っています。裸の状態で一生懸命に「男性的」であろうとすると、失敗する気がします。「男らしさ」なるものが勝手に滲み出る分には構いませんが、習得した「男らしさ」がそこに見えるとき、滑稽なんじゃないかな。だから、裸一貫で肉体そのものみたいに放置されたとき、そこに性別を見出さない方がよほど自然な帰結であるように思われます。マッサージの報告だけのつもりが、ずいぶん話が大きくなりました。すみません。

「女性がこわい」という私の感覚について、お話ししましょう。でも「女性がこわい」感覚を、述べてるのはどうにもこうにも難しい。何がどうこわいのか、今電車で隣に女性らしき人が座っていますが、うまく言えそうにないのです。

かつて仲間だと思っていた時期もあるのに、今ではすっかり別モノになってしまったという疎外感や裏切られた感覚？　一方的に警戒されることによる、まごついた距離感の話？　自分が性加害者になることを全然想像していないようなていで、「男にならら」無礼が許されるとでも思っていそうな無邪気さ？

全然わかりませんよ。でも、以前とは距離感が変わってしまったということだけは確かです。ひどく面倒くさいです。いや、面倒くさいのは以前からだったとは思います。女性同士なら許される（ということになっている）距離感というのはたしかにあって、それは女性同士で起こる性被害の実態を覆い隠してもいるわけですが、どういうわけかオンナ同士とみるや、距離感が妙に近すぎても許されている感覚がありました。これは男女のロマンティックラブとは全然違ったかたちで、むしろ男性をはじくような暗黙の了解のもとで、オンナ同士でしか生じないような親密さがあったようだったのです。ホモソーシャルの女性版とでもいいましょうか。シスターフッドというよりももっとずっと密かに、ときに陰湿なほど親密に、発揮されるオンナ同士の絆。はみ出しもののような私でさえ、いえそんな境遇の私だからこそ、「大丈夫、ちゃんと女の輪にいるよ」と囲われているような気がしました。多少救われもしたけれど、傷つくこともありました。

お話ししたことあるでしょう？　トランス男性の足を引っ張る、三つのシスター。それはフェミニスト、レズビアン、実の姉妹（ときに母親も含む）です。あなたはちゃんと女としてやっていけているよ、大丈夫。ちゃんとオンナの輪にいるよ。女性は多様なんだから。そう囁きかけてくる、明確ではないにしてもたしかにある「空気」。なぜあっち側（＝男性側）に行ってしまうの？と、どんどん男性化していくであろうトランス男性の若き心を彼女たちは揺さぶるのです。

しかしながら、トランス男性が一歩進んでもう確実にあっち側へ行ってしまったとみるやいなや、完全にシスターの絆は崩壊します。トランス男性はただの男性として、完全に別モノとして、女性との関係性を築かねばなりません。女性側も同様です。トランス男性が元「女性」だったなんて言説は、現実的には役立たずです。もう、ただのオトコなんですから。過去がどうであったかは、大きな問題ではなくなります。現在の気まずい距離感こそが問題になります。このへん、日本語圏ではあまり触れたがっている人を見かけません。トランス男性は「元女子」だから、女性として扱われる理不尽さがわかるとか、生理の辛さがわかるとか、そんなちょっとした「トランス男子の優しさ」言説は、もう私の役には立ちませんでした。どうしてもっと、女性との間の、有無もいわさず広がってしまった距離感やその孤独の話をしてくれないんですか。私は、ずっと持て余していたのに!

性別が文化的に構築されていく要素だとすると、私は「トランス男性は生まれながらに男性です」といった正論(?)に、ほとんど親和性を感じていません。なかには本当に、生まれながらにずっと男性であったと仮定するとうまくハマるトランス男性もいるのでしょうが、そのように文化的な性別の差異を無化できるトランスパーソンの方が少数だろうなと予想しています。周囲からの取り扱われ方は、当事者に強固な影響を与えるのですから。

そういうわけで、単にシス男性が「女性との距離感がわからない、なんか怖い」と実感するのとはかなり異なる背景をもって、トランス男性は「女性がこわい」と感じるハメになるのではないでしょうか。あれほど足を引っ張ってきたシスターの態度がうってかわって、「ただの男性」に対するそっけない態度にすり替わってしまったという意味不明な戸惑いも、トランス男性(に該当する私)が「女性がこわい」と感じる一因でしょう。

そしてまた、全然違った要因も挙げられます。あかりさんが聞きたかったのは、こっちのエピソードかもしれませんね。というのは、自身が自動的に社会的マジョリティになってしまったことによる、

「罪の意識と責任」が募るから、なのです。「トランスジェンダー」はシス中心社会において、マイノリティです。でも「男性」は、男性中心社会においてマジョリティです。では、「トランスジェンダー」であり「男性」であるトランス男性は、いったいどんな立場に置かれるのでしょうか？

当たり前の話でしょうが、ある人物がつねにマジョリティであるとかマイノリティであるとか、二分することは不可能だと思います。とりたてて意味もないでしょう。それでも、性別の一点からみて、トランス男性が微妙な位置に立たされるのは想像に難くありません。

ちょっと、【世界史】の話をしてもいいですか。（あなたへのお手紙は、どうも単純なラブレターというわけにはいかなさそうです。）

ここでは、第二次世界大戦後ドイツの戦争責任論を参照させてもらいます。

歴史を振り返れば、第二次世界大戦後のドイツは、世界中から問われました。未曾有の大虐殺を引き起こし、そんな総統を支持した、「お前らドイツ人が悪い」と。本当に全てのドイツ人が悪いのでしょうか。戦争に反対する者も、戦争に傷つけられた者もいるのに、それでも全てのドイツ人が悪いのでしょうか。だから戦争責任を考える上で、まずはどのような「罪」があるのか、分けて考えたわけです。

①刑事的な罪（Kriminelle Schuld）：
明確に規定されている、法律に反すること。刑罰というかたちで、裁判所に裁かれる。

②政治的な罪（Politische Schuld）：

政治家や政府の行為に関する国民の、態度や振る舞いのこと。ヒトラー政権といえども選挙の結果成立したのだから、ドイツ国民には政治的な責任が問われる、という。

③道徳的な罪（Moralische Schuld）：

内心ではナチスに賛同していないが、妥協や付和雷同をしたこと。他者の苦しみに見て見ぬふりをしたこと。

④形而上的な罪（Metaphysische Schuld）：

どうしようもないことだけれども、他の人が死んで、私だけが生き延びてしまったときの、名状しがたい不条理の感覚。これを裁ける（裁いてくれる）のは神だけだという。

あくまで形式的な4分類です。でも、これは私が「男性」として、つまりは「社会的マジョリティ」になってしまった者としての意識を考える上で役に立ちました。私は性別を思うとき、少なくとも上記でいう「③道徳的な罪」と「④形而上的な罪」を背負うべき場面に直面することがあります。

「男らしさ」や家父長制に積極的に賛同していなくとも、それに従って、あるいはその地位に立つ者として見なされることで、他者を傷つけたかもしれません。それは③道徳的な罪、に該当します。

また、「シス」「男性」のように見えることで、以前より周囲に警戒せず歩けるようになりました。相変わらず、女性差別やセクシュアルマイノリティ差別はあるにもかかわらず、私の身に降りかかることはほとんどなくなりました。世界が酷いのは変わっていないのに、私だけは差別のターゲットにされなくなったわけです。あかりさんとは逆ですね。私は運良く生き残って飄々と生活できてしまうという意味で④形而上的な罪、が芽生えることがあります。そうした罪の意識を背負ってしまうと、一方でそうした罪とは無縁に思える「女性」との距離感がわからなくなるのです。まるでもう、対等な存在ではないみたいです。

もちろん、「女性」のなかにも性差別的な言動をする人はいます。ドイツ人ではない外国人のなかにも、戦時中に罪を犯した人がいたであろうことと同じです。そうした人々も、本来なら同じものを背負うべきです。でも、実際はそうした罪の意識をあまり持たずに生活できてしまっているのかもしれません。なぜ罪から逃れていられるのかというと、そこにはドイツ人ではなく外国人でいられること、男性ではなく女性でいられることという、立場の違いがあるからです。

私はといえば、個人の言動の過ちではなく、集合的な罪を背負わされていく気がして、もはや「男性」の一員となってしまったことで、身動きが取りづらくなりました。ぶわっと広がる罪の意識が透明な糸となって、私をがんじがらめに縛ります。あれもこれも、いけないことのような気がしてしまいます。街中で赤ん坊をじっと見つめることはできません。電車の中で、女性利用者の横に好んで座るのも不審なことでしょう。うっかり大きな声を出してしまうと、他者からしてみればとても威圧的に映ります。一挙手一投足が、暴力と紐づけられないよう努力が必要です。「性暴力？　そんなことしたことないですよ」と平気な顔をしていながら、他方で女性の容姿をさりげなく品定めするような馬鹿な男性サンプルがたくさんいると、私まで惨めな思いをします。そんな品定めはやめましょう、と止めもせず見て見ぬふりをしているとき、まさに私には③道徳的な罪が生じています。

男性内を分類するために、ちょっと、【日本史】の話もしちゃいます。鎌倉時代とか室町時代でもいいのですが、江戸時代あたりを想像してもらえるとわかりやすいです。私は自分のような存在のことを、男社会の外様《とざま》だなと捉えているのです。

どういうことか。将軍（権力者）の一族そのものに近い親藩や、彼らに代々仕えてきた譜代大名とはちがって（男性学チックに言い換えると、「デフォルトマン」とでもいいましょうか）、あとからひょっこり顔を出してなんとなく仲間にしてもらって、でも余所者である分、「権力者」からの信頼はなくて、大事な役職にはつけず、僻地に追いやられています。男社会に順応しないタイプのトランス男性というのは、そんな外様大名みたいだな、と思います。財力や気力も、大きくすり減ることでしょう。でも権力の中枢からは遠く離れたところにいて、これまでの自分の土地を守ってきた分、いかに将軍やそこに近い大名たちがおかしな動きをしているのか、よく見えるんじゃないかしら。まあ完全にそれに例えられるわけではないのですが、似ているなぁとは思います。

でも「女性」からしてみれば、その「男性」個人が、将軍であるか親藩であるか譜代大名であるか外様大名であるか、というのは大きな違いではないのでしょう。「女性」の自分よりは、「男性」たちはなにやら権力者であるらしい、どうしてもそう見えてしまう、というのは仕方ないでしょうし。別に少しだけ男性ホルモンを入れて、筋トレして、男性として働くようになったからといって、「女性の」身体から大きく変わったわけではなかったはずです。でも境遇は、見える世界は、大きく変わってしまいました。

私にとって「男性」は得体の知れない存在でした。まさにあかりさんがいう通り、「対等な存在と見なされていないことが男性から伝わってくるため、何をされるか分からない恐怖」を抱えていました。それは私にも馴染みのあった感覚です。でも今や「女性」こそ得体の知れない他者になってしまったようです。対等ではない、それゆえになにか怖い、というのは同様でしょうが、純粋に男性に対する恐怖と同じ感覚なわけでは、もちろんありません。明確な説明はできません、「女性がこわい」と感じるようになった背景を、私なりに言語化しようとするとうまくまとまりませんでした。それが実態です。やはり「女性」そのものも、距離感も、自動的に「マジョリティ」のようにみなされる現実も、よくわからないのです。あかりさんが感じていた「女性が怖い」理由、いつか教えてください。

ああ。今日は歴史のお勉強を繰り広げて「男性」の話ばかりしてしまってごめんなさい。なぜだか今「男性」をやれてしまっている私の、「無性」っぷりもお話ししたかったんですけど、また今度。

最後に、何度でも言っておきます。あなたと一緒にいて、私はどうしようもなく幸せです。あなたが好きです。あなたが水死体になって性別不明な状態になるくらいなら、その前に私はあなたをまるごと食べちゃいたいくらい、好きです。

ごめんなさい。あなたのためになっていないね。

あきら

第9章　愛してる？

あかりより（17）――許してください

あきらさん、こんにちは。今日はとても暑かったですね。わたしは今かつてなく髪が長いので、日中は自分の髪の毛がマフラーのように首元に巻きついて汗がにじみました。

あなたのタイ古式マッサージの話、興味深く読みました。まあ、たぶんマッサージ師の方も股間の膨らみの不在には気づいていないと思いますよ。あなたがよく知っている通り、股間の膨らみなんて、大きい人も小さい人もいますし、それだけのことです。

これは性別移行を機により一層感じるようになったことですが、人間は「ない」よりも「ある」の方を敏感に認識する生きもののようです。つまり、「あるはずのところにない」よりも、「ないはずのところにある」方が、目立ってしまうということですね。わたしの経験に引きつけて言うならば、スポーツジムの更衣室でわたしは上裸になることがありますが、まったく目立ちません。もちろん、更衣室を普通に使っている時点で、もう誰もわたしの身体に興味なんてないですから、胸のあるなし（あるいは大きさ）だけを切り出すことには何の意味もないのですが、ともあれ、エストロゲンの投与によって生まれた、この控えめなわたしの胸が、たとえ今よりももっともっと小さかったとしても、おそらくここでは誰の注意も惹かないだろうと思います。だって、胸の小さな女性もいるのですから。

それだけの話です。

それに対して、この控えめな胸が、男子更衣室を利用する男性たちの身体についていたとしたら。おそらく周りからの注意を惹いてしまうのではと思います。人生のある時期、そちらの更衣室を使っていたことのあるわたしは、そのようにたしかに想像します。「ないはずのものがある」という違和感は、大きいのです。「ない」よりも「ある」が目立つのは、股間にせよ、胸にせよ、「小さい」人がふつうにいることをみんな経験的に知っているからでしょう。同じ話をお風呂についてすることもできますが、そんなことは男性用の公衆浴場をこよなく愛するあきらさんにとって言うまでもないことですね。

あなたも書いている通り、「まあこんなものか」という発見が、わたしにもありました。わたしからの9通目の手紙で書いたように、昔はあれだけ嫉妬し、羨望し、焼けるほど羨ましかった身体は、なんだか大した手間もなく手に入ってしまいました。少しくらい眉骨が出ていたとしても、肩幅が広いとしても、足が大きいとしても、まあそれくらいの女性はいるので、ただ、それだけです。平らなおでこや小さな肩幅、22・5cmの足に嫉妬していた過去の自分が、馬鹿みたいです。

ちなみに、わたしも以前はマッサージ店をよく利用していました。他人に身体を触られることに抵抗があったのですが（トランスあるあるです）、なんだか普通に女性として接客されて、普通に施術されて、普通に終わります。トランスジェンダーの日常なんて、まあそんなものです。

トランスジェンダーたちが「リード」されてしまうことがあるとしたら、そのきっかけは、一つ一つの身体のパーツではなく、もっとこう、全体的な何かなのでしょう。もちろん、MtF界隈で言う「声ばれ」のように、他者から見なされるジェンダーを一発でひっくり返してしまいかねない材料があるのも事実です。ですので、多様な要素の集合によってジェンダーの他認が成立していると言っても、それぞれの要素ごとに、重みが違ったり、要素と要素の整合性が問題になったりはします。

このへんの複雑さは、シスの人にはいくら説明しても伝わらないことかもしれませんね。性別を移行したことのない人には、「パス」するとはどのようなことか理解できないでしょう。それは、シスジェンダーだけが特権的にパスの能力を独占しているという、とても不公正な状況の裏返しです。

そんなことより面白いのは、あきらさんの「存在の無さ」の話です。こればっかりは、わたしには分かりません。わたしは、子どもの頃からうまく身体を動かすことができなくて、それでいつも周りの大人たちから注意されたり、級友から馬鹿にされたりしてきました。だから、わたしは「自然に」身体を動かしたことは基本的になく、生まれてこのかた、ずっと意識的に身体の動きをコントロールしてきました。とくに、「男性」になろうと決めたときは、周囲の「男性らしい」身体の動かし方を意図的にコピーしたので、男性的な存在はわたしにとって究極の「作り物」でしかありませんでした。

にもかかわらず、あきらさんは「存在の無さ」と「男性であること」は相性がよいのではないかと言う。とても気になります。「男性」をやれてしまっているあなたの「無性」っぷりも、もしかしてこれと関係があるのでしょうか？　またいつか教えてください。

さて、「女性がこわい」理由、詳しく教えてくれてありがとう。あなたには、少し無理をさせてしまったかもしれません。でも、本当に本当に興味深く読みました。やっぱりあなたは面白い。

わたしは「女の子」をやったことがないので、あなたが書いている「女性版ホモソーシャル」を完全には理解できていないかもしれません。でも、わたしにとっては年上の女性が、わたしを過度に親密な領域に囲い込もうとすることがあり、あなたの文章を読みながらそうした状況を想起していました。

まるで、全女性がチームメイトであるかのような、「分かるよ！　今のあなたのその気持ち。わたしもそうだったから」。「あなたもこれから味わうよ！　今のわたしの気持ち」。連帯感と呼ぶべきか、ぐっと強引に胸元に引き寄せられるような経験をすることがあります。

わたしは比較的大きな組織に勤めていて、全体として男社会ですから、年上の女性たちには「女性として」の苦労がたしかにあったのだろうと思います。でも、全ての女性が同じような状況にあるわけではないのに、ああいう距離感を設定されるのは、少し嫌です。

実際、組織で昇進して、わたしに「深い共感」を寄せて仲間意識を発動してくるのは、シスヘテロの健常な日本人女性なので、マジョリティ味が強くてすこし疲れます。夫の愚痴とかわたしに言われても困りますし、わたしのことを「娘みたい」と言ってくる人が会社にいるのも、ちょっと嫌だと思っています。あの、独特の「同じ女だから」という理由づけ。なんなんだろう、と不思議に思います。

そうかと思えば、急に歴史の勉強ですか⁉

まったくあなたは、面白い。とても面白かったです。あなたは本当に比喩がうまいですね。そして、これはまったく図らずも、わたしが「女性がこわい」と感じていた理由を語るための準備を、あなたは整えてくれました。あなたは男性のような存在になって、罪と責任の意識を感じていると言います。

それが、わたしにとってはどうでしょう。実は、あなたとまったく同じ状況にわたしはいたんですよ。かつて。男性だったときのわたしは。

③道徳的な罪：「男らしさ」や家父長制に積極的に賛同せずとも、それに従っていたり、その地位に立つ者と見なされることで、他者を傷つけたり、不当に他者の優位に立ってしまったりするかもしれない。

かつてのわたしも感じていました、その罪を。生まれたときに男性を割り当てられ、その後も性別を移行するまで、わたしは男性を生きていましたから。「社会的には男として扱われていたけど、心はずっと無性（もしくは女性）でした！」とは、わたしには言えません。そういう説明がしっくりくる、性同一性がしっかりしたバイナリートランスの人（そういうトランス女性）もいるのでしょうが、わたしのリアリティとは無関係です。あなたもそうでしょう？

わたしは男性を生きていましたし、男性が生きているって、そういうことです。そんなふうに男性をやっていたわたしは、ある時期以降、フェミニズムや男性学というものに接近していくことになります。大学で出会った先生たちに、恵まれていたからですね。大学を出た後も、男女問わず、分かりやすく言えば立憲民主党に投票するような人たちと一緒にいる期間が長かったですから、フェミニズム的な価値観は、同年代では空気のような「常識」でした。

とはいえ、上司や同期がセクシズム的な言動をすることは残念ながら非常に多かったです。会社の昇進制度にも、どこかでジェンダーの偏りが発生しているのは間違いありません。上層部は絵に描いたようにスーツのおじさんだらけです。そんななか「男性」側で生きているわたしには、罪と責任の感覚が芽生えていました。「男性として」何ができるか？「男性として」果たすべき責任は？わたしは、自分に問いを突きつけている必要がありました。そうでもなければ、自分が本当に悪い意味での「男性（社会）」に飲み込まれていく恐怖がありました。

幼い頃から自分のジェンダーと微妙な格闘を続け、大学在学中もジェンダー表現が大幅に揺れ動き続けていましたが、それでもわたしは、社会の中で「男性」の側に存在できてしまっていました。窮屈な地元を飛び出し、わたしは「東京の人」になったのです。そうしてふと、後ろを振り返ります。親が許さなかったからという理由で、県外の大学へ進学できなかった同級生の女の子たち。高校を出てすぐにDV男と結婚して、シングルマザーになった女の先輩。そして、一緒に「男子」として悪さをしていたけれど、きっと男らしさを突き進んだゆえに命を落とした友人たち。

そうして過去を振り返るとき、わたしは④形而上的な罪　のようなものも感じていました。東京に出てくることができた自分。終わる気配のない地元の閉鎖的な空気。継承される暴力と貧困。

加えて、これはあきらさんにはないものでしょう。わたしは②政治的な罪に似たものも引き受けようとしていました。すでに何度か手紙でも書いた通り、わたしは中学のある時期から数年間、見事な「男子」でした。ある意味では「トランスあるある」かもしれません。自分のなるべき姿を思い描くことができず、ただ単に「周りの男のようにならなければ」と焦っていたわたしは、自分の身近にいた男性たちをモデルにして、それをコピーしたのです。ジェンダー・クリニックの医師にも言われました。「自然に」男になれないがゆえに、逆に過剰に男らしさに突っ走ってしまうトランスの人たち。いるらしいです。わたしもその一人でした。

その結果どうなったでしょう。わたしは、自分の父や兄、そして同級生たちがそうであったような、見事な「くそ男」の振る舞いや外見、しゃべり方を身に着けていったのです。前に11通目の手紙で書きましたよね。わたしは女の子に「モテる」タイプの男性ですらありました。心のなかでは、あまり性差というものの意味が理解できていなかったのに、わたしは見た目だけは立派な男子でした。そして、たくさんの罪を犯しました。

学校で騒ぎを起こしたり、群れ立って職員室を荒らしたり、近所の大学の学園祭に乱入したり、商店街で警察と鬼ごっこをしたり、公園の樹を燃やしたり、発電所でぼやを起こしたり、ちょっとしたものを転売して小銭を稼いだり、なんだかもう、教科書に出てくる「田舎のちょっと悪い（でもすごく悪くはない）男子中高生」の見本みたいな人間でした。

正直に告白すると、わたしを怖いと感じている女性はたくさんいただろうと思います。当時はとても持病の状態も悪く、全身の痛みでほとんどまともに睡眠もできない状態だったこともあり、日中も非常に目つきが悪かったと思います。カフェイン系の飲料で空腹をなだめる癖がついたのもその頃です。15通目で書いたような、世界への復讐の思いがはっきり芽生えたのは、「男子」をやり始めたのと同じ時期でした。世界が憎かった。「先生」とか、「学校」とか、「金持ち」とか、「社会」とか、「国家」とか、「天皇」とか、そういうもの全てが憎かった。こんなに体調が悪いのに病院に行けないのも辛かった。憎かった。だから、周りの粗暴な男子と一緒に暴れるのは、胸がすくような時間でした。

でも、そうしてわたしは、少しのあいだですが、粗暴で、暴力的な、男らしさの方へと突っ走ってしまいました。そして、罪を犯しました。③道徳的な罪とも、④形而上的な罪とも違う、もっと具体的な罪です。あなたが犯したことのない罪を、わたしは犯しています。

大学に進学してからのわたしにとっての大きな課題の一つは、それらの罪とどのように向き合っていくか、ということでした。フェミニズムを学び、男性学の本を探しました。

でも、そうして自分の罪と向き合わなければならなかった頃、わたしは同時に、自分の性別とも向き合わなければなりませんでした。果たして、わたしは男なのか？　あるいは、このまま男として死ぬのか？　男として生きられないのではないか？　それではどうするか？　もう死ぬか？　それとも男でない生き物になるか？　でもどうやって？　性別移行をする？　自分は女性になりたいのか？　そんなはずはない！　でも、もう無理だ、もう無理だ。もう無理だ。

ある時期以降、うっすらと答えは出ていました。わたしは、「女性」と「男性」でばっくり分かれた二つの島のなかで、「男性」の島で生きることはできなくなっていました。その島から、海に出なければばならない。結論は出ていました。とっくに。しかし、そんなわたしの出航を妨げるものがありました。

そうです、罪の意識です。

曲がりなりにも「男性」を生きることができてしまっていた自分。そうすることで犯した、無数の罪。いろいろな種類の罪。その罪の意識が、わたしの身を「男性」島に鎖で繋いでいました。苦しかった。人生で一番辛かった。

あなたも知っている通り、わたしは女性ホルモンを始める前から女性として「パス」していました。でも、そうして男性としての生に限界を感じて、女性のような身なりになってもなおわたしは、自分が完全に「男性でない」とは言えずにいました。完全に割り切って「女性」の側に埋もれて、各種の女性用スペースを使うことを自分に許すことができずにいました。とても、精神状態が悪かったです。

女性がこわかったです。わたしはもう、「男性」の島にいることはできない。行く先は決まっていないとしても、ひとまず海に出るしかない。でも、女性たちに言われている気がしたのです。「罪から逃げるな！」と。わたしは、みるみる女性の側に流れ着いて行っていました。性同一性が「無」なのに、自分でも分かりません。でも、わたしはそちらに引き寄せられていました。とても怖かったです、女性が。わたしを島に上陸させるか否か、決定権を持っているのはシスの女性たちです。

こんな犯罪者を、果たして上陸させてくれるのでしょうか。わたしは、ひたすら首《こうべ》を垂れるような気持ちでした。一方的に上陸の可否を決める権限を持った人たちに身を任せて、張り倒されて海に投げ込まれても仕方がないと思っていました。怖かったです、女性が。許してくださいと、何度も祈りました。わたしの罪を許してください。

でもそのたび、心のなかの誰かがささやくのです。「罪から逃げるな！」と。その声は、フェミニズムを経由してしまったことで心に芽生えてしまった、ある種の良心の痛みとも言えるかもしれません。でも、それは間違いなく「女性」の声でした。「罪から逃げるな！」

今のわたしは、もう女性のように生きてしまっています。心のなかの良心に許しを請い続け、罪と向き合い続けていた頃、わたしの精神はほんとうにぼろぼろでしたが、ある時期以降、もう開き直って女性として生きることにしました。申し訳ないのですが、罪の意識は消えました。

わたし自身が性差別のターゲットにされるようになったからかもしれません。でもそれだけでなく、性別移行を経て、わたしは馬鹿になってしまいました。自分の罪と向き合うことから、逃げているのかもしれません。でも、性別移行をしてしまって、どんなふうにそれと向き合えばいいのか、分からなくなってしまいました。

もし、わたしがあんなに罪の意識を背負っていなければ、わたしはきっと、もっと早く性別移行をしていたと思います。それが良かったのかどうか、今では分かりません。ほんの少しでも、罪の許しを請うような懺悔の時代があったのだから、ましだったのかもしれません。

でも、でも、本当に辛かった。苦しかったです。罪の意識がわたしを「男性の島」に鎖でつないで、海に出ることができない時代。許しを請いながら、「女性の島」への上陸をうかがっていた頃。辛かったです。文字通り、全女性が「こわかった」です。みんなが、わたしを海に蹴落とそうとしている気がしました。でも、わたしはその決定を受け入れるしかないと感じていました。罪人ですから。

そんなに、罪の意識を感じる必要はなかったのかもしれません。もし、周りのトランス女性で、そうした罪や責任の感情で、性別移行をうまく進める決心がつかない人がいるのなら、わたしはあっさり後押しをするでしょう。「そんなこと今は気にしないでいいよ」って。あなたはもう、十分この世界に苦しめられたのだから、あなたに性別移行しか生きる道がないのなら、早く前に進んでいいんだよ、って。

あなたからの16通目の手紙を読んで、実はすこしだけ、そんな気持ちになりました。あきらさんが、一人の男性として罪や責任の意識を持っていることは、素晴らしいことだと思います。でも、あなた自身がそこまで直接に加担していないことにまで罪を感じる必要はないのでは、とわたしは言いたくなります。

わたしがそんなふうに思うのは、今から性別を移行する、かつて男性だったトランスたちのことがどうしても気になるからです。

しかし、それだけではないかもしれません。「そんなに罪の意識を持たなくても」とあきらさんに囁《ささや》くわたしは、そうやって自分の過去から逃げることを正当化しようとしているのかもしれません。

許してください。こんなわたしを。許してください、と言うことを忘れたわたしを、許してください。

あかり

あきらから(17)——愛がなんだ

あかりさん、おはよう。もうすぐあなたに会えるというのに、乱文失礼します。あなたを失望させることを、二段構えで書いてしまうかもしれません。

まず、一つ目。収拾つかないことがありました。あなたに百発殴られたい気分です。ああ。どうして私はこうなんだろう。いや、文字にすれば何てことないのです。団扇で涼めばかろやかに吹き飛んでしまうくらい、なんてことないお話です。わかっています。ただもう、辞書にあるどんな感情の全てを注いでも、それは言い表せませんでした。

話は簡単です。私はかつて、この人の子どもが欲しい、結婚したい、と強く望んだ人が一人だけいました。現在私は独身ですから、結局は私が望んだようにはいかなかったわけですが。その相手はあなたではありませんし、今の彼女(恋人)でもありません。その人から、着信履歴がありました。最近の話です。ええ、たったそれだけです。

ほぼ確実に、間違ってスマホに彼女の指が当たってしまっただけでしょう。最初私は、自分のほうが間違ってその人に電話をかけてしまったのだと思いました。今でもたまに連絡先を眺めてしまうような相手だからです。しまった、もう何年も経っているのに、まるでストーカーじゃないか、と大変焦りましたよ。

でも、ちがいました。私からではなく、相手から電話がかかってきていたのです。間違いだとわかっています。ちょっと指先が触れてしまっただけでしょう。あるいは、カバンの中で他の物に触れただけかもしれない。でも、それを見てから私はもうまったく完全に、乱されてしまいました。勤務中に着信履歴に気づいて、足ががくがく震えました。帰宅する電車のなかでは、マスクがあって心底よかったと感謝しました。私はぐちゃぐちゃに搔き乱されていました。冗談ではなく、体温がまるごと1度は上がっていた気がします。あの頃リピートしていた音楽を聴きました、その人が聴いていたいくつかの曲を。

まったくわけがわかりません。ニンゲンってこれほど感情が搔きむしられるものでしたっけ。これは何なんでしょう。ただ1件の、着信履歴です。たった一瞬の、間違いでしょう。はあ。

彼女（恋人）が前の晩にうちに来て、置いていってくれた食べ物の残りを、仕事が終わって帰宅したら食べようと思い、朗らかな気分でした。枕に彼女（恋人）の匂いがまだ残っていたらいいな、と。

そしてまた、あなたからのお手紙を心待ちにし、今度は何を書こうかなとすっかりあたたかい気持ちをもっていました。あなたの呼吸がずっと恋しいです。決壊したダムみたいに、伝えたいことは溢れてきます。それなのにこの混乱はいったい何なんでしょう。

かつて信頼できる友人に、言われたことがあります。

「あなたがポリアモリーって、無理じゃない？」

大変的確な指摘です。たぶん私は、たった一つのこの体で、限られた時間で、少ない人生で、複数のひとに惹きつけられるのは身がもたないでしょう。戸籍がいくつあっても、臓器がいくつあっても、住居がいくつあっても、言葉がいくつあっても、足りません。全然、足りない。

馬鹿げていますよね。私は死にたかった。存在ごと消したかった。なぜ人間をやっているのか不可解だった。なのに、他者に惹きつけられ、そんな他者の影響によって人生を構築させられ、明日も生きていていいような気がしていた。あれもこれも、どうしようもありませんでした。

トランス差別の問題に関心を抱いたのは、私自身がトランスだからではなく、好きな人がそうだったからです。私自身はボロボロにされたって、ろくな痛覚などありませんからどうだってよかったのです。でも、好きな人だけは何ものにも傷つけられてほしくなかったのです。タバコを吸ったのは、好きな人の影響です。映画を千本も観たのは。一年間同じ曲ばかり聴いていたのは。受験に熱心になったのは。外国語を学んだのは。引っ越したのは。「男になった」のは。全部どれもこれも、私の行動原理は好きな人のせいです。複数の、「好き」な人のせいです。私一人では何ごとも為していなかったに違いありません。

くだらない。あなたにくだらないよと罵られて、それに納得できたらどれだけいいでしょう。私はどうしようもないです。私単体では、粗大ゴミです。私の生き方は、私の支配下にありません。気づいたらよくわからない現在地にいました。ここがどこで、私の手元には何があるのか、知ってはいないのです。

今から、ＦｔＭジョークを言います。

シス男性じゃなくてよかった。ペニスなんて、なくてよかった。

……トランスであることで少しの引け目や屈辱や劣等感を植えつけられていなかったら、私は果たしてどんなろくでもない男になっていたかわかりやしません。干からびるまで泣きたい。意味がわからない。きっと私の「好き」は広義でありすぎて、単なる恋愛脳というのとも違うのでしょう。ときめきだなんて、なまあたたかいものではありません。尊敬とか、ライバル心とか、ときにルサンチマンとか、そういった要素も「好き」の範疇になり得ます。だからあなたに抱く「好き」の正体すら、私にはわかっていません。型に収まるものではないのです。あなたは、私の発する「好き」の中身が不明で、不安に思っているかもしれませんね。でも、その反応を受けて、では私はどう「好き」を扱っているのか自分に問いただしてみても、上手に答えられそうにありませんでした。

今ふっと思ったのは、「欠けてほしくないもの」に対して、私は「好き」を抱いているのかもしれない、ということです。わからないけれど。私だけでは何者にも成り得ないから、私を成り立たせる「証拠」はせめて、愛していたかったのかもしれません。いやはや、これは何の話だろう？　私がエゴイストみたいです。

呂律のまわらないまま、ご迷惑をおかけしました。

あかりさんとの時間に戻りましょう。私は今、あなたに嫌われたくはないのです。こんな私でも。あなたを愛しています。

でも正直いうと、あかりさんからの17通目の手紙を読んで、私は渋い顔をしていたかもしれません。

まずは簡単に、「ある」よりも「ない」方が目立たない、という話から。トランス男性にとっての股間のように「あるはずのものがない」シチュエーションは気にならないものです、だってサイズが小さい人もいるのだから、というお話、まあたしかにそれはそうです。

先日、ネットで愉快なコメントを見つけました。トランス男性でポルノに参画している人が、「ミケランジェロのダビデ像って、トランスマンだったんじゃない？　だってほら、少なくとも僕のとよく似てるでしょ」と仰っていました。これを見て、私は笑ってしまいました。おそらくシス男性の裸体を意図しているであろう芸術作品のなかには、股間のでっぱりが小さい人物もいて（むしろ小さい方が「徳がある」と評される時代もあったでしょう）、それはトランス男性のモノとよく似ています。

シスとトランスの境界は曖昧です。それはアイデンティティとか経験のみならず、身体をみても曖昧だなと実感します。「規範的な」シスジェンダーの身体しか想定していない人には、やっぱりわからないものなのでしょうけれどね。

それから、17通目であかりさんが「許してください」と言わざるをえない理不尽さについて。

本当に、ごめんなさい。私はまっすぐ応答できそうもありません。非常に難しい問題だからです。あなたを失望させるほかない、二つ目の記述をこれから書くのは躊躇われます。

ええ、私も、これから「男性」を脱するトランスの人たちには、「過去を気にしなくていいんだよ」ときっと言うでしょう。あなたに罪の意識なんて、必要ないんだ。あなたを苦しめたものを、未来永劫引きずっていく必要なんて、全然ない。あなたを縛ってきたものは、棄ててしまえばいい。あなたはたくさん苦しんで、努力してきたんだ。幸せになっていいんだよ。

でも、濁った思考は私の奥底に残ったまま。なにが正しいのかなんてわかりません。偶然、私のように女性ジェンダーを習得させられた者には、「罪」の意識が少なくて済んだというだけ。その一方で、偶然、男性ジェンダーを押しつけられた者は、「罪」の意識をもたされることが多くなってしまった。こんなの、ただの運命の巡り合わせでしょう？　選び取ったものではありません。

でも、わからないよ。

また性別の話題から逸れて、比喩を持ちだしてしまいます。ズルイです。あなたとは考えが違うかもしれません。私はこういうときとっさに、「少年法」を連想してしまうのです。同じ罪を犯したのに、「成人ではない」というだけで、罰が軽いのではないか。それでいいのか。そういう、「罪と責任」の話について。

ちっとも専門ではありませんし、少年法の内容とかその是非についてここで語るのは本題ではありません。少年法というのは非行を犯した未成年者に刑罰をくだすのが目的ではなく、更正や保護を目的としているらしい、とひとまずのところ把握しています。それは社会全体や、未成年者の未来を考える上では、妥当な取り扱いなのでしょう。必要な区分なのだ、と頭では理解しているつもりです。

しかしながら、私は思ってしまうのです。未成年者によって被害にあった者たちは、どうなのだろうかと。簡単にいうと、「加害者の立場がなんであろうと、加害者の理屈がなんであろうと、加害者がマイノリティであろうと貧困であろうと障害をもっていようと子どもであろうと、被害そのものはまったく変わらないのに」という、スッキリしない気持ちが湧きあがってしまってどうしようもないのです。

たとえば未成年者が殺人を犯したとき、殺された人物はもう戻ってきません。遺族の悲しみも、残ります。それなのに、加害者が未成年者だったからという理由で、少しの反省期間を経過したのち、野放しにされるのではないかと思うと、到底被害者側は許せないのではないか、と。ある未成年の殺人犯の手記と、その殺人犯に子どもを奪われた遺族の手記を読み比べたとき、私が抱いた感想はそういうことでした。いかなる背景が加害者側にあろうとも、被害者が受けた被害は変わらない。そのことを思ってしまうのです。

不愉快な例を出してしまって申し訳なく思います。あなたを責めたいわけでも、私自身の未来を窮屈にしたいわけでもないのに。

たとえば、あかりさんのように「男の子にならなきゃならない」というプレッシャーを抱えた子が、どうにか男の子らしい言動をしていたとき、それによって迷惑を被ってきた人たちの被害は、たしかに存在していたことでしょう。たとえば、トランス男性のなかには「きちんと男らしく」みせるために、ことさらに女性を手ひどく扱うような、酷い人物もいると聞きます。しかし「トランス男性なんだから仕方ないね」といって許してみたところで、被害者が受けた被害が軽くなるわけではありません。たとえば、「あなたを愛しているから」といって、ある人物が他人の人生を管理しようとしたとします。その人物が母親でも、恋人でも、なんでもいいです。愛の名のもとに、不適切な言動が繰り返されることって珍しくないですものね。DV夫もその典型でしょう。あなたがどれほど「愛しているから」と弁明したって、相手が受けた被害は変わらないのに。たとえば、「言っていいことと悪いことの区別がつかない」という性質をもつ人が、うっかり他人のセクシュアリティをアウティングしてしまったら、アウティングされた側はたまったものじゃないでしょう。いかなる理由があろうとも、被害者（アウティングされた）側は、一旦暴露されて人生の計画が台無しにされてしまったら、また一から人生を組み立て直さなければなりません。そんなことを思ってしまいました。

こんなことは言いたくない。「許す」って何ですか。わからないな。

過去に誰かが被った被害はもう変わらないのだから、せめて今後はよくしていけたらいいね、という建前でシステムや人の情は回っているのでしょうか。きっと、そうなのでしょう。変えられるところを、良くしていくしかないものね。わかっているけれども、素直に腑に落ちず、もどかしい気分になります。

男性学に通ずる文献のなかには、「加害してしまった男性が今後どうするべきか」というテーマもあるようです。そりゃあ被害を問うよりも、それに至った加害者側の背景を探ったほうが、問題解決に近づけると思います。加害がなければ、被害もないのですから。私はそういった取り組みについて、読んだ方がいいのだろうけれどとても腰が重いのです。私にはそんなフィールドワークは無理だから、研究している人たちは凄いなぁと思います。でも、たしかに誰かがやらなければなりません。

マクロな構造的問題もあるでしょう。社会的マイノリティの犯罪率は、社会的マジョリティよりも高い、とはよく言いますものね。そんな背景から考えていかなければなりません、正論をいうならば。それなのに、日々慎ましく営業しているのにパンを盗まれてしまったパン屋さんの気持ち（＝ミクロな被害者側）を思ってしまって、それより大きな枠が見えなくなってしまうことがあります。私の心はまだ狭いです。悲惨な人々（Les Misérables：レ・ミゼラブル）は他にいたかもしれないのに。

このあたりの私の考え方は、数年後には変わっているかもしれません。というより、変わっていった方がよいのでしょう。あまりにも一面的だから。「ミクロな加害者（ある事柄で罪を犯した人）」は「マクロな被害者（社会的にはマイノリティ）」である可能性が、多分にあります。そのことをきちんと見られる余裕がほしいです。

すみません、初っ端から独善的な文章ばかり書いてしまいました。加害／被害の話は、あなたに問うているものではありませんし、何かしらの応答がほしいわけでもありません。あなたの誠実さに対して、申し訳なく思います。

でも私は、今日も今日とて整合性の合わないことを言っていますね。私はあなたを「女性の島」から蹴落とすシス女性の集団ですらないのに、まったくもってひどい話をしています。全然だめだ。

いったい役に立ちますか？

私はあなたを愛しています。

あきら

あかりより（18）――分からない、身体とセックスのこと

あきらさん、こんばんは。お返事が遅くなってしまいごめんなさい。あなたからの17通目の手紙をもらってから、私たちは会って、それからも何日か一緒にいましたね。いろいろなことを話しました。本当はすぐに手紙の返事を書くつもりでした。しかし、わたしの仕事が今とても忙しいことだけでなく、どうしても筆が進まなくて、書けませんでした。

簡単に言うと、とても調子が悪かったです。理由は明らかです。一つ目の理由。昔のことを掘り下げすぎました。以前の３通目などでも書いたように、わたしは適当にあみだくじを引いて、何とか現在を納得させながら生きています。ですから、今とはまったく違って「男性」をやっていたときの自分のことを、わたし自身の人生のように語るのは、すごく気持ちが悪く、頭がくらくらするような感覚になります。前回の手紙を書いて、あなたからの返事を受け取って、とても調子が悪くなりました。

「許してください」なんて、わたしは書きましたが、でも過去のわたしが現在のわたしと同一人物であるという前提すら、実はきちんと受け入れられていません。わたしの人格はばらばらです。わたしはいつも、そんなふうに生きてきました。過去を捨ててきました。だから、おそらくわたしは、心の底からは別に「許してほしい」なんて思ってないのだと思います。だって、それはもうわたしではない人間の話なのだから。

よくないことは分かっています。でも、もう他人なのです。分かるでしょう。名前も変わって、性別も変わって、大半の人間と交友関係を絶って、LINEだって95%くらいの「友だち」をブロックして、もうわたしは別の人間なんです。ずるいと言われても、でも分かるでしょう。世界がこんな風でなければ、わたしがもっと別の仕方で生まれ、育てられ、生きていたら、わたしは他人にならずに済んだかもしれません。性別を変えるなんて、どうかしています。それは、わたし一人が好きでやってることではないのです。わかるでしょう。言っていることが。

あなたからの返信をきちんと咀嚼できる余裕もなく、一方的に精神の安定を崩してしまっていました。ごめんなさい。ただ、一つだけきちんと応えておくとするなら、少年犯罪の被害者遺族が犯人を憎む気持ちを誰も否定できないとしても、だからといって遺族でもなんでもないマスコミや、無関係の人には、加害者の少年を憎む権利なんてないと思います。

大切な家族を殺された人が犯人の死を願う気持ちが、誰にも否定できない気持ちだったとしても、だからといって、国全体で死刑制度を残し続ける理由にはなりませんよね。遺族の気持ちは、遺族の気持ちです。誰もそれを奪えないし、誰もそれを大義名分として担ぎ上げてはならない。わたしは、そういうことをするのははしたないと思っています。

とはいえ、あなたも気づいているように、わたしはいつも加害者側に肩入れしすぎかもしれません。それは、罪を犯した人が男性だろうと女性だろうと、わたしがどちらかといえば圧倒的に、そうして罪を犯す人たちの近くを生きてきたからです。そして、個々の「犯罪者」とされた人たちが、社会の側の設計ミスによって犯罪行為に近づいていったという事実に、どうしても目を向けてしまうからです。

ちなみに今は、本当に刑法上の「罪」の話をしています。どうしても、言ってしまいたくなるのです。「犯罪者」に冷淡な態度をとるマスコミや、「犯罪者」を自分とはまったく違う人種のように扱う、きれいな服を着た人たちに。よかったですね、と。きちんとした家があって、きちんとした教育を受けられて、お金があって、生きていく上で「犯罪」が近くにない場所でのんびり生きられて、良かったですね、と。

とても嫌な言い方なのは分かっています。でも、対面でも少し話した通り、わたしはどちらかと言えば、塀の向こう側に自分がいたかもしれない人生の方に、自分としても近さを感じます。ほんの少し、何かとニアミスしていたら、というくらいの距離です。いずれにせよ、セクシズムが女性たちにもたらす「害」については、私たちはもっときちんとした腑分けをすべきだと思いました。個々人の「罪」と、集合的な「罪」と。

わたしが調子を崩していた第二の理由は、あなたとセックスをしたからです。私たちが（この数週間のあいだに何回か）やったことがセックスでないと言うのは、おそらく無理だと思います。あなたも、それは認めてくれるでしょう。

とても精神の調子が悪くなりました。

あなたとセックスをしたことを後悔してはいません。いずれも同意の上でした。これからも、機会があれば同様の行為をするかもしれませんし、あなたとセックスをしたことがすごく嫌な思い出として記憶されているというわけでもありません。なんなら、性別を変えてからの最初のセックスがあなたで良かったとも思っています。（どうせやるのなら、という限定つきの話ですが。）

ただ、困惑しているのです。直接あなたにも言ったことです。「脳がバグっています」。

わたしの性的指向は、強いて言うなら「Ａセクシュアル（無性愛）」です。今風の定義で言えば、性欲が他者に向かない、とか、性的魅力を他者から感じない、とか。

でも、これはトランスやノンバイナリー系のＡセクシュアルの人にありがちなことですが、わたしにとってのＡセクシュアリティは、これまでずっと、自分の性同一性が無（Ａ）であることから切り離せませんでした。加えて、少なくないＡセクシュアルの人がそうであるように、わたしには生まれつきかなり強めの性嫌悪があり、その性嫌悪とＡセクシュアリティは結びついています。さらにさらに、そもそもの話として、わたしは「性欲」というものが理解できません。内側から湧き上がってくるリビドー？というのでしょうか。他者がそれを感じているのを見たことはありますし、何ならあなたの内側からも感じましたが、わたしの中からは湧いてこない欲情です。

わたしが「男性」だったとき、わたしは何人かの女性とセックスをしたり、セックスのようなことをしたりしたことがあります。いずれもシス女性でした。（シスの男性ともセックスをしたと言えなくもないですが、どちらかと言えばレイプされたと言うべきかな。）

そうしてシスの女性とセックスするわたしは、そこで「男性」でいることを求められました。当時のわたしにとって、セックス（性交渉）は、自分が「男性」的な仕事を「女性」的なひとに対して果たさなければならないという、性別の義務の最たるものでした。

わたしの内側には性欲はなく、身体を触られるのは本当に嫌でした。男性だったとき、下腹部を触られるのが本当に嫌で、挿入時の感覚も「ぞっとする」ような、お尻から背中にかけて冷たい紙粘土を押しつけられているような感覚でした。急にペニスや陰嚢を握られたりしたら、それこそ小刀で命を狙われたかのように縮み上がり、脳が激しい拒否反応を示していたと思います。

行為の中で射精をするのは、すごく嫌なことであると同時に、ほっとするものでした。嫌なのは、自分の身体がそのような「男性にありがちな身体」であることを意識させられるからです。わたしは何よりも一刻も早く睾丸を取りたいと思っていました。射精時の感覚も、気持ちいいというよりは、気持ち悪いの側です。ちょっとうまく言えません。ほっとさせられるのは、射精をしたらセックスをやめてくれる女性が多かったからです。中には、射精後のコンドームを外すことも許してくれず、行為を続けることを強いてくる人もいましたが、あれは性暴力被害に近い経験だったのだと、今では理解できます。

もちろん、大切に思う相手なら、気持ちよくなってもらいたいとは思っていましたから、いろいろなことをして尽くしたりもしました。でも、わたしにとって、セックスは、性嫌悪をマネジメントしながら、吐き気や寒気と闘いながら、「男性」をやらされる義務感に耐えなければならない、そういう時間でもありました。口や舌を使って、やりたくないこともたくさんしました。

トランジションをしました。性器のまわりを手術して、エストロゲンを打つようになって、社会的にもひとまず女性の側に性別を移行しました。

そうして移行してはじめて、セックスをしました。あなたと。そして、気づきました。

わたしの身体はずいぶんと大きな変化をしてしまったようです。

ただ、自分の身体があまりにも変わってしまったという事実に、脳が追いついていません。だから、「脳がバグって」います。かつてあれほど触られるのが嫌だった「性器」は、材料とかたちを変えたことによって、以前のようなモーレツな嫌悪感を呼ぶものではなくなりました。気持ちがよくなる場所なのかと言われれば、そうではありません。触られたり刺激を与えられたりすると、やっぱり少し嫌な気持ちです。でも、その辺の身体の部位（腕とか足とか）を触られている感覚にずいぶん近づきました。以前のような、強烈な生理的嫌悪感はなくなりました。（※もちろん、心の準備ができていないと、いまだに独特の激しい嫌悪が発生します。）

性欲については、なにも変化がありません。トランス女性で女性ホルモンを始めた人が、「性欲が減った」と言っているのをよく見ますが、あれを見ると、わたしはびっくりします。「性欲がある人からすると、減った感じがするんだ！」とびっくりします。わたしは、もともと性欲が0だったので、ホルモンをしても0が0のままです。

あなたは、わたしの身体を女性の身体でも男性の身体でもないと言う。ありがとう。ただ、あなたと向き合って感じたのは、「男性でない」状態でおこなうセックスは、「男性である」ことを強いられるセックスよりも、はるかにマシだという事実でした。

別に、セックスが好きなわけではありません。誤解されないことを願いますが、わたしは別にあなたとセックスなんてしなくたって、あなたが好きです。何回かあなたとセックスをしたのだって、もともとは手を握ったりハグをしたりとか、それの延長線上のことです。

一番変わってしまったのは、胸の感覚です。ホルモンによって、これまでは存在していなかった「胸」が左右に生えてきて、これがバグの原因のなかでもかなり大きいです。以前には存在していなかった感覚が生じたからです。ただし、胸を触られる時の感覚が、これまで下腹部周辺で感じたことのある、性的な感覚の仲間であることは理解できました。しかし、問題はここからです。これまでは、そういった「性的な感覚」には、全て嫌悪感が伴っていました。脳では、性的な感覚と性嫌悪は同時に処理されて、「我慢」されていたのです。

それに対して、あなたがわたしの胸を刺激することによって発生する性的な感覚には、これまでのような激しい嫌悪感が伴っていませんでした。これで、脳が完全にバグってしまいました。何回も言いましたよね。自分の身体じゃないみたいだ、と。本当にそうです。もう、誰か別の人の身体が、自分の脳と人工的にチューブで繋がれてしまったのではないかと、ほんとうにそんなふうに思いました。

一人になってから、すごく悩みました。自分の身に何が起きたのか。あなたとセックスをしたこと自体には、別に悩んでいません。最初は、「しまった」とは思いましたが、今はそれほどでもないです。悩んだのは、自分のセクシュアリティに起きた、この変化についてです。せっかく自分の身体を自分のものにできている感覚があったのに、完全に混乱してしまいました。他人の身体みたいでした。セックスしてるとき。

性別を移行すると、性的指向（セクシュアリティ）にも変化が起きるトランスがいるというのは、わりと当事者たちのあいだでは語られることのあるテーマですよね。あきらさんも、本の中で「トランス男性のゲイセックス」について語っていたところは、それに近いテーマだったと思います。

わたしは、いまだによく分かっていません。性的指向という点で言えば、相も変わらずわたしはAセクシュアルとしか言えません。性欲は0だし、誰かに性的に惹かれるというのも理解不能です。

覚えていますか？　セックスの最中にあなたは「あかりさんが好きだ」と言ってくれたのに、わたしは「セックスの最中に言う『好き』なんて信憑性ないなー」なんて、応えてしまったのです。ごめんなさい。後で振り返って、酷いことを言ってしまったかもしれないと反省しました。Aセクシュアルのわたしにとっては、性行為と「好き」はまったく結びついていないので、「好き」とセックスが繋がっていると感じているような人たちの感情を、尊重できなかったと思います。ごめんなさい。でも、こうして反省して、やっぱり確信しました。わたしはAセクシュアルのままでした。

問題は、性嫌悪とか、ジェンダーのことです。「男性ではないのに」という気持ちが、セックスへの過剰な恐怖や忌避感を伴っていたのに対して、トランジションを経てしまった今、そうした恐怖や忌避感はなくなりました。加えて、同じトランスジェンダーであるあきらさんに対しては、身体に対して勝手に性別を押しつけられる不安もありません。

性嫌悪についても、オペとホルモンの影響で、大きな変化がありました。激しい嫌悪を催すような部位が減少し、嫌悪を必ずしも伴わない性的感覚（——ただし、これを「性的快楽」というふうにはきちんと処理できていません——）を生まれて初めて感じました。おかげで脳がバグっています。

こうして、性的指向はAセクシュアルのままであるにもかかわらず、わたしにとってAセクシュアリティを構成する重要な要素だったジェンダーや性嫌悪に大きな変化がありました。困ったものです。わたしは変わらずＡセクシュアルですが、そのＡセクシュアルの意味が、性別移行の前後で大きく変わってしまったのです。

ふう。やっと書けました。

一週間のあいだ、これを書かなければ前に進めない、でも書けないし、書き方が分からないと、ずっともぞもぞしていました。かつての性行為などを想起して、精神の調子を崩したりもしました。自分の身体がふわふわして、自分のものではなくなった感じがして、それも調子を悪くする原因になりました。書いてみて、少しずつ落ち着いてきました。わたしの独白に付き合わせてしまってごめんなさい。いろいろ読みたくないことを読ませてしまっていたらごめんなさい。

また、すぐに会えるといいね。おやすみ。

あかり

あきらから(18)——分かるはずもなく

あかりさん、こんばんは。書きにくいことを、どうもありがとう。調子はどうですか。

あかりさんの18通目に応答するかたちで書いていきます。が、私もどうも書きづらくて仕方ないです。いつも以上に歯切れがわるい。

まず、一つ目から。あなたと私の視点がずいぶん異なることは気づいていました。理解はできるけれど共感していない、ということがたくさんです。

正直いうと私は、自分が「加害者」とされる側に立たされる経験に慣れていないのです。その想像力もありません。想像する必要なく、やってこられたからです(これは大抵マジョリティが述べるセリフ)。一方で、「被害者」の意識はこれまで強くもたされてきました。ベッタリこびりついて一人ではけっして振り払えない呪いのように。というのも、人生経験上では「子ども」であり「女」であった期間が長いからでしょう。

ほかの要素を鑑みればずいぶんと恵まれていたはずでも、「年齢」と「性別」、それらのかけ合わせによって生まれた待遇はどう考えても「被害者」に紐づけられやすいものでした。そう扱われてもきました。無力な存在。「女の子」から「女性」になりゆく性別。そしてつねに、まだ生まれてもいない「幻の赤ちゃん」を抱えている、そうした臓器の所有者として。そのジェンダーを纏う者として。自分や、その周りの（私と同様に「子ども」であり「女」である）関係者たちの、直接的な「被害」を何かあるとすぐに想起してしまいます。一方であかりさんとちがって、「加害者」とされる側に自身を重ね合わせる経験は、恥ずかしいほどにまったく、してこなかったのではないかと思います。

私は今、自覚できているつもりです。
端的にいえば、私はＴＥＲＦのような存在でした。
自分には「被害者性」があると思っている。
自分が「加害」することなんて、ないと信じこんでいる。
そのような存在でした。

おまけに、私は「シス女性以上に女性らしく」しようと振る舞っていた時期もありますから、こんなに我慢して、抑圧されて、粗雑に扱われてきて、この私のどこが加害性を帯びているのですか？とひらきなおるほど強固に、「被害者」意識に押し込められてきました。生きていくことも、「女性」を演ることも、ちっとも望んでいませんでした。羽根をむしられ、ぎゅうぎゅうの箱に押し込められて、意思のないまま鑑賞される立場にいる者として、自身の立ち位置を把握していました。

あかりさんと同じように、過去の話をすることは私にとってもおもしろくはありません。「無関心領域」のフォルダに片づけて、とっくに delete したような昔話。今さら聞いてもらいたいとも思わないし、そのときのミソジニー（女性が無力な被害者だと思い込むこと）も、ミサンドリー（男性に対する抑えきれない憎悪、それからルサンチマン）も、ひっくり返してみたって良いものは出てきませんから。たぶん、長年放置した岩をひっくり返したらゲジゲジが溢れ出たときと同じ気持ちになるだけです。

おそらく「ねじれ」――抑圧されていながらも、その状況が加害性と紐づけられやすいこと――を感じてきたのはあなたの方なのに、そうでない私ですら、うまく言葉が流れ出てきません。ようやく男性化してから、少しは理解することになったのです。「身に覚えのない加害（とされる事柄）」にどう対処すればいいのか。そのときの戸惑い。

笑い話のような真面目なエピソードですが、生活がすっかり「男性」に変わった私が電車に乗るとき、母は言いました。「痴漢冤罪、気をつけなよ」と。それまでは言われたかどうか記憶にありませんが、「痴漢に気をつけなよ」のはずだったセリフが、かわりました。私の立場は、かわりました。得体の知れない、息のしづらさ。

無様な話をすると、私は「男」の初心者ですから、そのへんの3歳児の男のコを捕まえてきて、そのコに「加害」の構造とか、それが起こりうる環境要因とかを説くようなもので、未だに何が起きているのかすっと理解できずにいます。

あなたは私を「シスジェンダーになってしまった」と言うけれども、私はある側面では非常に「FtMらしい」のでしょう。全てが急激に、手のひらを返すように変わりました。その戸惑いを咀嚼するひまがありませんでした。「もっている」のだか、「もっていない」のだかわかりません。でも表向き私は「大人」ですし、「男性」です。他の諸要素も、相対的に恵まれている部類でしょう。もはやそうなってしまいました。「男性」の範疇では「トランスジェンダー」ということで不利益を被る場面があり得ますが、もうほとんどにおいて、自分が誰かを「踏んでいる」し、今までも無意識のうちにそうだったのだと自覚させられるに至りました。もちろん「年齢」や「性別」の話題だけに限りません。個々人の「罪」と、集合的な「罪」。いつか聞かせてください。前回私はあなたの経験を土足で踏んでしまっていますし、あなたの方がずっと分からされてきた現実もあったでしょう。

私の話をそばで聞いてくれる相手が、あなたでよかった。

二つ目のお話。こちらも急だね。なにもかも急でした。あなたを傷つけずに済んだなら、私としてはひとまず全部よかったです。

いやこんな言い方は、私の方には何も変化をもたらしていないで平然としているみたいですが、別にそういうわけでもありません。少しこわかった。一つ目のお話を引きずっていますが、この二つ目のお話、どうも私にとってはフェアではないようです。

私の身勝手な意識のなかでは、私自身がより「男性」的で、より「性的」な存在に感じられて、詳細を語ることができません。こうなってしまった以上、ちゃんと単なる「個」であることや、性についてフラットに語ることが、途方もなく困難に思えます。「マジョリティ男性（ここでは、シスヘテロ男性）」と私自身を重ねあわせてしまう場面もあります。あなたを侵食していくような居心地の悪さも、発生します。

それでも、つっこめることだけ書いてみます。

あなたの「脳がバグって」しまった件については、私には干渉しようもありません。そう、ですよね。でもそんな状況でさえ、あなたはどうにか言語化をやり遂げてしまうのだからスゴイなぁと思いました。関心を通り越して、ちょっと呆れるくらいに。

あかりさんが2通目で予言（?）した通り、私のほうでもまさかあなたと「抱き合うことはないでしょう」と思っていました。短期間にいろいろなことがありましたね。もし急ぎすぎていたのならもう少し、二人ゆっくり歩きましょう。（といいながら、駆け出してしまう未来もみえるのですが。）

ここからは、私の話をします。

思い出したのは、私もかつて、自身がAセクシュアルなのではないかと疑ったことがあったような、朧げな記憶です（そうした言葉は知りませんでしたが）。世の中に溢れる「性」の規範にのれる一員であるとは、自分のことを想定できなかったからです。おそらく私は幼少期から「性的欲求」があったのですが、それを処理するだけの自分の身体がありませんでしたし、他者から向けられる視線にも快く応答できていませんでした。つまり、「女性として」魅力的にみられたところで、そんな気持ち悪い視線を向けてくる相手はみんな退いてほしくなるだけだったからです。今思えば、ですけど。

だって客観的に性差を観測できるようになるまでは、「女性として魅力的に思われること」を、正々堂々と拒んでいい、気持ち悪がっていい、ということを知りませんでしたから。喜ばなければならない、と自身に強制していました。そんなでしたから、対人関係に「性」を持ち込む様子が、自分ごととして想像できませんでした。夢のなかでは、大抵いつも同じ「男性のキャラクター」が私の身代わりになっていました。性的な夢をみることがあったけれども、そこでは私ではなく、「彼」がセックスしていたのです。私は性的な主体としては不在でした。そのように「自分の身体」が完成していないのですから、たとえ私に「性的欲求」があったところで、それ自体が他者との交流を望んでいるものかよく分かりませんでした。望んだところで、納得いくようには実現できなかったでしょう。

実際、自分が「女性」として誰かに触れられているとき、私は幽体離脱しているようでした。目の前の男性ではなく、ほんとうに想っている女性のことを虚しく思い浮かべたりしていました。あるいは、「自分がちゃんと男だったら」、目の前の男性以上にまともな振る舞いをできるはずなのに、と苦々しく思っていました。自分がトランスかもしれないという自覚が芽生える前から、そうでした。

ちょっと、チープな言説に苦言を呈させてください。「FtMとセックスしてやって、俺が女に戻してやろう」と意気込むシスヘテロ男性も実在するんですよ、これは本当に。

でもこれは、私にしてみれば、「ダメな男性サンプル」にその男性が振り分けられ、やっぱり「自分がちゃんと男だったら」こんな最低なヤツくらいは超えてやるだろう、とより一層、憎しみを込めて男性化への決意がはかどるだけでした。「女に戻る」どころか、「男への決意を強める」機会になっていたわけです。実にしょうもない話です。ただ、今思えば、そういう根拠不明な自信のあるシスヘテロ男性が、ほんの少しだけ羨ましかったりもします。謎の自信がどこから湧いてくるのか。「臆病な男性」になった今、1%くらい分けてほしいです。

都合があえば前提からしてミスマッチであるシスヘテロ男性とセックスしてもいいかな、と思えた時期もあったくらいです。だから私の場合、性行為と「好き」はそもそも別の事象です。ただし、同時に現れうるし、どちらも合わさったらもしかしたらとても素敵かもしれない、という幻想がどこかにあるらしいのは認めます。

性行為と「好き」の関係を、カレーのルーとライスに例えましょう。

「カレーのルー」も「ライス」も、それぞれ美味しいかもしれないし、不味いかもしれません。シスヘテロ男性とのセックスの半数以上は、カレーのルーだけ食したけど、不味かったな、といった感想です。あるいは、別に不味くはないけれど、今後1回も食さなくていいや、と切り捨てています。

でも「美味しいカレーのルー」と「美味しいライス」が合わさったら、「美味しいカレーライス」が出来上がって、それは最高かもしれないな?と想像します。とはいえこれも、つねに、とは限りません。いつも両方がセットになった「カレーライス」が食べたいとは限らないし、その時々によっては「カレーのルー」だけとか、「ライス」だけ味わうほうが良かったりもします。そんな感じです。

ああ。気づけば、あなたとの出来事について全然話していませんでしたね。でも、それがいいかなと思います。私はいまだに、あなたの身体や性にまつわることについて、どこまで触れていいか分かっていないから。大切なものは傷つけたくない。

ほら、寿司屋で話したでしょう? 男性であることは、『シザーハンズ』みたいだって。愛しくおもう相手を抱きしめるにも、自分の手がハサミみたいで、相手を傷つけてしまうかもしれないことに戸惑い、諦めるほかなくなるのです。数年前と変わらず小さいはずのこの指や手や腕や身体が、一瞬で凶器のように立ち現れるかもしれないなんて、そりゃあ身体を持て余します。

あのとき。あなたの身体に触れて感じたのは、言葉にするなら、罪悪感と、愛おしさでした。罪悪感というのは、あなたに性嫌悪があること、Aセクシュアルであることを知っていたからです。

でも今残っているのは、後者の情だけです。

おやすみなさい。

あきら

第10章　関係は変わる

あかりより(19)――不幸の手紙

あきらさん、こんばんは。

夕飯を食べ終わって、家でこの手紙を書いています。家の中、ところどころあなたの匂いがします。前までは「男の人の匂い」だったものが、「あなたの匂い」として識別されるようになりました。なんだか惚気ているみたいですが、純粋に嗅覚の話です。

さて、返事がまたもや空いてしまったのは、あなたとの時間を何日か過ごしていたからです。そうですね。仕事休みも使いながら、日曜の夕方まで、こんなに何日も一緒にいたのは初めてかもしれません。疲れてないですか？　ちなみにわたしはまったく気を遣っていなかったので全然疲れていません。

でも、あきらさんと一緒にいて、びっくりしたことがありました。もうちょっと正確に言うと、あなたと一緒にいたときのことで、後から気づいたことがあって、びっくりしました。

二人で近所の温泉施設に行きましたよね。受付で男湯のキーと女湯のキーをもらって、またそのあと二人で落ち合って家族風呂みたいな場所にも入ったりしたわけですが、あなたと分かれてから、わたしふと気づいたんです。

「すっごいナチュラルに『女』をやってしまった」と。すっぴんだったのに女性としてパスしたとか、そういうことで驚いてるわけではもちろんないです。パスとかはもうどうでもいいです。それよりもわたしが驚いたのは、あなたといると「男女」のペアを「やれてしまっている」時間がある気がする、ということです。

以前なら、わたしはもっとどぎまぎして、あなたに言っていたはずです。「ねぇ、フロントの人は私たちをヘテロのカップルだと思ってるんじゃない？」って。それで、いつも通りわたしは「性別なんてくだらない」と悪態をついていたと思います。

でも、なんだか不思議です。あきらさんと二人でいる時間が増えたり、二人で出かけたりして、どこへ行ってもだいたいヘテロのカップルみたいに見なされて、前はそれがむずむずして、おかしくて、くだらなくて、世の中の性別二元論と異性愛規範に唾を吐きかけたくなる気持ちだったのに、ちょっとずつ、そういうことが気に障らない時間が増えている気がします。

なんだか変です。正直ちょっと怖い気持ちにもなります。あなたと二人でいたら、まるで二人で招待されてもないパーティに紛れ込んで、気づいたらそのまま、もともとは自分たちがそこに紛れ込んだ「スパイ」だったことすら忘れてしまいそうになります。

ずっと、世界に歓迎されていないと感じてきました。世界に歓迎されているという顔をして楽しそうに生きている人たちが憎らしかったです。

あきらさんといると、歓迎されてもいないのに、歓迎されている人の側に紛れ込んでいる気持ちになるときがあります。同じ比喩でしか説明できません。招待されてもないパーティに潜り込んで、ひとしきり飲み食いして、抜け出して中庭でだらだらしゃべるのです。あれ、なんのためにパーティに潜入したんだっけ？　もう、分からなくなりそうです。

温泉施設で「カップル」みたいにくつろいで、帰りに河原に寄りましたよね。楽しかったです。わたしのなかの世界全体への復讐心が、ほんのり忘れられた時間でした。

ごめんなさい、相変わらずわたしは意味の分からないことを言っていますよね。ただ、ほんとうにびっくりしたのです。自分で。自分が「女」だと見なされたり、あなたと「カップル」だと見なされたりすることに対して、いちいちぎょっとして、冷ややかな態度をとっていたはずのわたしが、なんにも考えずに、だらだらと温泉施設で過ごして。わたしは、もしかしたら幸せだったのかもしれません。それが、びっくりなのです。

さて、相変わらずですが、この手紙で書きたいことがたくさんあります。

あなたが未就学児レベルの幼い男の子であり、そんな男子であるあなたに「男性の加害性」やら「男性特権」とやらを説くのはおかしなことだって、それは面白い視点です。

トランスジェンダーの人たちで、性別移行をすると急激に「幼く」なる人っていますよね。性別違和やら、家庭内の虐待やら学校でのいじめやら、トランスの人たちはそういうことに悩む幼少期を過ごしがちですから、性別を移行して初めて「子ども」をやれるようになる、という感じだと思います。わたしも、うっすら分かります。だって、わたしに「子ども時代」なんてなかったので、やっと「子ども」ができる、というふうに感じるトランスがいるのも頷けます。だから、そもそも私たちトランス組に「男」や「女」の立場をわきまえろという方がどうかしているのかもしれません。

すみません、あなたが「わきまえざるを得ない」状況にいるのに、わたしは話を逸らしてしまったかもしれません。わたしの手は、シザーハンドのあなたとは正反対になりましたから。前までは、他者の身体から距離をとらなければならなかったのに、今は自然と手を伸ばせるようになりました。あなたと手をつなぐために手を伸ばすのだって、言ってみればそれと同じかもしれません。

さて、ここから先はあなたの18通目の後半の話をしますね。ただ、セックスそのものではなく、セクシュアリティと「好き」の話です。

あなたと直接話すなかでもわかったのですが、わたしは人生のどの段階でも「同性愛」的な時間を過ごしたことのない人間でした。Aセクシュアルだからです。

自分のジェンダー（性同一性が【無】である）と、セクシュアリティ（Aセクシュアル）と、二つあったとき、わたしの格闘は、その両者どちらにもありました。

わたしの割り当ては男性でしたから、10歳を超えたあたりから、周りの男子たちが異性愛的な欲望を急速に蓄えていくのを間近で見ることになりました。あるときから「男子」に擬態して以降も、一番困ったのは性的な話とか、性的なコミュニケーションとかでした。

ある時期必死に悩みました。「わたしは『ホモ』なのか?」

当時、友だちとして「好き」だった男の子の唇をじっと見つめて、キスしたくなるかどうか試したりしていました。高校のときも、尊敬する先生が一人だけいて「好き」だったので、その先生と話しているときにじっと唇を同じように見ていました。

全然キスしたくなりませんでした。当時のわたしは、恋愛や性愛の「好き」は、自動的に「キス」したくなるに違いないと本当に思っていたので、そうやって試していたのです。

現実にはわたしは、中学や高校の頃から、「異性」つまり「女性」と付き合ったり、セックスしたりしていたのですが、自分のなかでは、それは自分の内側から生まれる「好き」に基づくものでないと自覚していました。だから、ほんとうは自分は「ホモ」なんじゃないか、と思っていたのです。

田舎の街ですから、LGBTとか「同性愛者」とか、そんな言葉は入ってきていませんでした。ただ単に、「ホモ」という、人類の中で最低ランクの扱いを受ける生き物に自分が当てはまるんじゃないかという、不安がありました。いま思えば、かなりのホモフォビアを内面化していたと思います。

20歳も過ぎて、誰も好きにならない人たちがいる、という情報を耳にして、本当に救われましたよ。ただ、そうしてわたしが自分のセクシュアリティをようやく「発見」するまでのプロセスは、わたしの性別移行とは基本的に無縁でした。

もちろん「好き」には煩わされてきました。手紙の11通目であなたをうんざりさせてしまっただろうように、男でもなく、むしろ女の友だちの輪に埋もれているつもりだったわたしは、異性愛的なコンテクストを勝手に設定されて、女の子たちから「好き」を向けられて、ことごとく人間関係を壊されてきたのですから。

それでも、わたしにとっての「好き」は、わたしの人生を積極的に突き動かすようなものではありませんでした。これまでもずっとそうですし、これからもずっとそうでしょう。「好き」を軸において行動したことがないので、当然のことですが、「好き」と性別移行（トランジション）は無関係です。

あなたからの17通目の手紙のなかで、あなたは自分のことを「粗大ごみ」だと書いていました。全然、そんなことはないよ、とわたしは言いたいけれど、あなたの人生全体が「好き」によって大きく引っ張られていることは痛いほど伝わってきました。

わたしは、物心ついたときから、なかば世界に絶望してしまっています。ある時期を過ぎてからは、個人を恨むことにも興味を失いました。わたしに暴力を振るう父も兄も、わたしを病院に連れて行かない母も、学校の先生も、親戚も、誰かを恨むのはやめました。そんなことをしても仕方ないからです。その代わりに、世界への復讐心を煮えたぎらせていきました。運よく大学にも行けて、わたしの怒りや憎しみは、ますます制度的なもの、政治的なものへ向かいました。個々の人間への興味がない、のだと思います。

対してあなたは、とても人に興味がありますよね。あなたがトランス差別に関心をもったのも。煙草を吸い始めたのも。映画をたくさん観ているのも。外国語を選んだのも。「男になった」のも。なんらかの意味で、「好きな」人の影響だと、そうあきらさんは書いていますよね。

とりわけ最後の「男になった」理由に焦点を当てたい気持ちもあるのですが、でも、どうなんでしょう。

あなたにとって、「好きな人」がいたから「男になった」ことと、「好きな人」の影響で映画をたくさん観るようになったことのあいだには、どれくらい区別があるのでしょう。

性別を変えるなんて、常軌を逸していると思います。だから私たちはつい、「なぜ性別を変えたいのか」と聞いてしまう。そうして私たちは、「ジェンダーアイデンティティ（性同一性）が女性or男性だからだ」という、シンプルな答えを求めてしまう。

でも、私たちはそんなに単純じゃない。そうですよね？　そして、たぶん、世の中で性別を変えていった人の多くも、こんなにシンプルじゃないはずですよね。「性同一性」なんて、そんな概念だけで人が性別を変える理由が全部理解できるなんて、そんなの驕りもいいところです。シスジェンダーたちが分かりやすいように、「心の性別」とかいう言葉を使ってあげているトランスたちの身にもなってほしいですね。

すみません、話が脱線してしまいました。聞きたかったのは、「好き」があなたの人生を動かしてきた、そのことについてです。あなたは自分を「粗大ごみ」だという。理由は、あなたには「自分」という名の中心がないから。そうですよね？

あなたは10通目で、自分のことを「足のない鳥」だと呼んでいました。その理由は、ひとときも立ち止まることができず、どこか命の危険を感じているから、ということでした。この比喩は同時に、あなたの「自分の無さ」を表現してもいたのではないでしょうか。

あなたは、一人だけで地面に立つということをせず、「好きな」ものや「好きな」人を次々と見つけては、その肩に乗ってわずかな休息を繰り返す、そんな渡り鳥なのではないでしょうか。

同じ10通目の手紙で、あなたはわたしと出会って延命したと書いていたけれど、わたしがあなたにとっての止まり木になれるなら、使ってください。そして、よければ教えてください。あなたの「好き」と「セクシュアリティ」と、「足のない鳥」のこと、わたしの見立ては合っていますか？　不快な気持ちにさせたならごめんなさい。きっとわたしは、いつものことですが、ちょっとずつあなたの言葉を読み間違えていると思います。

さて、この手紙を始めてから、2か月と10日ほどが過ぎました。そのあいだにも、手紙の中と外で、いろいろなことがありましたね。あなたは三つの並行世界を生きている。忙しい人です。

わたしは、世界に絶望していたけれど、あなたのせいでちょっとずつ現実に引き戻されつつあります。この手紙の冒頭で書いたように、約束された幸福な未来など、わたしにはありません。でも、わたしとあなたが出会うことのできる唯一の時間である「現在」が、少しずつ幸福の色に染まっているむずがゆさがあります。

しかし、わたしがあきらさんを引っ張ってしまったことで、あなたにとても大きな迷惑をかけている（迷惑をかけた）かもしれません。そうだとしたら、この手紙は、あなたに不幸をもたらす不幸の手紙なのかもしれません。

わたしは、すこし怖いと思いながら今日の手紙を書いています。わたしには心がないので、あなたの辛さに共感できないと思います、ごめんなさい。わたしは口癖のように「好きにしなよ」と言っていますが、それであなたを傷つけていないか、不安に思います。

本当は、あなたに足が生えていてほしい。あなたは、素敵な人で、たくましく、2本の足で立っていける人です。今日までの人生で、あなたは痛覚を失うほどの痛みを経験して、もう十分すぎるほど生きたと思っているかもしれないけれど、わたしはあなたに幸せになってほしい。

わたしが止まり木になれるなら、使ってください。わたしも、あなたのさえずりを聞いて、考えが進むこともありますし、孤独も癒される気がする。でも、もし、わたしという止まり木に留まっていることで、移動しなければならないはずの季節が到来してしまいそうになったら、ためらいなく旅立ってください。わたしの肩の上であなたを凍死させたくない。

そして、もし2本の足が生えてきて、止まり木が要らなくなったら、どうぞ木から降りてあなた自身の人生を歩んでください。さもないと、これは不幸の手紙になってしまう。わたしは、あなたを不幸にしたくない。幸せになって。お願いだから。

あかり

あきらから(19)――シンプルなだけ

あかりさん、
会いにいきます。

あきら

あきらから（19-2）――シンプルなだけ

あかりさん、こんにちは。私の方こそ、あかりさんの家にいるとあなたの匂いを覚えてきてしまったようです。そのことに驚きました。あなたは「無臭」だったはずなのに。

そして代わりに、彼女（恋人）の匂いは手放さなくてはならなくなりました。なぜ？

彼女の私物をまとめて、自宅の隅に置いておきました。私が帰宅したら、廊下はからっぽなのでしょう。私の家の鍵が、ポストに投函された、最後の無機質な音。それだけでもう、私が家に帰る理由はなくなりました。この件について、あなたが謝る必要はまったくありません。

私にはわからないことがあります。なぜ、世の中は複雑なのかということです。

なぜ、「好きな人がいる」と別の好きな人に報告すると、それは良い報告ではなくて、「浮気」や「裏切り」として解釈されるのでしょうか。幸せが増える。それは「よいこと」ではなかったのですか。ペットの犬の写真は、かわいいねとか好きと言い合って、いっしょに笑って見ていられるのに、「好き」な対象が人間になった途端、「同期間に一人だけ」しか好きでいられなくなるという制約には、何の意味があるのかわからなくて。

「好き」は多様です。ですから、「好き」が他の「好き」で代用できるはずもなく、私にとってはどれもこれもなくてはならない大切なものでした。それぞれの「好き」がまとう背景やその影響力は、ほかの「好き」と比べて取捨選択できるものではありません。

でももう、私が彼女をひどく傷つけた、という事実は変わりません。許容される範囲を超えていたようです。このあたりのお話、流暢に語れば語るほど胡散臭くなる気がして、もう言葉なんて滅びてしまえという気分です。私は彼女が好きです。それは変わりません。今も好きです。まだ、彼女の夢だってみるでしょう。

なぜ、世の中は複雑なのでしょう。

私の立場は、あかりさんとは違っています。

私は物事をシンプルに考えていて（そのつもりで）、それなのになぜ、ジェンダーアイデンティティだなんて問われなければならなかったのだろう、と不思議でたまらないのです。自分の性別移行は本来、きわめて単純なものだったはずです。それが外部から複雑化されたように思います。私は自分のことを極めてシンプルで、ミニマリスト的な思考で、しかしながら世の中がぐちゃぐちゃ余分なものを増やしてしまったおかげで、私の性別移行が遅れたのだろう、と考えているわけです。だいぶ、恨んでもいます。

私が男かどうかなんてどうでもいい。「あなたの性自認は終生男性ですか？」という問いも、意味がわからなかった。そんなことよりも、どうやら私は男としてやっていけてしまうらしいし、もうそうするほかないのだ、という圧倒的な事実の方が大事でした。

わかっています。以前話しましたもの。あなたは、私を炙り出したいのでしょう。「好き」のエネルギーこそが、私を男に向かわせた動機のはずなのに、なぜたったのそれだけで今後も男としてやっていけてしまうのか、と。性別を変えるなんて、常軌を逸していますもの。性別移行とセクシュアリティの関係性は？　性的指向とか、「好き」のエネルギーが、人ひとりの「性別」を「変えて」しまうなんて、そんなふざけた物語はトランスジェンダーにとってタブーです。「性別違和」の除外診断に該当するでしょう。端的にいえば、私は「偽のトランスジェンダー」ではないか、と。

でも、やっていけてしまうのだから仕方がないでしょう！

私が女子寮にいて、はじめて「男になりたい」と慟哭したとき、当時好きだった人はヘテロセクシュアルの女性でした。男性しか恋愛や性愛の対象にならなかったのです。「女」であった私は、彼女の瞳に映ることはないのでした。

また別の人を好きになったとき、その人もヘテロ女性でした。私のことは「スキ」だったようですが、それでも男のもとへ惹きつけられていってしまいました。私はひとりになりました。

私は自分が「女」であることを呪っていました。こんな境遇を死ぬまで引きずらなければならないならば、寝ている間にころされたいと常々願っていました。

「そんなに女が嫌なら、男になればいいのに」

相手が私の前から去ったあとも、相手から言われた言葉は重力を携えてその場に残っていました。私はよくよく咀嚼しました。残された道はない。そうか。男に……なってしまおう。

というより、女であるなら死ぬほかないと分かっていたわけですから、私が生きていくには性別を変えるしかなかったのです。そして、性別を変えるということは、社会的には男女の二つしか未だ認められていないなかで、女でないならば男としてやっていかなければならないのだろう、と私に思わせました。積極的に望んでいたわけではありません。「自分が男である」なんて、リアリティをもって想像できるはずがありませんでした。男性は理解のできない他者であり、多くの日常的な場面でセクシストであり、自分自身と同一視できるはずがなかったのです。立派なGＩD物語のように、「自分は生まれた時から男の子だった」とはこれっぽっちも信じていません。でも、「もしも生まれた時から男の子だったら」そのまま自分の性別を疑うことなく、ありとあらゆる場面で（もちろん恋愛も含みます）やっていけたのではないか、と漠然と信じています。その「仮定」にたどり着いたとき、私はもう自分が「男ということで」やっていける気がしました。そして今、「やっていけている」ようなのです。もう、それでいいです。どうでもいいのです。

過去の物語から「私は男であったはずだ」という証明を導き出すより、もうどうしようもないのだと諦めて、崖から飛び降りる覚悟で「将来的に男としてやっていく」ことを白紙から描き出すほか、できることはなかったのですから。

きっと、あかりさんは私に聞きたいこともあるでしょう。たとえば、もしも私がAセクシュアルのような人間で、決して他者を「好き」にならないのだとしたら、男になどならずずっと女としてやっていけたのではないの？とか。

これについて答えるならば、そんな人生は不幸だっただろうなと傍観しています。私は性愛者で、いろいろと恋愛もする人間だったから、それによって「女じゃなくて男に」なろうと決心がつきました。でももし、他者への「好き」がなかったら、今もずっと女をやっているか、あるいは自殺していたでしょう。もはや想像できないくらい、不幸だったに違いありません。

私は「好き」を抱えて、しかも（それだけではなかったにしろ）「男ではないから」という強い理由のもとで失恋してきたおかげで、性別移行に至ることができました。だから、私がAセクシュアルでなかったことには感謝しています。運がよかったのです。どんな道筋であれ、「男になる」という結論を導き出せたのですから。

あるいは。

今後たとえば「女性しか好きにならない」というセクシュアリティの人を私が好きになったとき、私はその人に好かれたいがために「女に戻る」ことはあるのか？と。

答えは明快です。偶然私が好きになってしまった相手が、ヘテロ男性とかレズビアン女性だったとして、そうしたらその恋愛・性愛はうまくいかないでしょうね。私の場合は、「男性化する」という一方通行の性別移行が「正解」だったみたいです。片道切符なんです。往復切符ではないし、期間を決めて自由に性別を行き来できるというわけではないようです。私は誰かに「性的に男として」好かれる状況を悦ばしく感じるようです。そのことが発見できました。だから、私を「女として」見なす人との関係性は、うまくいかないでしょう。

私は他者への「好き」に集中することで、男性化に至りました。そしてそれが落ち着く境遇だった、

「正解」だったのだ、とあとから実感できました。出生時の二択には失敗したとはいえ、誰かを「好き」になれたことで軌道を大きく変えられたわけで、それはなんて運がよかったのだろう。

たしかに私には「自分がない」のかもしれません。でも、「結果的に納得する」ことができれば、それは私が先行きの見えない賭けに勝ったことになるのではありませんか。私にはそれだけで立っていられる2本の足が生えていないみたいです。まだ、あなたに寄りかかって生きていくことになるでしょう。あなたといることは、不幸ではありません。私が、不幸にはしないからです。

たくさん迷惑をかけてしまいました。これからはもっと、そうでしょう。ごめんなさい。今後ともよろしくお願いします。

あきら

あかりより（20）――ややこしいのは誰？

あきらさん、こんばんは。

昨日は長電話に付き合ってくれてありがとう。今日もちょっと涙が止まらなくなりましたが、昨日みたいには崩れずに済みました。

この手紙も、気づけば20通目になりました。もう、読み返すのも大変ですね。

あなたが家に残していった匂いは、もう大部分が消えました。でも、あと一月もしたら、あなたの匂いにほとんど違和感を覚えないくらいに、あなたの匂いに慣れているのかなと思うと、少し不思議な気持ちです。

世の中は、どうしてこんなに複雑なのでしょう。わたしは、あなたと彼女の関係を心から応援しているし、彼女がどんなにかわいくて素敵か話してくれるときの、あなたのちょっとだけ照れた様子を見るのがとても好きだったのに。

あなたが彼女に向けている「好き」が、わたしに向けられる「好き」とはまったく別物だということを、わたしは肌で感じていましたよ。世界には、一人と一人のあいだに、それぞれの関係性があって、それにいちいち名前なんて付けなくていいのに、世間はいつも名前を付けようとして、話を複雑にしますね。やれ、「付き合っている」のかとか、「両想い」なのかとか、「結婚」しているのかとか。そんなふうに、無駄に名前を付けたりするから、話がややこしくなります。

そして、二人同時に「好き」なのは駄目だとか、「浮気」だとか、もう、意味が分からないですね。わたしもそう思います。勝手に話をややこしくして、勝手に変なルールを増やして、自分たちに適用して、無関係の人たちまで巻き込んで。いったい話を複雑にしているのはどっちだと、言いたくなります。

あなたは、パンセクシュアルで、ポリアモリーで、一見するとわたしと正反対です。わたしは、Aセクシュアルで、ゼロガミー（ゼロアモリー）ですから。

でも、あなたは、わたしととてもよく似ています。そうでしょう？

わたしは、たった一人の相手だけしか「好き」になっては駄目だという、世の中のモノアモリー的な性愛者のルールが理解できません。端的に、意味が分からないと思います。図らずも、あなたと同じです。恋愛とかセックスとか、そういうものを関係性の柱において、それもなぜだか一人だけとしか安定的な関係を結んではいけないなんて、謎プレイに謎プレイを重ねているように見えます。

わたしはAセクシュアルですから、「誰も（性的に）好きにならない」というふうに性的指向を説明される存在です。でも、正直言うと、わたしにはこの定義（？）はあまりしっくりきてなくて、わたしはむしろ、「誰も嫌いにならない」のです。

手紙でずっと書いてきましたよね。わたしが「好きだよ」と、女の子たちに「好き」を振りまいていたときのこと。わたしはそのせいで、ずいぶんと嫌な目に遭ったのですが、わたしが不思議だったのは、わたしのことを「好き」だった人が、わたしを「嫌い」になることがある、ということでした。

わたしは、一度「好き」になった人を嫌いになったことがありません。ただ単に他者に期待していないだけかもしれませんが、でも生きてきて分かったのは、どうやらわたしは、他の多くの人たちが持っている、「好きになったり嫌いになったりするバロメーター」そのものを持っていないということです。誰かに惹かれて「好き」の方へと目盛りが傾いていって、それから何かのきっかけで「嫌い」の方へと目盛りが傾いていく。そうした、「好きと嫌いのバロメーター」それ自体が、わたしには備わっていないみたいです。

だから、わたしには「嫌いになる」ということの意味が分かりません。だから、いつもわたしは「振られる役」でした。だいたいはそう、「あなたは人を好きになったことがない」とか、「あなたは本当はわたしを愛していない」とか、「あなたは家族のように私を愛するけれど、私が欲しいのは家族愛じゃない」とか、そうやって振られるのです。意味が分からないなぁと思っていました。わたしは「好き」なのに、相手の人は、わたしを「嫌い」になって去っていくみたいでした。

あなたも今、同じようなことを感じているのではないでしょうか。あなたは、彼女を心から愛していて、大好きで大好きで大好きなのに、あなたは彼女と離れなければならないの？

どうして？

なぜ、世界はこんなに、話をややこしくするのでしょうか。あなたは、シンプルに生きているだけなのに。あなたただけの「好き」に従って、生きているだけなのに。

あなたの性別移行物語。聞かせてもらいました。ここまでしゃべらせてしまって、申し訳ない思いもあります。

あなたは、幼い頃から「心は男の子」だったわけでは断じてない。でも、自分が「男」ではなかったために距離が離れてしまった「好きなひと」たちのせいで男になった。いえ、「好きなひと」たちのおかげで、男になるチャンスを得た。

あなたには、よろこんで同一化できる「男」などいなかった。でもあなたは、男になるしかなかった。「そんなに女が嫌なら、男になればいいのに」。その一言をあなたに残していったのが、あなたの「好きなひと」でなければ、きっとあなたは今ごろこの世にいなかったのでしょう。

よかった。あなたが人を「好き」になる人間で。あなたがわたしのようなAセクシュアルだったら、あなたにはそうした性別移行のきっかけが与えられなかったのでしょう。

面白いのはでも、あなたの性別移行が「正解」だったことが、性別を変えてから明らかになった、ということです。わたしは、これはすごく重要な話だと思っています。

だって、世間にあふれる「GID」や「トランスジェンダー」の物語って、たいていいつも「ジェンダーアイデンティティが男だったから男に性別移行した！」という、つまらない物語しか教えてくれないのですから。

そういう説明によれば、なんにせよ性同一性が「男」なのだから、「男になる」のが正解なことは最初から明らかなのです。もちろん、そういうトランスジェンダーもたくさんいると思いますよ。わたしたちが手紙の初期の頃に分類していたように、性同一性がしっかりしていて、とくにバイナリーな人たちは、自分の性同一性に従ってトランジションするのが「正解」に決まっています。

でも、私たちは違いますね。あきらさんは、男性に移行してから、そのあとになってから、自分が男性としてやっていけることに気づいた。それが「正解」だったことを知った。

それは、文字通りやってみなければ分からなかったことですよね？

わたしも、同じです。

ずっと、女性になんかなりたくないと思っていました。たしかに、女性的な身体は喉が焼けるほど羨望していました。でも、それは「わたしがなるべき身体」ではなかった。

社会的にも、「女性」側に埋もれて生きていきたいなんて、そんなふうには思っていませんでした。でもわたしは、男として生きることができなくなって、ぐずぐず性別移行のようなことを始めて、ホルモンをはじめる前からもう実質的には性別を移行してしまっていました。

そうして、女性として「パス」するようになって、職場が何回か変わって日常生活の人間関係がどんどん変わっていって、わたしは見た目の性別移行をして数年経ってからやっと、うっすら気づいたのです。以前ほどは死にたくない、と。

そして、最近ますます自分が信じられなくなりつつあります。

もしかして、わたしにとって性別移行は「正解」だったのかもしれないと。

ふと、ジムの鏡に映る自分を見て、思います。「この身体にたどり着くのに、ずいぶんと長い時間がかかってしまった。でも、これが間違いなく自分の身体だ」と。職場の隣の課の同い年くらいの女性社員と、他愛もない話をして、一緒にコピー用紙を運んだりして、「やっぱりわたしが交じりたかった世界のすき間はこっち側だった」と。

わたしは性同一性が【無】なのに。それは今でも変わらないのに。そして、この【無】ゆえに、性別移行初期のわたしはあれほど精神を病んでいたのに。自分にとって「女性への性別移行」が正解なはずないと、あれほど抵抗していたのに。不思議なことです。わたしはいま、これが「正解」だったのだろうと、思い始めているからです。少なくとも、性別を移行していなければもう死んでいた自信があります。その意味でも、たぶんこれがわたしの「正解」だったのでしょう。

ここまで書いて、逆に自分で不思議に思えてきました。わたしは何に引っ張られてここまで来たのでしょう。あ、そうだ思い出しました。わたしは過去をあみだくじで造り出したんでした。ずっと男ではなかった人生のストーリーを描き直して、ジャンプして別の人生の流れに乗り移ったのでした。

だからたぶん、わたしもシンプルなんです。本当は。人には理解されないでしょうけれど。性同一性がないのに。なんで性別を移行したんだって？　そんなふうに聞かれたら、困りますよわたしも。「性同一性が女じゃないのか」とか、面倒な枠組みを押しつけられても、困ります。心の性別はどうなんだとか、聞かれたって、困ります。そんなものないです。

わたしはただ、こうするしかなかったんです。こうではない人生、男性に埋《うず》められる人生は、途切れてたんです。20代の途中で。死んだんです。そして、いまわたしが女性のように生きていて、それが全てです。わたしから提示できるのは、ただその事実だけです。それでいいじゃないですか。死なずに生きているなら、それが「正解」で。それが正解である理由を、これ以上に私たちの心のなかに、ジェンダーアイデンティティなんかに求めたって、話がややこしくなるだけです。誰も幸せにならないし、誰も納得のいく答えなんて手に入りません。無意味です。

私たちは、ただ生きているだけです。ときには好きな人と、一緒にいたいときに一緒にいて、電話したいときに電話して。死ぬしかないから性別を移行して。それだけです。

シスでヘテロで、モノアモリーな世界の人たちには、私たちは「ややこしい」存在に見えるのかもしれません。でも、私たちからしたら、ややこしいのはそっちの世界の人たちの方です。

私たちは、ただ生きているだけなのにね。シンプルに。

わたしは、あなたとならもう少し、生きていきたいよ。これは、それ以上でもそれ以下でもなく、シンプルな気持ちとして。

あかり

あきらから(20)――あなたを嫌いになる日

あかりさん、おはよう。あなたがときどきそうするように、私もお手紙を読み返していました。まだ開始3か月も経っていないというのにね。あなたといると時間感覚がおかしくなります。

最初は、身体の話から始まりました。小さくなったり、大きくなったり。

「せっかく男性をやめたのに、女性なんかになってしまったら、元の木阿弥だ」と思っていたあなたは、でも、女性の側に埋もれて生きることにおおむね納得し始めてきてしまったようです。ノンバイナリーとして在ることの困難があるなかで、それが素直によいことなのかはわからないけれども。このひと季節のあいだでさえ、変化はあったのでしょう?

そして「男性なんかになりたくない」私は、でも、男性でいいか、とほとんど満足といっていいような充足感を覚えています。ある期間は確実に、あれほど別モノに感じられた「男性」なのに。

死ぬしかなかったから、性別を「変えた」。

なのに今どうにかやっていけているのは、純粋に驚きですよ。だって、最初から「正解」だとは少しも確信できていなかったのだから。あかりさんの言う通り、世間でみかけるトランスジェンダー物語は、シスの人々に向けて親切にコーティングされているようです。少なくとも私たちが「正解」にたどり着くには、かえって遠回りになる物語だったかもしれません。

この往復書簡は身体の話から始まったとはいえ、私たちは、お互いの身体そのものを深く意識しあったことのない二人でした。まず言葉によってお互いの身体を知って、それから実際にそこにある物体として、お互いの身体を知ることになりましたが、そんな親密さは予期せぬ出来事でした。たとえばホルモンで起こる匂いの変化なんて、これまで言葉だけではリアリティを伴って追うことができなかったけれど、今なら、わかる気がします。相も変わらず、私はあなたを「女性の」身体だとは認識していないので、それが「女性の」匂いだとか思いませんが、でも、昔とは変わったのであろうことは、そばにいて理解できます。

あかりさんの昔話を聞いてから、街中で「男の子（boys）」を経由して「男性（men）」になったであろう集団をみかけると、身体をどんなふうに膨らませて鎧のように大きくしてきたか、少しばかり想像が及ぶようになりました。私には欠けている過去がそこにはあります。

ええ、私は素直に「男性になりたい」とは熱望できなかったけれど、でも身体は男性型フォルムに変えたかったのです。それははたして「トランスジェンダー」なのでしょうか。しかしトランスジェンダーといえば身体の話、と繋がるのもまたつまらなくて。腑に落ちないことばかりでした。

いま言語化するならば、私はトランスについて熟考するとき、不在となった過去や、崖っぷちからリスタートする未来とか、時間の話のほうにより関心がありました。孤独の正体は、誰とも共有できないその歴史／物語（Geschichte）にあったのかもしれません。だから私の5通目では、「トランスジェンダーゆえのコンプレックスは?」と聞かれたら、身体のパーツではなくて、「思春期を過ごせなかったこと」と答えるだろう、と書きました。テーマを身体から、すっかりズラしましたね。

それから、ジェンダーアイデンティティの話になりました。

あなたが9通目で書き残してくれたフローチャートは、ジェンダー史の歴史に残ってほしいものでした。私は、あなたのその発明を最初に見て、ゲラゲラ笑って歓迎できた、幸運な人間です。解体されるべき対象は既存の「トランスジェンダー」概念だけでなく、シスジェンダーもそうなのです。いや、私はずっと、シスジェンダーにこそひっくり返ってほしいと思っています。

あかりさんの11通目で「好きは嫌いです」と言われて、好きが尊ばれる世の中で、少なからず驚きはありました。その頃にはもう、私はあなたを「好き」になっていたはずです。が、だんだんとわかってきたのです。「ズレている」とされるあなたのその感覚は、文脈（セクシュアリティ）こそ違えど、私にも近しい感覚なのだと。

あなたは最近言いましたよね、Aセクシュアルとポリアモリーは似ているって。そうなのかもしれません。ただし、「好き」で構成される大半の物語に順応しやすいであろう点で、私はその分、自分がマイノリティだとは実感せず過ごせてしまいます。

小学生の頃図書室で読んだ本に、「世の中の歌の95%は、恋愛ソングです」と書かれていました。そのときはほぼ全てが恋愛ソングだなんてと驚きましたが、新曲が生みだされるたびに「あの記述は正しかったのだ」と確信を強めました。そして、世間の歌から遠いところにある、Aセクシュアル（上記の例では狭義のAロマンティックですが）の感覚はわからないな、と私は思っていたのです。恋愛伴侶規範に賛同しない点では、近いところに立っていたのですけれど、お互いの立ち位置からは見えないところだったようです。

これまで私は、あなた以外にもAセクを自認する人を「好き」になったことがあります。でも、どうしていいかわからなかった。どういった「好き」ならば相手を傷つけずにいられるか、私は把握できていませんでした。

Aセクシュアルだとわかっている相手に好意を抱くことは、私にとって、「近親相姦のタブー」に近いものでした。あなたにとって失礼な例えになっていなければいいのですが。つまり、こういうことです。もしも、あなたがAセクシュアルだと知らなかったら、もっと早くに「好き」になっていたかもしれない。性的に触れていたかもしれない。もしも、あなたがいわゆる、血のつながった親やきょうだいや子どもだと知らなかったら、もっと早く「好き」になっていたかもしれない。性的に触れていたかもしれない。でも。現実はそうではないから。知ってしまっているから、「好き」になることはないし、触れることもない。これはそうなるべきではないのだから、と自ら「好き」の回路を断ち、そうして何の情もないかのように接する。事実、そんな好意は最初から生じることのないものとして棄却する。

とても、似ているのです。身近な血縁者だと知らずに、赤の他人として出会っていたら、あっという間に「好き」になっていたかもしれない相手。でも、現実には身近な血縁者なのだから、近親相姦になってしまう、ゆえに「好き」になるのを禁止すべきだ、と予めブレーキをかけることに。性愛者の私にとっては、Aセクシュアルの人に対してそんな距離感がうまれることがあります。

あなたのことがどんなふうに「好き」なのかは、私にもわからないことだけど、別にわかりたくもないのかもしれません。それがあまりに性的な好意に集中していたら、私にとっても嫌なことです（今のところはその可能性を否定できるとはいえ）。

Aセクシュアルの説明に「誰も嫌いにならない」とは聞いたことがなかったので、なるほどなと気づかされました。「好きになったり嫌いになったりするバロメーター」そのものを持っていない……。

そしてこれ、はからずも私と似ているというか、ポリアモリーであるらしい私は、「好きが増えていくだけ」なので、基本的に一度好きになった人はなんとなくずっと好きで、「嫌いにならない」ようです。例外的に激しく人間関係の崩れた相手もいましたが、それを除けば、好きな人は「好き」のかたちを変えただけで「嫌い」になっているわけではありません。だから元恋人の荷物がそのまま部屋に残っているとか、元恋人とのエピソードを新しく親しくなった相手に話すとか、そういった外部に出てくる振る舞いはあなたと私で似ています。全然違うのに、似ています。

あなたが人を嫌いにならず、未来への展望をもたない以上、私たちが離れる日が来るとしたら、私がそれを「選ぶ」からなのでしょうか。あかりさんは、始まってもいないうちから終わりの話をします。

私自身は、変化が生き方の主軸にあるので、「ずっと」はあり得ないことを知っています。でも、あなたを嫌いになれる日はこないだろうな、とも思います。たぶん、離れなければならなくなってもどこかで「好き」なのでしょう。あるいは、あかりさんが今のあかりさんではなくなるとき、私がそばにいない方がいいと判断して、離れるのでしょう。好きだから。

そんなことを今から言っても意味はないのですけれどね。

さいごに、生活の話をしましょう。トランスにも生活はありますから。

先ほど、家の解約と引っ越し業者への連絡を済ませました。ベランダにいるサボテン（と名づけた多肉植物）は、一度花を咲かし、それを枯らし、また太い茎に戻りました。前の居住地で手に入れたときよりもいささか全体が縮んでしまった気がしますが、茎自体はたくましく育っています。この子も、そのうちあなたの家に連れていきます。来年までもつといいな。

あきら

第11章　場を分散させる

あかりより（21）――自由研究

あきらさん、こんばんは。

あなたはいま、一人でこの手紙を読んでいるでしょうか。どんな気持ちで読んでいるでしょうか。あなたが辛い気持ちでこの手紙を開いていないことを願います。

あなたからの20通目、まるでこれまでの総括みたいで、危うく往復書簡が終わってしまうのかと思いました。でも、ごめんなさい、早速21通目を返します。だって、書かなければいけないことがたくさんあるのですから。

とくにわたしから応答したいのは、引き続きセクシュアリティのことです。Aセクシュアルとポリアモリーが似ている面があることは、（あまり詳しくありませんが）ポリーのコミュニティではかなり常識なのではないかと思います。

それと、そうそう。これも言うのを忘れていました、以前に誰かから聞いたのですが、Ａセクシュアルの人たちは、歴史的にはバイセクシュアルのコミュニティの中に身を潜めていたのではないか、ということでした。これも、なるほどなぁと思いました。

特定のジェンダーの人に惹かれるわけではない、という点で、Ａとバイには共通点がありますからね。結果としては分かれ出ていくことになるにせよ、Ａセクシュアルとバイセクシュアルの人たちが、同じような感性を持つ仲間として、それこそ惹かれあったのは必然だったかもしれない、とわたしは納得したのです。

そう、あなたはパンセクシュアルで、わたしはＡセクシュアルで、私たちはこの数か月で惹かれ合ってしまった。

Ａセクシュアルの人たちは、他者に性的な「好き」を抱かない人たちです。残念ながら、わたしは未だに、自分がＡセクシュアルだと認識しています。ホルモンや性別移行によって、いろいろと性の面で変わったことはありましたが、やはり「性」を基礎においた「好き」というものが、わたしには分からないようです。

しかし、その分わたしは、他者に対してとってもバリエーション豊かな親密さを感じているように思います。他者を「好き」のボックスに放り込むことをわたしはしないからです。

わたしは、自分が「恋愛的に好き」や「性的に好き」の対象としてボックスに放り込まれるのを経験したことが何度もあります。そういうふうにボックスに放り込まれるや否や、わたしにとって、そうした他者から（ほぼ全員女性でした）寄せられる「好き」は、わたしには恐怖になります。わたしの知らない、恐ろしい情動を向けられていて、もうそうなったら、わたしの気持ちなんて大切にされないし、恋愛やセックスにつきまとう、激しく男女二元論的なルールが自分に適用されます。最悪です。わたしは、否応なくボックスに放り込まれてきました。だから、わたしは「好きが嫌いです」。

わたしが自分をＡセクシュアルとして認識するとき、わたしが感じているのは、他者を放り込むためのそうした「ボックス」が、自分には最初から無いのだなということです。これは20通目の手紙で書いた「バロメーター」と同じです。「好き」な相手を放り込んで、「嫌い」になったら放り出す、そういう箱（ボックス）がわたしには無いのです。

その代わりに、――これが安っぽい愛情表現として受け取られないことを祈りますが――、わたしは全ての他者に対して、それぞれ違った「好き」を抱きます。これは別に、わたしが世界中の人に愛を振りまいているということではありません。どちらかといえば、わたしは内向的だし、心を許す相手はとても少ないです。しかし、わずかに例外的に「好き」になっていく人たちについては、それぞれに違った親密さを覚えます。

わたしのこういったカメレオン的な「好き」を、あきらさんはよく受け止めてくれるように感じます。

ここからは、わたしとあなたの話をさせてください。

あきらさんから、Ａセクシュアルの人を「好き」になるのは近親相姦みたいだと言われて、「なるほどー！　性愛者の人たちはそういうふうに思うのか!!!」と思いました。いや、もちろん、そういうふうに思ってもらった方がよいことも多々あると思います。Ａセクシュアル（やＡロマンティック）の人たちは、他人から「好き」をぶつけられることで疲弊したり、傷ついたり、怖いと感じることも多いでしょうから、性愛者の人たちが何も考えずに「好き」の感情を差し向けるのは、危ない時もあると思います。

でも、言わせてください。わたしがAセクシュアルであることをオープンにしていること、そしてあきらさんがその事実を尊重してくれることは、わたしにとって安全を増やすことなのです。

初めから自分の性的指向をオープンにしている相手から「好き」を受け取ったのは、人生の中であきらさんが初めてです。だから、わたしは安心しているのです。あなたはわたしのセクシュアリティの開示によって「近親相姦」のようなタブーを感じているかもしれません。でも、わたしにとっては正反対です。こうしてAセクシュアルであることを伝えているおかげで、わたしは無駄に疲弊することなくあなたと接することができているのです。

以前にも言いましたよね。わたしはもう、これ以上あなたのことを「好き」にはならない、と。これはつまり、「性的な好き」や「独占的な恋愛の好き」、「一生幸せにしたい好き」などのボックスに、あなたを放り込むつもりがわたしにはない、ということです（意志がないというよりは、ボックスそのものがないのですが）。あきらさんは、それを理解してくれている。だから、安心できます。わたしのことも一方的にそういうボックスにぶち込むことはしないだろうと、安心しているのです。

それだけではありません。もっと具体的な身体のコミュニケーションとしても、あなたがわたしのセクシュアリティを大切にしてくれると信じられるから、わたしはむしろ積極的にあなたに触れることができるのです。「手をつないだのだからキスをしてもいいだろう」とか、「同じ布団で寝ているから抱き付いてもいいだろう」とか、性愛者たちがすぐにやってしまう「〜だからいいだろう」的な思考法は、Ａセクシュアルやアロマンティックの人たちには恐怖です。「そんなことを許した記憶はない！」という感じです。

　でも、あきらさんはわたしがＡセクシュアルであることを尊重してくれるから、わたしが手をつなぐときは、手をつなぐときだし、ほおにキスをするときはほおにキスをするときだし、ということを別々にきちんと分かってくれるだろうという安心があります。勝手にぐいぐい触られたり、同意してもない性交渉に引っ張られたり、ということはほとんどありません。

　ここまで、セクシュアリティの話をしてきました。でも、あなたは気づいているはずです。これは、ジェンダーの問題でもある、と。

　あなたは、Ａセクシュアルを自認するわたしに、近親相姦のタブーのようなものを感じている。でも、それだけではないですよね。あなたは、男性になってしまった自分の手が、わたしを含めて他者を傷つけるのではないかと怯えていますよね。そう、以前にあなたが18通目で言っていた、シザーハンズです。手がハサミの。

　その、手がハサミになっている感覚を、あなたはおそらくわたし以外の他者にも感じているのでしょう。わたしには、それに加えて「近親相姦」的なタブーもある。でも、二つは厳密には分けられないのではないでしょうか。夜のベッドや布団で、わたしの隣で、やたらと紳士的で控えめなあなたを見ていて、そう思います。

そして、わたしの側からもまた、ジェンダーの問題は決定的に重要です。

Aセクシュアルであることをオープンにしていることで、あなたと安全にコミュニケーションができている、とさっきは書きました。でもこれは、わたしが「非男性的な」人間になったから可能になったことなのだと、わたしは感じています。

あなたは、自分からはわたしの手を握りませんよね。いつも、わたしから握っています。あなたは、自分からわたしにキスをしてきたりしませんよね。いつも、わたしが何となくキスをしたくなったらしています。あなたは、自分から性的なスキンシップを開始しませんよね。いつも、わたしの方から、あなたを気持ちよくするための触れ合いを始めています。

こう言ってよければ、わたしが好きなときにしたいことをしています。

もし、わたしがシス男性のAセクシュアルだったらどうでしょう？　そして、あなたがシス女性（トランス女性でもいいですが）の人だったら、どうでしょう？

こんな「したいときにしたいことをする」コミュニケーションなんて、許されるはずがないと思いませんか？　わたしは、何となく許されないと感じます。そんなの、男性の身勝手ではないか、と感じてしまいます。男性の側が、自分に都合よく女性と触れ合って、好きなときに好きなことをして、相手に合わせさせているなんて、ここだけ見たらセクシストです。

でも、わたしが今あなたに対して取りがちなコミュニケーションは、だいたいそのようなものです。そんなことが許されているのは、あなたがすっかり「男性」になってしまって、わたしがすっかり「男性でない」」、「社会的には女性的な」存在になってしまいつつあるからです。そうではないでしょうか。

昔話をさせてください。

小学校に入学した頃、クラスにとても仲の良い友達がいました。その子も女の子みたいな子で、家も近くて、よく遊びました。わたしは、学校でその子を見つけると、よくほっぺたにキスをしていました。わたしとしては、ただの愛着表現でした。その子も、全然嫌がってはおらず、ときどきわたしにキスを返してくれました。無邪気な、愛着表現でした。

でも、間もなくして、学校の先生が、私たちそれぞれの両親（保護者）に、私たちの行動を「問題行動」として連絡しました。言われましたよ、親に。「あなた○○君にキスしてるの？」って（実際はもっと方言混じりの、かなり強めの口調でした）。友だちも、同じように親から叱られたようです。

わたしはその後も、男女の境界すら見えないまま、「好き」を振りまくのもやめないまま、大人になっていくのですが、でも、このときに「キス」を禁じられたことは、強い記憶として残りました。男の子同士でキスをしてはいけない。好きな相手でも、キスはだめ。強い記憶として残りました。

でも、そうした禁止など、実はあまり必要はありませんでした。これまで「好き」になってきた人で、自分からそうしてキスを通じて愛着を表現したくなる相手は、その子以外には基本的に誰も現れませんでしたから。

わたしは、あなたにキスをするときに、この彼のことを思い出します。ただ、キスをしたいからする。別に、そこには何の意味もなくて、周りの先生や親が「懸念」したような、同性愛（＝ホモ）的な文脈は、わたしと彼のあいだにはありませんでした。

わたしにとって、あなたとのキスには、特段の意味はありません。わたしは、ただあなたとコミュニケーションをしているだけです。キスをしたからどうだとか、こうだとか、といったことはないのです。愛情表現？として、適当な気がするタイミングで、しています。

わたしは男性ではなくなりました。トランジションをしたからです。

わたしは、Aセクシュアルであることをあなたに開示しています。

この二つが、わたしを自由にしています。一般的には「性的」とされるコミュニケーションだったとしても、さほど嫌悪感もなく、やりたいように、やりたいときに、できている気がします。

ふう。今日も集中して手紙を書いてしまいました。

18通目で「分からない」と書いたことは、少しずつ研究（探索？）が進んできています。ちょっとずつ、自分のセクシュアリティのことが分かってきています。今日は、その自由研究の成果を書いてみました。わたしがAセクシュアルであることの意味は、大きく変容しました。それは、ホルモンによって胸で感じるようになったとか、そういうことだけでなく、やはり性別移行がかかわっていそうです。

そして、同時に分かったのです。わたし個人のセクシュアリティを切り離して語ることに意味はないのだ、と。わたしのセクシュアリティがどのようであるのかは、あなたとの関係からはっきりと方向づけられています。

女性から男性へと性別を変えた、パンセクシュアルで、ポリアモラスで、わたしがAセク自認であることを知っていて、その事実を尊重してくれるあなただからこそ、わたしはある意味で「積極的に」なれるのです。

わたしがAセクシュアルであることの意味。それは、わたし一人では決まらない。そのことが、自由研究の成果から分かりました。研究は、これからも継続する予定です。どうぞ、引き続き共同研究にご協力をお願いします。（ごめんなさい、ちょっとおふざけが過ぎました。）

明日（厳密には今日）には、あなたに会える。なぜだかとても楽しみです。

でも、あと2週間もしたら、こうしてどちらかがどちらかに「会いに行く」こともなくなるのかと思うと、それはそれで不思議な感じです。

あなたは、またしてもわたしに未来を与えようとしています。明日。そして、2週間後という、未来の時間を。それではまた明日。

あかり

あきらから(21)――何が「好き」

あかりさん、こんばんは。あなたといる時間は短く、あなたと別れてからの時間は長いです。今夜は長いなと思いながら、この手紙を書いています。

あかりさんから21通目をもらったとき。穏やかな気持ちで、こわいほどの幸福感に包まれていました。でも、それが彼女(恋人)との最後の時間でした。彼女の自転車がぐんぐん離れていくと、あっという間に私はひとりになりました。朝の4時でした。夜ではなく、もう夜明けがきていました。もしこれがあなたとの往復書簡ではなくただの小説だったら、彼女の一挙手一投足やそのときの体感、気温、においのことなど詳らかに書いて、それで100ページはくだらないでしょう。

でも今書かなければならないのは、私たちのセクシュアリティのことですね。もちろんそうです、話を続けましょう。私は、あなたが私を後ろに引き留めている、とは捉えていません。逆です。もう先に進むほかありません。

さて。あなたはずっと気づいているように、私の言葉遣いはずいぶんとゆるやかな枠組みで成り立っていますから、セクシュアリティというと「性のあり方」くらい大きな意味で私は使うことがあるのですけど、今回は「他者との性的な向き合い方」といった意味合いまで狭めましょう。

すると私は、Aセクのあかりさんの言っていることが、まるでパンセクかつポリーの私の考えていることと一致しているのではないか、と気づかされるのです。他者に対してカメレオン的な「好き」を抱くのは、私も同じです。というより、固定化するのはおかしいのではないか、と常々思っています。その時々で状況はちがうのに、画一的な「好き」などあり得ないでしょう。

ちょっと振り返ってみます。

私は「好きです」という告白だけした相手がいたことがあるけれど、別にその人と付き合いたかったわけではありませんでした。「好意を告白したということは、わたしと付き合いたいということですよね？」と相手が勝手に断定してきたらびっくりしたと思います。

私は結婚したい人がいたことがあるけれど、その人だからそうしたかっただけで、「結婚が」したかったわけでは全然ありません。人によっては、好きだけども結婚はまったく浮かばないという相手もいます。

私はこの人との間なら子どもを出産してもいい、というより出産して父になりたい、と真剣に調べた時期もあったけれど、出産がしたかったわけでも、子育てしたかったわけでも、生殖を示唆する性行為をしたかったわけでもありません。たまたま、そのとき、その人とそうしたかっただけです。

当たり前のことをいうようですが、パンセクシュアルの人は「他者を好きになるのに性別を重視しない」とか「全ての性別の人を好きになりうる」と説明可能だとしても、生まれてこのかた全人類に常時欲情しているわけがないじゃないですか。人を選び、状況を選び、相手とのコミュニケーションを重視してきたはずです。

こうした視点のあり方は、別にパンセクやポリアモリーを取り上げなくたっていい話です。異性愛者だってそうでしょう。つねに「恋人がほしい」とか「恋人とはキスがしたい」とか、そんな機械的に振る舞いがインプットされていたらコワイです。それはその人が指向／思考したためではなくて、周囲の期待があると仮定して、それに応えたいからその通りに努力するだけでしょう。おまけに、生涯独身だって、性的な交わりがなくたって、異性愛者は異性愛者です。同性愛者も同じく。何かしらの固定的な行為と、個人のセクシュアリティを結びつける図式そのものが、なんだかむずがゆいです。あるいは、性的同意を考えてみれば一層わかります。「夫婦なんだからセックスするだろう」とか、決めつけるのはおかしいですよね。どんな関係性であれ、性的な交わりは拒んでかまいません。それに、ひとつの性行為のなかでさえ、一旦同意して、途中で拒みたくなる瞬間だってあるでしょう。物事は変化するものです。（まあ、その場では双方の同意があったとして、でも終わった後に、あとからあとから悔いるようなことがあったら、「事後の」同意まではさすがにとれないので多少の諦めは求められるかもしれませんが。）

至極当たり前のことを言っていると思うのです。「好き」の内実は、その瞬間ごとに変化しうる。そうでしょう？　とりわけ私の場合は、「恋愛的な」好きと、「性的な」好きを、仕分けする必要性も感じていないのです。どの瞬間をとったって、変わりゆくのは当たり前なのに、「こうであるときはこう」と固定化できやしないのですから。

また、ポリアモリー的には、「比べようのない個々の『好き』が、同時に複数の他者に生じることがある」ということになります。むずかしい現象ではないでしょう。

食べ物にたとえてみましょう。

パンが好きな人がいるとします。

「じゃあお前は、一生米を食べるな」と他の人が言う道理が、どこにあるのでしょうか。クソリプじゃあるまいし。パン好きな人は、米も好きかもしれないし、麺も好きかもしれませんね。なぜなら、パンも米も麺も、それぞれ別の魅力があるからです。ここで、いや、食べ物全般がちっとも好きじゃないよ、という人がいたら、なるほどAセクシュアルなのかもしれません。

食べ物を超えて、「好きなもの」という範囲に広げてみましょう。

「私は、パンと、犬と、天体観測が好きです」と自己紹介する人がいます。

その人に対して、「浮気者! 好きなものを一つに絞れ」と命じるのは、すごく変な感じがします。それぞれベクトルが異なるものの愛の優劣を測ろうとするのは、無駄な比べあいに思えます。なぜ人生のなかで、たった一つだけを愛し抜くことが素晴らしくて、そうではないと「浮気者」とか「愛がない」と忌避されるのでしょうか。よくわかりません。

「一人の人を愛する」というモノアモリーな人だって、実際には生涯でたった一人しか愛さないというわけではなくて、大半の人は、「別れる」というワンステップを挟みながら、何人もの人とかかわりをもっているはずです。つまり、時間がズレただけの「浮気」でしょう。彼らの言葉を借りるなら。ごめんなさい、どうでもいい前提の話を長々としてしまいました。

でも、あかりさんなら通じるかな。パンセクシュアルとポリアモリーは、どちらも私にとって、同じような背景から当然の帰結としてたどり着いたセクシュアリティであるようです。個別具体的な「好き」が、なにかと比較するのではなく生じて、そのときどきにあった言動に繋がる。――いってしまえばとてもシンプルな原理なのです。両者に共通しています。

ちなみに私は、自身がトランスジェンダーであることによって、より一層、自身がパンセクシュアルであるという事実に突き当たりやすくなった、という気づきを得ています。自分自身が「女性」「トランスジェンダー（第三の性扱い）」「男性」の境遇で生かされてきたことで、他者に対してもそうした境遇の差などどうでもいいと思えるようになったのです。同一人物に対して、逐一態度を変えてくるのは、第三者の方ですから。

身体の特徴もそうです。私自身が性別移行して身体的特徴が変わったことで、他者の変化にもある意味で寛容になったようです。こだわりが減った、といいますか。太っている人もいれば、痩せている人もいます。身長が高い人もいれば、低い人もいます。肌が黒い人もいれば、白い人もいます。性器が出っぱっている人もいれば、へこんでいる人もいます。それらは些細な問題だとわかりました。一人の人間に限ったって、若い状態から老いていくわけで、形状は変わりゆくものでしょう。目の前の相手に、今、私はどうするか、ということだけが肝心なのです。

ただ。こんなに熱弁（?）しておきながら、残念ですね。目の前の相手にどう向き合うか、がジェンダーによって左右されてしまうのはどうにも悔しいものです。私個人としてはさほど嫌ではない（だからこそ男性ジェンダーに案外適応できてしまっている）部分があるのですが、それにしても！

あかりさんの報告は非常に興味深かったです。非男性的なAセクシュアルだからこそコミュニケーションが安全にできている、と。一方の私は、「男性」側であること、性愛者であることとの2点で、そうではないあなたに対して侵略的な振る舞いをしたくないと思って、先に行動を起こすことは少ない。仰る通りです。私の側が待つしかないような光景ですが、しかしながらこうやってジェンダーが割り当てられている以上、とても合理的な交流の仕方ではあります。なぜって、たいてい私の側こそしたいことが多くて、あなたからのアクションを拒みたくなることなど少ないのですから。あなたが「したいときにしたいことをする」コミュニケーションを取ることは、物事を円滑にしてくれます。まあ、あなたの判断に甘えすぎかもしれないけれど。そして何より、ジェンダーを固定化する交流方法がよいとは思えないだろうけれど。悪しき「性別役割分業」みたいじゃありませんか。ああでも、あなたが望むことなら大概なんでもしたいというのは、私の本音です。

あかりさんにとって、Aセクシュアルであることとの意味が変わってしまった。これはアイデンティティとか、これまでの経験の崩壊に近い「バグ」なのかもしれません。大丈夫でしょうか。でも、それでもあなたがAセクシュアルであると納得するのは、自然なことではあります。覚えていますよね？私たちが往復書簡を始めたきっかけ。メールで「とっても面白いトランス話」をしたからです。

とくにこれですかね。「レズビアンの女性が付き合っている相手が、のちに（性別移行前の）トランス男性だったと判明したら、レズビアンのままでいられるのか。バイやパンセクと言い換えるべきではないか」という問い。たしかに外部からの解釈では、「レズビアンではなくなった」と片付けるべきなのでしょう。男性と恋愛できているのだから。でも、レズビアンカルチャーを愛し、帰属意識がレズビアンにあるのだとしたら、（トランスの）男性と付き合っていてもレズビアン、でいいんじゃないの？といった話を、ある人から聞きました。

これはなかなか衝撃でした。どのカルチャーを引き受けているのか、どこに帰属意識があるか（＝集団的な名指しの重要性）を私は考えたことがなくて、どちらかというと「トランス男性と付き合う人は、レズビアンと名乗れなくなるのではないか」と考えていたからです。

この話（往復書簡の原点）に回帰してみましょう。あなたが私との性的な関係性に戸惑うことがあったとしても、あなたが今もAセクシュアルである、というのは筋が通っています。もちろん、私にとってはあなたのセクシュアリティが何であるか、あるいは何でないのか、というのは二人の関係性の上で大きな問題ではないだろうという構えですから、これから変わることがあっても構いません。それもまた誠実な研究の結果なのでしょう。

実はポリアモリーについてもっと詳しく語ってみたかったのですが、私のなかでまだ未消化なので、これから機会があればゆっくりお話ししていきましょう。以前9通目で書いたように、「もしも生まれたときからシス男性だったら」私はヘテロセクシュアルで、しかもモノガミーな人間をやっていたのかもしれません。それは、わかりません。ポリアモリーも、トランジションと関係あるのでしょうか。諸要素は見えないところで糸が引かれていて、自分でもそれらのこんがらがった糸の先が見えなくなっているのです。あかりさんとなら、解きほぐせるのかもしれないです。

あなたはまたすぐに会いにきてくれるのでしょう？　休めるうちにどうぞ、おやすみ。

あきら

あかりより（22）――恐怖を感じる

あきらさん、こんばんは。

いろいろと生活の準備などしているあいだに、またもや手紙を書く機会を失ってしまいました。明日は朝も早いのですが、仕事が手に付かないので手紙を書いています。

あなたが説明してくれるパンセク＝ポリアモリーの話、とても興味深く読みました。

ただ、その話の前に、最近怖いことがあるので聞いてください。

ＬＩＮＥでも相談したことですが、職場のとある男性に好意を向けられています。とても怖いです。最初はささいなことだったのです。ある長期のプロジェクトで同じになって、新規メンバーと合わせて10人くらいで春に飲み会をして、それから今度はその半分くらいの人数で飲みに行ったりして、たまたま近くのテーブルにいただけなのです。

でも、ことあるごとに「今度の○○の仕事、あかりさんと一緒にできて嬉しいです」とか、わたしの方が年下なのに「ご指導お願いします」とか、声をかけてくるようになって、最近はついに何の用事もないのに、わたしが一人でいるときを見つけてわざわざ話しかけに来るようになりました。仕事上、使わなければならない個室があるのですが、その逃げられない部屋にわざわざ来て、洋菓子を渡してきたり、ケーキを食べましょうとか、言ってくるようになりました。今日なんて、そうして作業している部屋に入ってくるや「良い匂いがする」って言ったんですよ。思い出すだけでも身震いしそうです。

気持ちが悪すぎて吐きそうです。そして、怖いです。とても。

思い出します。かつて男性を生きていた頃、女の人から好かれたときのことを。怖かったです。わたしには理解できない感情を向けられて、なにかその「好き」の好意があれば、どんなに失礼な、距離感のバグった言動でも免罪される状況。

そして、わたしのことを「学校の先輩」や「職場の同僚」などといった関係性ではなく、ひとりの個人として見なして、異常に接近してくるという恐怖。怖すぎます。わたしは、相手のことを「学校の友だちの後輩」や「職場の同僚」として見なして、あくまでもその限りでの関係でいることが安全なのに、向こうはその境界線を踏み越えてくるのです。

どうして、「好き」だという理由でこんな横暴が許されるのでしょうか。ありえない。世の中は「好き」に甘すぎます。性愛者や恋愛者ばかりで社会のルールを決めて、性愛や恋愛はとにかく素晴らしいものだと宣伝して。何が起きているかって、こうして距離感のバグった人たちが量産されて、わたしが嫌な目に遭っています。恐怖です。

「好きでもない男に好かれることの恐怖」と書けば、ヘテロの女性も経験する悩みかもしれません。たしかにそういう面もあるでしょう。でもわたしの場合は（Aロマで）Aセクで、しかも女性の側にトランスしたという事情があるので、ますます面倒です。

その男の人が「好きじゃない」とか「タイプじゃない」とかではなく、そもそも「好きが分からないから、怖い」のです。それに、このまま好意を継続的に向けられて、何かの拍子にわたしがトランスだと分かってしまったら？　いったい何をされるか分かりません。激高されて殴られるかもしれないし、酷い噂を会社中にばら撒かれる可能性だってあります。

わたしは、真剣にとても恐怖しています。


ふう、すみません。この話はここまで。さて、あなたの21通目、とても面白かったです。

セクシュアリティの話、わたしなりにまとめてみたのですが、いかがでしょう。

好きな食べ物のジャンルを、性的指向（&恋愛的指向）が向かうジェンダーとして理解してみます。たとえば女性の異性愛者は、ラーメンが好きな人。男性の異性愛者は、そうですね、パスタが好きな人にしておきましょうか。男性でラーメンが好きな人も、女性でパスタが好きな人もいるでしょうね。もちろん、ラーメンもパスタも好きでない人もいます。

次に、現実に「好きな」相手のことを、一つ一つのラーメン屋やパスタ屋さんで喩えてみましょう。一時期はラーメン武蔵（仮）にハマっていたけど、飽きて行かなくなって、今度はラーメン飛龍（仮）に通い始めた、とか。パスタの専門店も同じです。

この例えを使えば、あきらさんの不満は次のように表現できるでしょう。

（1）モノガミーって不思議だよね？「浮気」とは？
ラーメン飛龍が好きだからといって、毎日そこにしか通ってはいけないことにはなりませんよね。それに、たとえばラーメン飛龍はあっさり系が自慢で、ラーメン武蔵はこってり系が自慢だったとして、飛龍と武蔵は全然そもそもタイプが違うのですから、それぞれに対する「好き」だって、厳密に同じ「好き」とは言いがたいものでしょう。

だったら、今日は「こってり」の武蔵、明日は「あっさり」の飛龍、みたいなことがあったっていいはずなのに。世の中のモノガミー規範はそれを許してくれませんよね。「お前は飛龍に通ってるんだから武蔵には行くな！」って。そんな。「武蔵に行っている客はうちには入れないよ」って飛龍の店長が言っていたら、頑固だなぁと思います。もちろん、それぞれのお店とはうまく関係するのに越したことはないのですけど、それにしたって社会全体が窮屈すぎます。

ましてや、ラーメンもパスタも同時に好きな人からしたら、「お前はラーメン武蔵が好きなのに、イタリアンパスタ『アモーレ』にも行っているのか⁉」って怒られても、ちっとも意味が分からないですよね。何を怒っているのでしょう。

「好き」はたった一人だけに向けられなければならない。さもないと、それはいつも不誠実で「浮気」……というのが世の中の常識のようです。でも、あきらさんの言う通り、モノガミーの異性愛者という、社会の大多数の人間だって、時間軸を少し長くとればみんな「浮気」してますよね。ラーメン武蔵にあれだけ入れ込んでたのに、引っ越したら今度はラーメン飛龍に行くとか。やってますよね。

あなたの言いたいこと、分かります。わたしはＡセクシュアルなので、社会の多くの人がありとあらゆる「好き」を一人の人間だけに集中させて、その人との排他的なパートナーシップだけを重視する風潮を意味不明だと思っています。

（2）どうしてみんなパンセクシュアルじゃないの？

ラーメンが嫌いな人に、ラーメンを無理に食べさせるわけにはいきません。でも、ラーメンにもいろいろあります。あっさり系、こってり系、まぜそばもラーメン屋では出てくるし、味噌、しょうゆ、とんこつ、レモン……。一概に「ラーメン」なんて一括りにするのも馬鹿らしく思えてくるかもしれません。パスタももちろん同じです。麺の形状や太さだけでもいろいろありますし、オイルベースのものから、スープパスタまで、種類もいろいろです。当然、お店ごとにパスタの特徴は様々でしょう。

そんななか、世の中の人たちは聞いてきますよね。

あなたは女性なのだから、ラーメンが好きに違いない！

あなたは男性なのだから、パスタが好きに違いない！　って。

もう、うるさいですよ、ほんとに。どっちも好きな人がいたって当たり前じゃないですか。ラーメンとパスタは違うジャンルなのだから。どっちかだけ、なんて比べられるものでもありません。

それに、ラーメンやパスタと一口に言っても、お店によって全然ちがうし、それぞれに対する「好き」だって、まったく同じ「好き」で表現する必要ありますか？　武蔵のこってりラーメンと、「アモーレ」のジェノベーゼと、どちらも心から「好き」な人がいたとして、その人に「その『好き』は同じなの？」とか「どっちが本当は『好き』なの？」とか、そんなの聞く方がどうかしています。それぞれのお店の、それぞれの料理を、それぞれに「好き」だったり「嫌い」だったり、でいいじゃないですか。

わたしもあきらさんの気持ち、分かります。Aセクシュアルなので。だいいち、相手の性別がパートナーシップにとって重視されるということ自体が、わたしにはあまりよく分かっていません。わたしは、「女性としての誰か」や「男性としての誰か」を好きになったことがありません。もちろん相手の性別はだいたい理解していますが、Aセク（でAロマ）なので、相手の性別が重要性を持つような意味での「好き」があまり分かっていません。

さて、ここからはわたしの話をさせてください。

あなたが思い出させてくれた、大切な問い。「レズビアンの女性が付き合っている相手が、のちに（性別移行前の）トランス男性だったと判明したら、レズビアンのままでいられるのか。バイやパンセクと言い換えるべきではないか」。この問いを、わたし自身に置き換えるとしたら。

男性であるあきらさんを「好き」になったらしく、久方ぶりにセックスもした（している）わたしは、果たしてAセクシュアルなのでしょうか。

あなたが挙げてくれたのは、レズビアンカルチャーの話でした。同じことが、わたしにとってのAセクへの帰属意識にも言えるかもしれません。

ただ、ここでは少し違った角度から答えさせてください。いいえ、本当は書くことがあるのですよ。わたしがAsexual（アセクシュアル）という言葉に出会ったその先で、ノンバイナリー的な人たちが生き生きしているのを見て、やっと自分のことが分かったこととか、「性同一性が女性のトランスジェンダー」じゃない自分にも、人生の最後の選択肢として性別移行があることを知れたとか。

ここで書くのは、性嫌悪のことです。はじめに注意書きです。これからわたしはあなたを傷つけるかもしれません。でも、これからにとって大事なことなので聞いてください。

この前、一緒に泊まったホテルで、何度目かのセックスをしましたよね。実はわたし、その途中からすごく気持ちが悪かったのです。ふとした拍子に、自分が「男性」として「女性」とセックスしていたときのことを思い出してしまったからです。

それは、脳の割れ目から噴き出した原油のように、真っ黒でべっとりとした、でも鮮明で凍りつくような記憶として、蘇ってきました。自分が「男性」として一生懸命セックスしていたときの、あの感じが、ふと蘇ってきたのです。突如として、自分がやっている「性的な」ことが気持ち悪くて仕方がなくなりました。

あなたが感じているだろう「性的な」感覚や快楽が、気味悪く見えました。

本当にごめんなさい。

セックスの後、気持ち悪さが限界になって、わたしはホテルの部屋のトイレでこっそり、そして少しだけ吐きました。それから、あなたを置いてわたしはホテルの外に散歩に行きました。昔懐かしい、性嫌悪に身体全体が包まれていました。何度も路上の生け垣に吐きそうになりました。以前から変わったことがあるとすれば、周りの通行人からは悪阻《つわり》に苦しんでいる女性のように見えるのかもしれない、と冗談みたいに思ったことくらいです。

30分くらいふらふら歩いて、ちょっとずつ気持ち悪さが抑えられてきたので、ホテルの部屋に戻りました。

ホテルの部屋の前に戻って、わたしは恐怖していました。怖かったです。

もし部屋のドアを開けて、ベットの上にいるだろうあなたが「性的な」存在に見えたら。わたしは、また強烈な吐き気に襲われるだろうと思いました。あなたを「性的な」欲望の担い手として認識して、「性的な」存在として認識してしまったら、わたしはあきらさんのことを嫌いになってしまう、と思いました。とても怖かったです。あなたを嫌いになってしまうかもしれない可能性に恐怖しました。

わたしはあなたを嫌いにならない――。以前、そう書きました。

わたしには、多くの人が持っているような「好き」と「嫌い」のバロメーターがなくて、他者を放り込んで入れておく「恋愛の好き」や「性愛の好き」の箱がないので、その箱にあきらさんを入れたり、放り出したりすることはありません。

そして、わたしに対してあきらさんが抱いてくれている「好き」の中に、性的なニュアンスが混じっていたとしても、そのこと自体は別にそれほど嫌ではありません（今は）。わたしは、あなたを信頼しているし、あなたがその辺のシスヘテロ男性のような存在でないことを知っているからです。

でも、わたしはあの日、恐怖していました。あなたを嫌いになるのではないかと。

あなたがあまりにも「性的な」存在としてわたしの前に現れたとしたら、わたしはあなたを拒否すると思います。これは、「好き」とか「嫌い」とかを超えた、文字通りの（生理的な）嫌悪なのです。

今日も、ＹｏｕＴｕｂｅの動画の急上昇で、ＡＶ女優の人のショート動画が上がってきて、間違えて冒頭部分を再生したのですが、その女性がソファの上で腰を動かしてセックスのときの動作を説明している様子がちょっと目に入っただけで真剣に吐きそうになりました。こうやって書くとセックスワーカーの人たちを差別しているみたいで本当に嫌なのですが、でも、正直に書きます。気持ち悪くて、身体の芯から胸やけがしました。

それと同じ状態に、この前なりました。怖かったです。あなたを嫌いになるかもしれないと思って。この恐怖が、わたしをＡセクシュアルにしている要素の一つです。わたしが自分をＡセクシュアルとして自認するとき、わたしのその自認の根底に流れているのが、この恐怖です。

明日から、いいえ、正確に言えば今日から、私たちは同じ家に住みます。どうぞ、よろしくお願いします。

わたしが性嫌悪に脅えていること、苦しんできたことも含めて、あなたがわたしの諸々をとても尊重してくれる人だということは知っています。でも、わたしは少しだけ怖いです。「性」という、わたしが何よりもそこから逃れたかった、逃れたいもののせいで、わたしがあなたを嫌いになるのではないかというのが、怖いのです。

わたしは、この恐怖とどのように向き合っていけばいいのか、まだ分かっていません。この戸惑いが、わたしをＡセクシュアルにしています。

ただ、できるかぎり、あなたとは平和に暮らしたいと思っています。実際、あなたといる時間はわたしにとって心地の良いものです。何も、隠す必要がない。

わたしの過去のこと、からだのこと、何ならわたしがトランスジェンダーであることだって、知っている人がほとんど居なくなってしまった現在、何も隠さずにオープンでリラックスできるのは、あきらさんくらいです。

そしてどうか、私たちが一緒に住むようになっても、この往復書簡を続けさせてください。ここは、わたしにとって貴重な場所です。人生において忘れられない場所になりました。

まだまだ、考えたいことや書きたいことがたくさんあるのです。

それでは、また10時間後にお会いしましょう。

あかり

あきらから（22）――遠くへ来てしまった

あかりさん、こんばんは。私にしては珍しく、間が空きました。ずっとこの手紙は書きたかったのです。ただ少し、生活が混沌としていましたし、書きたいことが入れ替わり立ち替わりしていました。もちろん、これからも往復書簡は続けていきましょう。これまでよりは、まったりと。

引っ越しや転職などのタイミングでは、トランスであることが久方ぶりに可視化されて、邪魔だなぁと実感させられます。あなたという前例があったからか、役所で転入するときは受付の人に驚かれませんでしたけどね。

まず、苦い報告から。あなたと暮らす家に到着して初日にお話しした通り、私はひとつ、退職直前にしでかしました。勤務最終日の話です。

私が勤めていた職場には管理職が複数人いました。そのなかで生活実態と異なる「戸籍の性別」を伝えていたのは、実際に事務処理をおこなうことの多い一人の担当者だけでした。まず前提として、私は「トランスジェンダーです」とか、はたまた「男扱いしてください」とか、そんなふうな説明は一切していませんでした。ただ純粋に、戸籍の性別情報が間違っているので公的な手続きの時だけ気をつけていただきたい、と伝えていたのです。だから別段ややこしいやり取りはそもそも発生しませんでした。

しかし、私は退職のよろこびで、最後の最後に対応をうっかり間違えました。保険証を返却するときは、事情を知っている管理職の人に後日郵送すればよかったのですよ。そうすれば、その人だけが管理できるから。なのに、事情を知らないもう一人の管理職の人が提案したままに、うっかり「勤務最終日だから、そのまま手渡しで」保険証を返却してしまいました。もしかしたらその人にまで気づかれてしまったかもしれません。戸籍の性別。ああ、甘かった。別にもう、退職した職場の一人に知られたくらいでどうってことないのですけど、自分の失態として後味悪く残ったエピソードでした。埋没は、むずかしい。手が抜けません。

そして、あかりさんが22通目で教えてくれたことでハッとしました。

好意を向けてくる職場の男性について、なにが「恐怖」かって、私はせいぜいヘテロ女性が経験しうる「好きでもない男に好かれることの恐怖」くらいしか想像できていなかった気がする、ということに。Aセクの感覚はやっぱりわからないし、トランスであることでさらに受けるかもしれない仕打ちまで想像できてませんでした。とくにあかりさんの場合は、私とはちがってトランスミソジニーも引き受けるかもしれません。一方的に想いを寄せていた男性側が、トランス女性やそれに近い境遇の人に対して「騙された」と憤慨してもいいかのような誤った認識が、従来のメディアでは醸成されていますから、そういった危険もよぎります。

そうだ、我われはトランスジェンダーでした。平和ボケしているだけなのでした。

その職場の男性に限っていえば、「彼氏（または夫）がいるので」とか何とか言って、私との同居をほのめかしておけば、少しは撤退してくれるかもしれない。そういう異性愛規範と家父長制を利用するくらいしか余計なアプローチや詮索を避ける方法はないのかもしれない、と虚しく浮かんだだけでした。どう対処したらいいのか分かりません。

ところで、ここで引き合いに出すのはあまりにも不釣り合いなのですが、思い出した話をしてもいいでしょうか。

私がトランジションを決意して、でもまだ社会的には女性として生活していた頃。後輩の男子たちが話していて、印象に残ったことがありました。

「男である俺らが、積極的に女子にアプローチするしかなくない？　相手から来てくれることはないのだから、数を当たらなきゃ」

彼らはそう話していました。

それを聞いて、私はショックでしたよ。単なる「女性」属性の数としてカウントされ、決して個々の人間とは見做されない女性たち。そしてまた、当たって砕けろという特攻隊精神で、つねに煙たがれ玉砕する覚悟で行動し続けなければなにも手に入らない（と信じこんでいる）男性たち。私はそんな「男性」にこれからなるのか？という、トランジションの行き先が遮断された孤立感。

あなたの職場の男性は、そうした「男がアプローチしなければ」という使命感を真摯に染み込ませてきたのでしょうか。逃げ場のない場所に囲い込んでまでアプローチしたって、そんなのは好意を得られるどころかパワハラだし、結果として脅迫になっているという事実に気づけないものなのか。それともそもそも、双方的なコミュニケーションなど望んでいやしないのか。

だがしかし。ぐるぐる考えている私も例外ではなく、あなたの同意を損なっている単なる男性の一人ではないか、という言いようのない気分にもなります。

ごめんなさい、ホテルでのこと。上記の「女性／男性」とはまた別の、「無性愛／有性愛」または「性嫌悪あり／なし（少なめ）」の話になりますが。話としてわかっていても、感覚としてわかり得ないことが無数にあります。だから申し訳ないけれども、あなたが丁寧に書いてくれることに感謝します。せめて話だけは、ちゃんと聞きたいと思っています。

22通目のセクシュアリティの例で、ラーメンとパスタが出てきて私は爆笑してしまいましたし、そうやって視点を並べてみれば、ポリアモリー&パンセクシュアルと、Aセクシュアルは双子のきょうだいのように似ています。でも、やっぱりまるで別人なのです。近くにいればいるほど、違いがよく目立ちます。あなたがAセクを自認する根幹にあった性嫌悪のことは、今では私からすっかり遠ざかってしまったものです。私には次第にますます見えなくなってしまった現象です。私が何にも見えなくなっているあいだに、あなたを嫌悪や恐怖に貶めるかもしれないこと。覚悟します。でも、それだけではどうにもならないかもしれない。（有）性愛者と無性愛者がかかわっていくことは、「女性とゲイが付き合うようなもの」という、あるAセクシュアルの人の言及を見て、面食らったことがあります。なるほど、そんなにもまったく需要と供給がちがうのかと。

でも、どうにか取り返しがつかなくなる前に教えてもらえたら助かります。話し合ってどうにかなることならそうしましょう。私も、あなたとは平和にやっていきたいです。よろしくお願いします。

私は前回のお手紙を受けて、これまで批判的にみてきた映画の光景が浮かんでいました。入れ替わり立ち替わり。そのまま記述したら、引用だらけになってしまいます。それでは自分の言葉で語れず権威に頼りきる「男性しぐさ」満載で不甲斐ないではないか、と気を持ち直しました。それでも、一つ一つのシーンで、求愛する男性たちがどんな表情で、どんな立ち居振る舞いをしていたかがなぜだかバラバラと思い出されていたのです。

少しも理解できなかった、男性キャラクターの横暴なまでにしつこい求愛シーン。なんであれが名作恋愛映画として名が知られているのだろう。あんなにも、自分勝手で暴力的なのに。なんで、気づけないのだろう。女性（非男性）キャラクターはちっとも歓迎していないのに。不思議でたまりませんでした。あんな「男性」の、あんな「求愛」の、どこがほんの少しでも美しいのだろうか。醜い「性」を引き剝がしたいとさえ思っていました。

今、いったい私自身はどうだろうか。

こういう反省は、男性学に自覚的なシス男性たちが存分に考えてくれているでしょうから、わざわざ私まで「男性の一員」という大義に隠れて思案するべきではないはずだ、とはわかっています。だって今は、「あなたと私」の話をすべきでしょう？

それなのにどうもうまくいかないのです。私は以前の単なる「視聴者」「傍観者」の位置から、そうではあれないところまでやってきてしまったようです。物事が自由に言えません。

また、全然ちがった別の視点も混じっています。これは言うのがためらわれる内容です。

あなたから性嫌悪を告げられたとき、私はあとから少しだけ嬉しかったような気さえしています。ひとりで反省部屋に閉じ込められたような心持ちになった最中、同時に「嬉しい」とはどういうことなのでしょう。

じわじわ、私にはわかっています。これまで性の主体として尊重される経験が乏しかったこと。一人の人間として、またあるときは「女性」として性的な市場には参画できず、あるときは「トランスジェンダーの男性」として見向きもされず。だから私自身、諦めをもって性の主体としての自分を抹消していました。潔い諦めは、解決方法になりえました。

それが今回皮肉にも、あなたに「歓迎されない」というかたちで、私に能動的な性への渇望があったことが示されました。そして、それを主導する肉体がここにあるということも。

呆然とします。それからあなたに「認められた」という感覚がやってきました。ごめんなさい。どう表明したらいいのかわからないのです。でも、落ち込んで終わり、というわけにもいきませんでした。もっと渦巻いていて、自分でもなにを考えているのか捉えどころがありませんでしたから。

第一、あなたはあなたの性質として性嫌悪を語っているはずなのに、それに対しての反応を私がもつこと自体、本来意味のないことに感じます。私が騒いだところでどう変わる（変えられる）わけでもないのですから、そのまま受け止めるほかありませんよね。

抽象的な話に逃げるのは嫌だなとわかっていながらも、私は人生の手綱の握り方がわからなくなっているようです。いま目の前にいる個人を見られなくなったとき、私はパンセクシュアルでもポリアモリーでもいられなくなるでしょう。だってそれは、規範的な男性【The Man】であり、そうした物語は飽きるほどあるのですから。私じゃなくたって代わりはいます。地に足つけた生活を一瞬夢見ましたが、またもや私は宙に浮いてしまったみたいです。困りました。

具体的にいえることがあるとすれば、私はあなたを大切にしたいということくらいです。

おやすみなさい。

あきら

現在も、この往復書簡は続いている。

用語集

トランスジェンダー

生まれたときに「あなたはこっちの性別ね」と言われた性別で生きていく人生を、自分のものとは思えなくなった人たち。こうした人たちの中には、何らかの仕方で性別を移行する人、移行しようとする人が多く含まれる。

性同一性（ジェンダーアイデンティティ）

「自分の性別をどう体感しているか」という持続的な意識を指し、全ての人には性同一性があるとされている。しかし周司あきらのように、自分のことをハッキリ「男（女）である」とは認識していないが、なんとなく男（女）としてやっていけてしまうから、まあ男（女）扱いでもいいですよ程度の人は、シスでもトランスでもきっといる。なので、全員にあるとは言えなさそう。

性同一性障害（GID）

トランスジェンダー的な人たちが感じている苦痛を和らげるための医療的な措置を提供しようとした医学者たちが、そうしたトランス的な人たちにつけた診断名。これは、トランス的な人たちを病気扱いするという、とても良くない発想に基づいている。ただ、トランス的な人たちのなかには、自分たちを「病気・障害」として説明するのを好む人たちもいるので、「性同一性障害」を名乗っている当事者の人たちを責めるのはよくない。なお現在では、「性別違和」や「性別不合」と呼ばれる。

性別移行

「男性」から女性的なほうへ、または「女性」から男性的なほうへ、性別の変化を経験すること。この世界では男女いずれかにゴールを持たない人は、迷子になってしまうことが多い。

シスジェンダー

生まれたときに指定された性別で、不自由なくやっていける人。「男らしさ／女らしさ」という規範が嫌という理由で「わかる〜私もトランスかも」と言ってしまい、トランス当事者に怒られがち。

ヘテロセクシュアル

男性なら女性を、女性なら男性を性的に愛する人を指し、性的マジョリティだと想定されている。恋愛し、結婚し、出産し、子育てすることが右派政権や各種メディアによって推奨されているが、ヘテロではない立場からすれば、ヘテロの人たちは敷かれたレールを走り続けることを期待されているわけで、ちょっと窮屈そうにもみえる。

パンセクシュアル

どの性別の人にも惹かれる可能性がある性的指向。誰かを好きになるのに性別は関係ない、ともいう。ただし性別は気にしないというだけで、他のことで細かいこだわりを持つ当事者はいるので、単に惚れっぽいヤツなのだと勘違いしないように。

Aセクシュアル

「他者に対して性的な魅力を感じない性的指向」というのが、よく使われる言葉の定義。性愛にあまりにも大きな意味を与える社会に対する抵抗・対抗という意味での政治的なスタンスを指すこともある。多くのAセクシュアルの人は、思春期を迎えるあたりから、自分の「好き」と、周りの「好き」のあいだにズレがあることに気づき始める。他者から性的な好意を寄せられていても気づかないことがあり、人間関係にトラブルを抱えがち（あかり談）。

ポリアモリー

同時期に複数人とパートナーシップを結んだり、それを歓迎したりする関係性。関係者全員の同意が大事なので、こそこそしてはダメ。

モノアモリー

同時期に、一対一に限ったパートナーシップを結ぶ関係性。その関係性を一方的に破ると、「浮気」や「不倫」として糾弾されるというルールをもつ。

トランスフォビア

無知や偏見からトランスジェンダーを忌避してしまう気質。私たちはただただ生きているので、怖がる必要などないのだけどね。

TERF（ターフ）

トランス排除的ラディカルフェミニスト（Trans Exclusionary Radical Feminist）。昨今では、フェミニストですらなく、トランスを排除したいだけの陰謀論者をTERFと表記する事例も見られるが、それはさすがにラディカルフェミニストを舐めすぎ。フェミニズムを流用するバカバカしいトランスフォビアのことは、FART（ファート：Feminism Appropriating Ridiculous Transphobe）と呼ぼう。

セクシスト

性差別者のこと。「良かれと思って」他人の外見を品評する者や、「ただ知りたくて」他人に性器の形状やセックスの仕方を聞く者もセクシストのうち。

パス

望む性別で認識されている状態を指し、一時的な通行証のようなものとして機能する。たとえばトランス男性の場合、「男性」として通行できる機会が増えれば「パス度が上がった」ことになる。シスの人々にとっては「パス」しているのが当たり前なので、概念としてピンとこない様子。

埋没

単に望む性別で認識され、誰にもトランスだと知られずに生活できている状態。ある場所では「女」、べつの場所では「男」、ほかの場所では「トランスジェンダーの人」扱いされるといった、「場」の分散が一切ない。

フェミニズム

女性たちへの性差別をなくしてジェンダー平等に向かう思想や実践。女性が主体になる機会が多かったため、トランス男性的な人々はどう関わるべきか純粋に気になる（あきら談）。

男性学

ジェンダーにまつわる問題を男性性の視点から読み解く学問。「男性目線で、男性にはこういう困難があるよね」の範疇に縮こまりがちなのが男性学の課題。トランス男性的な人々の場合、「男性であること」自体が過去の体験よりも楽に感じてしまうので、ときどきシス男性の苦しみを矮小化していないか心配にもなる（あきら談）。

シス－テム

シスジェンダーを中心に作られ、運用されている社会の仕組み。つまり社会のすべてのシステム（system）は、シス－テム（cis-tem）である。

〈著者紹介〉

五月あかり（さつき あかり）

都内のOL。いつの間にか生活が男性から女性になった人。性同一性は「無」。

周司あきら（しゅうじ あきら）

主夫、作家。生活が女性から男性になった人。性同一性はないが、性別を聞かれたら「男性」でいい。単著に『トランス男性による トランスジェンダー男性学』（大月書店）。

埋没した世界
トランスジェンダーふたりの往復書簡

二〇二三年四月一五日　初版第一刷発行

著　者――五月あかり・周司あきら
発行者――大江道雅
発行所――株式会社 明石書店
１０１-００２１　東京都千代田区外神田六-九-五
電　話　０３-５８１８-１１７１
ＦＡＸ　０３-５８１８-１１７４
振　替　００１００-７-２４５０５
https://www.akashi.co.jp/
装　丁――清水肇（prigraphics）
印　刷――株式会社 文化カラー印刷
製　本――本間製本株式会社

ISBN 978-4-7503-5546-7
（定価はカバーに表示してあります）

トランスジェンダー問題

議論は正義のために

ショーン・フェイ［著］
高井ゆと里［訳］　清水晶子［解説］

◎四六判／並製／436頁　◎2,000円

トランス女性である著者が、トランス嫌悪的な社会で生きるトランスの現実を幅広い分析によって明らかにする。トランスジェンダーの実態を顧みない差別的な言説が拡大される中、事実に基づいて開かれた議論を展開する画期的な一冊！

●内容構成

〈価格は本体価格です〉

第三の性「X」への道

男でも女でもない、ノンバイナリーとして生きる

ジェマ・ヒッキー 著　上田勢子 訳

■四六判／上製／264頁　◎2300円

女性として生まれたが、幼少期から自分の性に違和感を覚え、2017年にカナダで初めて男女の性別記載のない出生証明書を取得した人権活動家の自伝。周囲からのいじめや神父による性的虐待に悩みながらも、自己を貫く姿に勇気づけられる一冊。

●内容構成●

ノンバイナリーがわかる本

heでもsheでもない、theyたちのこと

エリス・ヤング 著　上田勢子 訳

■四六判／並製／352頁　◎2400円

男女二元論にとらわれないジェンダー・アイデンティティ「ノンバイナリー」についての、日本で刊行される初めての概説書。ノンバイナリーである著者自身の経験や調査を基に、関連用語、歴史、心身の健康、人間関係、法律など幅広いトピックをわかりやすく解説。

●内容構成●

〈価格は本体価格です〉

見えない性的指向 アセクシュアルのすべて
誰にも性的魅力を感じない私たちについて
ジュリー・ソンドラ・デッカー著　上田勢子訳　◎2300円

LGBTQってなに？ セクシュアル・マイノリティのためのハンドブック
ケリー・ヒューゲル著　上田勢子訳　◎2000円

ピンクとブルーに分けない育児
ジェンダー・クリエイティブな子育ての記録
カイル・マイヤーズ著　上田勢子訳　◎2200円

ジェンダーについて大学生が真剣に考えてみた
あなたがあなたらしくいられるための29問
佐藤文香監修　一橋大学社会学部佐藤文香ゼミ生一同著　◎1500円

自民党の女性認識 「イエ中心主義」の政治指向
安藤優子著　◎2500円

パパは女子高生だった 女の子だったパパが最高裁で逆転勝訴してつかんだ家族のカタチ
前田良著　◎1500円

同性婚 だれもが自由に結婚する権利
同性婚人権救済弁護団編　◎2000円

躍動するゲイ・ムーブメント
歴史を語るトリックスターたち
石田仁編著　斉藤巧弥、鹿野由行、三橋順子著　◎2500円

ダイエットはやめた 私らしさを守るための決意
パク・イスル著　梁善実訳　◎1500円

「BTS学」への招待
大学生と考えるBTSシンドローム
北九州市立大学 李東俊ゼミナール編著　◎2400円

アイドル・スタディーズ 研究のための視点、問い、方法
田島悠来編　◎2400円

信仰から解放されない子どもたち
#宗教2世に信教の自由を　横道誠編著　◎1800円

入管問題とは何か 終わらない〈密室の人権侵害〉
鈴木江理子、児玉晃一編著　◎2400円

男子という闇 少年をいかに性暴力から守るか
エマ・ブラウン著　山岡希美訳　◎2700円

日常生活に埋め込まれたマイクロアグレッション
人種、ジェンダー、性的指向：マイノリティに向けられる無意識の差別
デラルド・ウィン・スー著　マイクロアグレッション研究会訳　◎3500円

ホワイト・フェミニズムを解体する
インターセクショナル・フェミニズムによる対抗史
カイラ・シュラー著　飯野由里子監訳　川副智子訳　◎3000円

〈価格は本体価格です〉